Gerhard Ernst

Einführung in die Erkenntnistheorie

PHILOSOPHIE KOMPAKT

Gerhard Ernst, geb. 1971, war von 2008-2012 Professor für Geschichte der Philosophie und praktische Philosophie an der Universität Stuttgart und ist seit 2012 Professor für Philosophie an der FAU Erlangen-Nürnberg.

PHILOSOPHIE KOMPAKT

Gerhard Ernst

Einführung in die Erkenntnistheorie

6. Auflage

WBG
Wissen verbindet

Die Deutsche Nationalbibliothek verzeichnet diese Publikation in der Deutschen Nationalbibliografie; detaillierte bibliografische Daten sind im Internet über http://dnb.de abrufbar.

6., unveränderte Auflage 2016

Die Herausgabe dieses Werkes wurde durch
die Vereinsmitglieder der WBG ermöglicht.
Satz: Lichtsatz Michael Glaese GmbH, Hemsbach
Einbandgestaltung: schreiberVIS, Bickenbach
Gedruckt auf säurefreiem und alterungsbeständigem Papier
Printed in Germany

Besuchen Sie uns im Internet: www.wbg-wissenverbindet.de

ISBN 978-3-534-26812-2

Elektronisch sind folgende Ausgaben erhältlich:
eBook (PDF): 978-3-534-74210-3
eBook (epub): 978-3-534-74211-0

Inhaltsverzeichnis

1. Einleitung

Überblick

In diesem Einführungskapitel werden die beiden Grundfragen der Erkenntnistheorie vorgestellt. Weiterhin wird die Erkenntnistheorie in den Kanon der philosophischen Fächer eingeordnet und auch ihr Verhältnis zu nicht philosophischen Disziplinen vorläufig bestimmt. Ein Überblick über das gesamte Buch schließt das Kapitel ab.

1.1 Die zwei Grundfragen der Erkenntnistheorie

Das Staunen über unser Wissen

„Wissen Sie, wie Sie heißen?" – Kaum jemand wird diese Frage mit „Nein" beantworten. Und doch ist es erstaunlich, wie schwer es uns fällt, die Frage zu beantworten, woher wir wissen, wie wir heißen. Ich kann mich nicht daran erinnern, von meinen Eltern oder von sonst jemandem gesagt bekommen zu haben, wie ich heiße. Und selbst wenn ich das könnte: Woher weiß ich, dass ich nicht belogen wurde? Und selbst wenn ich wüsste, dass ich nicht absichtlich belogen wurde: Woher weiß ich, dass es nicht in dem Krankenhaus, in dem ich zur Welt kam, eine Verwechslung gegeben hat? Wer auch immer mir gesagt hat, wie ich heiße, könnte selbst im Irrtum gewesen sein. Weiß ich also doch nicht, wie ich heiße? Oder weiß ich es, obwohl ich nicht weiß, woher ich es weiß? Aber kann man dann wirklich davon sprechen, dass ich es *weiß*?

Wenn uns selbst die Frage, woher wir wissen, wie wir heißen, in Verlegenheit bringt, dann kann es mit unserem Wissen allgemein nicht weit her sein. Denn was wissen wir schon besser als unseren eigenen Namen? Kein Wunder also, wenn Sokrates legendärerweise (wenn auch in keiner antiken Quelle; vgl. aber (199), Apologie 21d) zu dem niederschmetternden Ergebnis kommt: „Ich weiß, dass ich nichts weiß." Ja, man möchte sogar nachfragen, woher er das denn zu wissen glaubt. Denn wenn das Wissen um das eigene Nichtwissen das einzige Wissen ist, das Sokrates besitzt, wird es ihm schwerfallen, diese Frage zu beantworten: Wüsste er, woher er weiß, dass er nichts weiß, dann wüsste er ja bereits mehr als das. Andererseits ist es natürlich fraglich, ob Sokrates wirklich weiß, dass er nichts weiß, wenn er nicht weiß, woher er das weiß. Weiß er also nicht einmal das?

Wer solche Überlegungen als verwirrend, vielleicht sogar als beunruhigend empfindet, hat bereits den ersten Schritt in die Erkenntnistheorie getan. Wie alle philosophischen Disziplinen nimmt diese ihren Ausgangspunkt dort, wo uns etwas scheinbar ganz Klares plötzlich verwirrend erscheint. Nach Platon beginnt die Philosophie mit dem Staunen (vgl. (199), Theätet 155d) – nicht mit dem Staunen über das Ungewöhnliche, sondern mit dem Staunen über das Gewöhnliche! Jeder staunt über ein rechnendes Pferd. Der Philosoph aber staunt darüber, dass die meisten Menschen zu wissen glauben, wie sie heißen. Er lässt sich davon beunruhigen, dass er nicht versteht, was scheinbar ganz selbstverständlich ist. (In dieser grammatischen Konstruktion beziehen sich die Ausdrücke „der Philosoph" und „er" natürlich auf *alle* Philosophen – nicht nur auf Männer. Entsprechend sind im Folgenden alle derartigen Wendungen als neutral in Bezug auf das Geschlecht zu verstehen.)

Wenn man damit beginnt, über das Phänomen menschlicher Erkenntnis nachzudenken, erweist sich bald vieles als nicht mehr selbstverständlich. Zunächst einmal zeigt sich, dass es überhaupt nicht klar ist, ob wir all das, oder zumindest das meiste von dem, was wir zu wissen glauben, tatsächlich wissen. Die Überlegung, mit der wir begonnen haben, deutet eher darauf hin, dass wir überhaupt nichts wirklich wissen. Tatsächlich gibt es verschiedene Versuche, unser Wissen systematisch in Zweifel zu ziehen. Es geht dann nicht mehr allein darum, bezüglich dieser oder jener einzelnen Überzeugung nachzuweisen, dass es sich nicht um Wissen handelt. Vielmehr sollen ganze Klassen von Überzeugungen, also beispielsweise all die Überzeugungen, die sich auf unsere Wahrnehmung gründen, oder all die Überzeugungen, die wir über die Vergangenheit haben, bezweifelt werden.

Die erste Grundfrage der Erkenntnistheorie

Argumente, die zeigen sollen, dass wir (in bestimmten Bereichen oder ganz allgemein) über keinerlei Wissen verfügen können, werden als *skeptische Argumente* bezeichnet. Die Auseinandersetzung mit diesen Argumenten ist eine der Hauptaufgaben der Erkenntnistheorie. Viele Erkenntnistheoretiker würden sogar sagen, dass es sich um die wichtigste Aufgabe der Erkenntnistheorie handelt, um die Aufgabe, welche überhaupt erst eine *philosophische* Erkenntnistheorie ins Leben ruft (vgl. (73), S. 35). Meistens wird die Aufgabe so verstanden, dass es darum geht, den Skeptiker zu widerlegen – wir glauben einfach nicht, dass wir so gut wie nichts wissen. Aber auch falls es uns nicht gelingt, den Skeptiker zu widerlegen – und tatsächlich ist die Geschichte der Skepsiswiderlegungen nach allgemeiner Ansicht nicht gerade eine Erfolgsgeschichte – gilt es jedenfalls zu klären, in welchem Umfang der Skeptiker gegebenenfalls Recht hat, was also der mögliche Umfang unserer Erkenntnis letztlich ist, oder, wie Kant es formulierte, die Frage zu beantworten: „Was kann ich wissen?" (Vgl. (93), A805/B833.) Ob sich dann zeigt, dass wir Wissen in nennenswertem Umfang besitzen können oder nicht, sollten wir zunächst einmal lieber offen lassen. Die Frage nach dem möglichen Umfang unseres Wissens kann man als die *erste Grundfrage der Erkenntnistheorie* bezeichnen.

Beachte

Erste Grundfrage der Erkenntnistheorie: Was können wir wissen?

Es ist klar, dass eine Antwort auf diese Frage für unser Selbstverständnis von großer Bedeutung ist. Darum haben wir es hier nicht nur mit der Grundfrage der Erkenntnistheorie, sondern mit einer zentralen Frage der Philosophie überhaupt zu tun.

Die zweite Grundfrage der Erkenntnistheorie

Die Bestimmung der Grenzen unserer Erkenntnis ist vielleicht die Hauptaufgabe der Erkenntnistheorie. Aber es ist sicherlich nicht die Aufgabe, die wir zuerst erledigen können. Das liegt daran, dass die erste Grundfrage unmittelbar eine weitere nach sich zieht. Wenn wir wissen wollen, was wir wissen können, dann müssen wir uns nämlich zunächst einmal Klarheit darüber verschaffen, was Wissen eigentlich ist. Wie sollte man beurteilen, ob man etwas haben kann, wovon man nicht genau weiß, was es ist? Die Frage nach der Natur oder, wie es traditionell genannt wird, dem Wesen des Wissens ist dementsprechend die *zweite Grundfrage der Erkenntnistheorie*. Wir werden sehen, dass es, ähnlich wie bei der ersten Frage, auch hier eine (mehr oder weniger) selbstverständliche Antwort gibt, die sich jedoch ebenfalls bei genauerem Nachfragen als alles andere als selbstverständlich erweist (vgl. Kapitel 5.1).

Beachte

Zweite Grundfrage der Erkenntnistheorie: Was ist Wissen?

Auch die zweite Grundfrage zieht, wie noch zu zeigen sein wird, eine ganze Reihe von weiteren Fragen nach sich. Welche das im Einzelnen sind, kann jedoch nicht schon im Voraus bestimmt werden. Es hängt nämlich davon ab, wie man die zweite Grundfrage beantwortet. Möchte man beispielsweise sagen, dass nur derjenige weiß, dass Berlin die Hauptstadt Deutschlands ist, der auch glaubt, dass das der Fall ist, dass also eine entsprechende Überzeugung zur Natur von Wissen gehört, so wird man im Folgenden gerne genauer wissen wollen, was eigentlich eine Überzeugung ist - was die Natur von Überzeugungen ist. Entsprechendes gilt für andere „Bestandteile" des Wissens. Eine Wesensfrage lädt immer zu weiteren Wesensfragen ein.

1.2 Erkenntnistheorie und andere Disziplinen

Philosophische Arbeitsteilung

Die Fragen, die sich an die Frage nach der Natur des Wissens anschließen, werden jedoch nur teilweise im Rahmen der philosophischen Erkenntnistheorie behandelt. Die Frage nach der Natur von Überzeugungen gehört beispielsweise eher in die Philosophie des Geistes als in die Erkenntnistheorie. Wie in allen Wissenschaften gibt es auch in der Philosophie eine Arbeitsteilung. Wollte man alle Fragen auf einmal beantworten, könnte man keine beantworten. Es ist deshalb durchaus legitim, bestimmte Begriffe im Rahmen einer philosophischen Teildisziplin als gegeben anzusehen, wohl wissend, dass diese Begriffe in anderen Kontexten selbst klärungsbedürftig sind.

Allerdings darf man sich gerade in der Philosophie nicht zu sehr auf die Ergebnisse der Arbeitsteilung verlassen. Dazu hängen philosophische Fragen zu eng miteinander zusammen. So kann es beispielsweise durchaus sein, dass man eine bestimmte Auffassung von der Natur des Wissens gerade deshalb für plausibel hält, *weil* man eine bestimmte Ansicht zur Natur von Überzeugungen vertritt. Welche Fragen im Rahmen einer erkenntnistheoretischen Untersuchung beantwortet werden müssen und welche Fragen man beruhigt delegieren kann, lässt sich daher nur schwer allgemein beantworten. Wir werden von Einzelfall zu Einzelfall entscheiden müssen.

Welche philosophischen Disziplinen man als Nachbarn der Erkenntnistheorie ansieht, hängt davon ab, mit welchen Begriffen man die Natur des Wissens klären möchte. Neben dem Begriff der Überzeugung kommen hier eine ganze Reihe von weiteren Begriffen in Frage. Fast alle Philosophen sind beispielsweise der Ansicht, dass Wissen etwas mit Wahrheit zu tun hat. Da es sich bei dem Begriff der Wahrheit um einen Begriff handelt, der sowohl in der Sprachphilosophie als auch in der Metaphysik eine entscheidende Rolle spielt, kann man auch diese beiden Disziplinen als Nachbarn der Erkenntnistheorie ansehen. In Bezug auf die Sprachphilosophie gibt es darüber hinaus eine weitere Verbindung, die sich nicht aus dem Inhalt, sondern aus der Methode der Erkenntnistheorie ergibt. Diese Verbindung wird im 3. Kapitel untersucht werden.

Weiterhin spielt der Begriff des Grundes beziehungsweise der Begriff der Rechtfertigung eine große Rolle in der Erkenntnistheorie. Das liegt vor allem daran, dass viele Erkenntnistheoretiker der Ansicht sind, dass nur derjenige Wissen hat, der über eine angemessene Rechtfertigung beziehungsweise über adäquate Gründe für eine entsprechende Überzeugung verfügt. Mit dem Begriff der Rechtfertigung hängt der Begriff der Rationalität eng zusammen. Dementsprechend wird die Rationalitätstheorie mit ihren direkten Verbindungen zur Entscheidungstheorie, Wahrscheinlichkeitstheorie und Logik für die Erkenntnistheorie relevant. Die Tatsache, dass es nicht nur Gründe für Überzeugungen, sondern auch Gründe für Handlungen gibt und beide offensichtlich wesentliche Gemeinsamkeiten aufweisen, bringt die Erkenntnistheorie zudem in Verbindung mit Fragen, die üblicherweise in der Handlungstheorie und Metaethik diskutiert werden, also in Disziplinen, die man gewöhnlich zur praktischen Philosophie rechnet. Manche Philosophen würden sogar soweit gehen, die ganze Erkenntnistheorie als eine „Ethik des Meinens" aufzufassen (vgl. (33), S. 39–47).

Nicht alle Erkenntnistheoretiker betrachten jedoch den Begriff der Rechtfertigung als zentral. Andere denken eher, dass Wissen sich dadurch auszeichnet, dass es in einer speziellen Weise erworben wird, etwa durch bestimmte kausale Prozesse, jedenfalls aber durch verlässliche Methoden. Kausalität und Verlässlichkeit sind Begriffe, deren Klärung Aufgabe vor allem der Wissenschaftstheorie ist (die ihrerseits wieder Verbindungen zur Wahrscheinlichkeitstheorie und zur Logik aufweist).

Hinzu kommt, dass man die Frage nach der Natur des Wissens möglicherweise in Abhängigkeit vom jeweiligen Wissensinhalt beantworten möchte. Moralisches Wissen ist vielleicht etwas anderes als wissenschaftliches Wissen. Und wissenschaftliches Wissen unterscheidet sich vielleicht seiner Natur nach von unserem gewöhnlichen Alltagswissen. Dementsprechend sind für die Erkenntnistheorie auch die philosophischen Überlegungen von Interesse, die sich mit bestimmten Wissensbereichen beschäftigen, also beispielsweise die Metaethik, die sich unter anderem mit dem Phänomen moralischer Erkenntnis befasst, die Wissenschaftstheorie, in der es insbesondere um die Besonderheiten wissenschaftlichen Wissens geht, und die Philosophie der Mathematik, die nach der Natur mathematischer Einsichten fragt. Auf diesen Punkt werden wir im neunten Kapitel noch einmal zurückkommen.

Ein kurzer Blick in die Geschichte

Die Liste der möglichen Verbindungen zwischen der Erkenntnistheorie und anderen philosophischen Disziplinen ist damit keineswegs vollständig, aber das Bisherige reicht wohl aus, um deutlich zu machen, wie sehr die Erkenntnistheorie in das Netz der philosophischen Disziplinen integriert ist – so sehr, dass die Erkenntnistheorie lange Zeit (sicher bis ins 19. Jahrhundert hinein) überhaupt nicht als eigenständige philosophische Disziplin wahrgenommen wurde, obwohl erkenntnistheoretische Überlegungen natürlich schon seit es die Philosophie in unserem Sinn überhaupt gibt, also seit der Antike, zu deren festem Kanon gehören und spätestens seit dem 17. Jahrhundert eine privilegierte Rolle in der Philosophie spielen. So können beispielsweise René Descartes' *Discours de la Méthode*, seine *Meditationes*, John Lockes *An Essay Concerning Human Understanding*, George Berkeleys *A Treatise Concerning the Principles of Human Knowledge*, David Humes *A Treatise of Human Nature* und *An Enquiry Concerning Human Understanding* und nicht zuletzt Immanuel Kants *Kritik der reinen Vernunft* als Klassiker der Erkenntnistheorie gelten. Dass die Erkenntnistheorie gerade im 17. Jahrhundert in den Mittelpunkt des philosophischen Interesses gerückt ist, hat bestimmte philosophiehistorische, aber auch außerphilosophische Gründe, die hier nicht weiter ausgeführt werden können. Fest steht, dass sie seither den Status einer philosophischen Grunddisziplin nicht verloren hat, auch wenn ihr im 20. Jahrhundert in der so genannten *Analytischen Philosophie* die Sprachphilosophie und in der „nicht-analytischen" Tradition die Ontologie, also die „Lehre vom Sein", den Anspruch, die „erste Philosophie" zu sein, streitig gemacht hat.

Philosophische Erkenntnistheorie und nicht-philosophische Disziplinen

Bisher war nur von der Verbindung zwischen der Erkenntnistheorie und anderen philosophischen Disziplinen die Rede. Gibt es nicht auch Verbindungen zu nicht-philosophischen Bereichen der Wissenschaft? Auf den ersten Blick betrachtet könnte man das vermuten, denn immerhin beschäftigt sich nicht nur die Philosophie, sondern auch die Psychologie, die Neurowissenschaften, ja sogar die Evolutionsforschung und die Informatik - man denke etwa an Forschung zur Künstlichen Intelligenz - mit Wissen. Ob allerdings wirklich eine interessante Verbindung zwischen der philosophischen Erkenntnistheorie und anderen so genannten Kognitionswissenschaften besteht, hängt davon ab, wie man das erkenntnistheoretische Projekt (und die Philosophie insgesamt) auffasst: Manche Erkenntnistheoretiker sind der Ansicht, dass es einen kontinuierlichen Übergang zwischen der Erkenntnistheorie und den genannten Bereichen der Wissenschaft gibt, während andere Philosophen an eine ziemlich scharfe Grenze zwischen der Philosophie und anderen Wissenschaften und damit auch zwischen Erkenntnistheorie und anderen wissenschaftlichen Disziplinen glauben. Wir werden auf diese Fragen im dritten Kapitel zu sprechen kommen.

1.3 Zu dieser Einführung in die Erkenntnistheorie

Ziel und Aufbau des Buches

Das Ziel dieser Einführung ist es, dem Leser einen systematischen Überblick über die Grundprobleme und Positionen der heutigen Erkenntnistheorie sowie deren Zusammenhang zu geben. Im Mittelpunkt werden dabei die beiden Grundfragen, also die Fragen nach dem Umfang und der Natur unseres Wissens stehen. Ausgangspunkt sind die systematischen Überlegungen, die zu zeigen scheinen, dass wir nichts, oder doch so gut wie nichts wissen können. Das zweite Kapitel stellt diese „skeptische Herausforderung“ vor. Der Rest des Buches wird sich dann im Wesentlichen mit den Versuchen beschäftigen, dieser Herausforderung zu begegnen. Dabei kann man immer zwei Stufen unterscheiden: In einem ersten Schritt wird eine Antwort auf die Frage nach der Natur des Wissens vorgeschlagen; in einem zweiten Schritt ist dann zu untersuchen, wozu diese Antwort im Hinblick auf die skeptische Herausforderung führt. Es gibt drei grundlegend verschiedene Ansätze zur Analyse von Wissen, und jeder Ansatz ist in spezifischer Weise mit dem skeptischen Problem konfrontiert. Der erste dieser Ansätze, der sich dadurch auszeichnet, dass hier dem Begriff der Rechtfertigung eine zentrale Rolle eingeräumt wird, wird im fünften Kapitel vorgestellt. Das sechste Kapitel beschäftigt sich dann mit der Frage, welche Konsequenzen sich aus der entsprechenden Wissensanalyse in Bezug auf die skeptische Herausforderung ergeben. Im siebten Kapitel wird der zweite Ansatz zur Analyse des Wissensbegriffs beschrieben. Bei diesem spielt der Begriff der Rechtfertigung (jedenfalls in einem bestimmten Sinn) keine Rolle. Stattdessen wird hier die Art und Weise, wie eine wahre Überzeugung zustande kommt, als entscheidend für das Vorliegen von Wissen angesehen. Aus diesem Grund stellt sich auch das skeptische Problem in anderer Weise dar. Auch darauf werden wir im siebten Kapitel eingehen. Das achte Kapitel schließlich diskutiert den dritten grundlegenden Ansatz zur Analyse des Wissensbegriffs, den Kontextualismus, und dessen anti-skeptisches Potential. Dieser Ansatz zeichnet sich vor allem dadurch aus, dass er, anders als die beiden ersten Ansätze, nicht von einem „Faktum des Wissens" ausgeht. Was das genau bedeutet, wird noch geklärt werden. Die Kapitel drei, vier und neun ergänzen dieses Programm in folgender Weise: Im dritten Kapitel werden einige Überlegungen zur Methode der Erkenntnistheorie angestellt, um so das Vorgehen in den weiteren Kapiteln verständlich zu machen und zu rechtfertigen. Das vierte Kapitel behandelt Fragen, deren Beantwortung weitgehend unabhängig davon ist, welchen der in den nachfolgenden Kapiteln beschriebenen Ansätze man vertritt. So wird hier insbesondere das Verhältnis zwischen dem Begriff des Wissens und den Begriffen der Wahrheit und der Überzeugung untersucht. Das neunte Kapitel schließlich gibt einen abschließenden Ausblick auf weiterführende Fragen der Erkenntnistheorie.

Zwei Einschränkungen

Diese Einführung möchte einen systematischen Einblick in die Fragen der heutigen Erkenntnistheorie geben. Dass es um die *heutige* Erkenntnistheorie gehen soll, bedeutet vor allem, dass nur am Rande klassische Positionen der Erkenntnistheorie behandelt werden. Was Descartes, Leibniz, Berkeley, Locke, Hume, Kant und andere große Philosophen zu erkenntnistheoretischen Fragen gesagt haben, ist natürlich auch für heutige Philosophen von Interesse. Eine faire Auseinandersetzung mit diesen historischen Positionen ist jedoch im vorliegenden Rahmen nicht möglich, und so werden wir uns auf einige Hinweise beschränken. Dass hier ein *systematischer* Überblick gegeben werden soll, bedeutet, dass auch die heutigen Fragestellungen nicht in erster Linie anhand einer Auseinandersetzung mit den Einzelpositionen heutiger Philosophen diskutiert werden. Natürlich wird nicht auf die Zuordnung bestimmter Ansichten zu bestimmten Philosophen verzichtet. Die Details einzelner Positionen werden jedoch nur dann behandelt, wenn das für den Gang der Gesamtüberlegung nützlich ist. Der Leser sollte diese Einführung daher nicht als Grundlage zur Beurteilung einzelner Ansätze, sondern als Einstieg in die genauere Auseinandersetzung mit diesen Ansätzen verwenden.

Das Problem der fehlenden Übersicht

Es gibt, wie Peter Strawson einmal schreibt, im philosophischen Schwimmbecken keine flache Seite (vgl. (112), S. vii). Man muss deshalb in der Philosophie den Sprung ins tiefe Wasser wagen, wenn man schwimmen lernen will. Seichte Philosophie ist überhaupt keine Philosophie, sondern Zeitverschwendung. Das heißt jedoch nicht, dass philosophische Überlegungen besonders kompliziert sind. Tatsächlich besteht die Hauptschwierigkeit einer philosophischen Untersuchung meistens nicht in der Komplexität der

Details (auch wenn es sehr komplexe und voraussetzungsreiche philosophische Theorien gibt), sondern eher darin, dass es so schwer ist, den Überblick zu behalten. Was man in Bezug auf eine philosophische Frage sagt, hat meistens Konsequenzen für eine Vielzahl anderer philosophischer Fragen (die man vielleicht gerne ganz anders beantworten möchte). „Ich kenne mich nicht aus“ ist nach Wittgenstein die Grundform eines philosophischen Problems (vgl. (113), § 123). Dementsprechend versucht diese Einführung vor allem, den Zusammenhang verschiedener erkenntnistheoretischer Fragen sichtbar zu machen.

Philosophie und Dogmatismus

Eine wesentliche Aufgabe der Philosophie besteht darin, vom Dogmatismus zu befreien. Fast alle Menschen neigen dazu, mit den eigenen Überzeugungen sehr schnell zufrieden zu sein und die Überzeugungen anderer sehr schnell für unsinnig zu halten. Eine Auseinandersetzung mit der Philosophie kann hier helfen zu sehen, dass für praktisch jede Ansicht, die wirklich ernsthaft von jemandem vertreten wird oder wurde, auch wirklich gute Gründe sprechen. Und wenn man einmal gesehen hat, dass auch Theorien, die auf den ersten Blick geradezu bizarr wirken - und die Philosophie ist voll von ihnen -, das Ergebnis vernünftiger und nachvollziehbarer Überlegungen sein können, wird man mit der Ablehnung fremder Ansichten aber auch mit der Annahme eigener Vorurteile vorsichtiger werden. Die vorliegende Einführung möchte hier einen Beitrag leisten, indem sie ganz verschiedene Antworten auf unsere erkenntnistheoretischen Fragen einander gegenüber stellt.

Die (vor allem akademische) Philosophie erfüllt ihre antidogmatische Aufgabe manchmal aber auch zu gut. Viele kommen zu der Ansicht, dass man in Bezug auf fast alle philosophischen Fragen ebenso gut die eine wie die andere Auffassung vertreten kann, dass ebenso gute Gründe für eine Ansicht wie für ihr Gegenteil sprechen. Dass man sich ursprünglich mit Philosophie beschäftigen wollte, um *Antworten* auf bestimmte Fragen zu erhalten, gerät dabei leicht aus dem Blick. Das sollte nicht so sein. Ziel philosophischer Überlegungen ist Erkenntnis und nicht Urteilsenthaltung. (Dass auch das manche Philosophen anders sehen, wird im zweiten Kapitel noch zur Sprache kommen.) Und auch wenn für jede philosophische Position gute Gründe sprechen, so sprechen doch nicht für jede philosophische Position *gleich* gute Gründe. Dementsprechend werde ich in dieser Einführung nicht so tun, als würde ich die verschiedenen Positionen, die gegenwärtig in der Erkenntnistheorie vertreten werden, einfach als gleichwertig ansehen. Vielmehr soll der Leser, zumindest kurz (in den Kapiteln 8.4 bis 8.6), auch erfahren, wo ich selbst Antworten auf die Fragen der Erkenntnistheorie vermute. Das Ziel dieser Einführung ist erreicht, nicht, wenn der Leser mir Recht gibt, sondern wenn er dazu angeregt wird, sich selbst eine differenzierte Meinung zu den Fragen zu bilden, um die es in der Erkenntnistheorie geht.

1.4 Auf einen Blick, Literaturhinweise, Fragen und Übungen

Auf einen Blick

Erkenntnistheoretische Überlegungen beginnen mit dem Staunen darüber, dass wir fest daran glauben, eine Menge zu wissen. Dieser Glaube wird nämlich durch skeptische Argumente erschüttert. Es stellt sich die Frage, in welchem Umfang wir tatsächlich Wissen besitzen können, und diese Frage kann als erste Grundfrage der Erkenntnistheorie angesehen werden. Aus ihr ergibt sich unmittelbar eine zweite Grundfrage: Was ist Wissen? Nur wenn klar ist, worin die Natur des Wissens besteht, kann man die Frage beantworten, ob (und wenn ja wie viel) Wissen wir besitzen können.

Die Klärung der Natur des Wissens bringt die Erkenntnistheorie in Berührung mit anderen philosophischen Disziplinen: mit der Philosophie des Geistes, der Sprachphilosophie, der Metaphysik, der Logik, der Rationalitätstheorie, der Wissenschaftstheorie, der Metaethik, der Philosophie der Mathematik etc. Es gibt auch Verbindungen zu nicht-philosophischen wissenschaftlichen Disziplinen, insbesondere zu den so genannten Kognitionswissenschaften.

Diese Einführung möchte einen systematischen Einblick in die Grundprobleme und Positionen der heutigen Erkenntnistheorie geben. Sie soll dem Leser dabei helfen, sich eine undogmatische und differenzierte Meinung zu erkenntnistheoretischen Fragen zu bilden.

Literaturhinweise

Es gibt zahlreiche sehr gute Einführungen in die Erkenntnistheorie, die sich inhaltlich mit der vorliegenden Einführung mehr oder minder überschneiden. Manche sind breiter angelegt (wie etwa (4), (12a), (14)), manche eher historisch ausgerichtet (wie etwa (12), (22)), manche auch stärker als dieses Buch vom Standpunkt einer bestimmten Position aus verfasst (wie etwa (2), (16), (18), (23)). Besonders der englischsprachige Markt hat hier für jeden Geschmack etwas zu bieten. Im Literaturverzeichnis findet man eine Liste von bewährten und neueren Titeln ((1)–(23)).

Zur Auseinandersetzung mit Einzelfragen sind Handbücher und Anthologien sehr nützlich. Hier findet man einzelne Überblicksartikel über die zentralen Themen der Erkenntnistheorie sowie Angaben zur weiterführenden Literatur (vgl. (24)–(28)). Die *Stanford Encyclopedia of Philosophy* ermöglicht die rasche und seriöse Information über das Internet, nicht nur zu Fragen der Erkenntnistheorie, sondern auch zu anderen philosophischen Disziplinen. Auch hier findet man insbesondere viel weiterführende Literatur.

Das Ziel dieser Einführung ist es aber natürlich, den Leser direkt an diese einschlägige Fachliteratur heranzuführen. Die wichtigsten Aufsätze sind in zahlreichen Sammelbänden zusammengestellt und damit leicht zugänglich. Wer den Einstieg auf deutsch bevorzugt, kann auf den etwas älteren Sammelband von Bieri (33) zurückgreifen. Da man aber an der Lektüre englischsprachiger Literatur sowieso nicht vorbeikommt, wenn man sich mit zeitgenössischer Erkenntnistheorie (und Philosophie überhaupt) auseinandersetzen möchte, empfehle ich (31), (32) und (37). Weitere allgemeine Sammelbände findet man unter (29)–(40). Insbesondere (40) gibt einen Überblick über aktuelle Fragestellungen.

Um weiterführende Literatur zu speziellen Themen zu finden, gibt es prinzipiell zwei Möglichkeiten: Man kann entweder den Literaturverweisen in einschlägigen Monographien, Handbüchern und Anthologien folgen. (Entsprechende Werke zu den in dieser Einführung behandelten Themen findet man im Literaturverzeichnis den einzelnen Kapiteln zugeordnet.) Man kann aber natürlich auch über die bekannten Bibliographien direkt nach Literatur suchen. Für die moderne Erkenntnistheorie ist dabei der Philosopher's Index von besonderer Bedeutung. Diese Bibliographie bietet insbesondere die Vorteile einer elektronischen Literatursuche.

Fragen und Übungen

Die Fragen und Übungen, die zu den einzelnen Kapiteln angegeben werden, sind von unterschiedlichem Schwierigkeitsgrad. Manche Fragen sollen lediglich zur Wiederholung des hier präsentierten Stoffes anregen. Andere dienen der Vertiefung des Stoffes, wobei die Beantwortung einiger Fragen sicherlich die Auseinandersetzung mit weiterführender Literatur verlangt.

1. Was sind die beiden Grundfragen der Erkenntnistheorie und wie hängen sie miteinander zusammen?
2. Welche Berührungspunkte bestehen zwischen der Erkenntnistheorie und anderen philosophischen Disziplinen?
3. Wie verhält sich die Erkenntnistheorie Ihrer Ansicht nach zu außerphilosophischen wissenschaftlichen Disziplinen?
4. Sind Sie mit einer anderen wissenschaftlichen Disziplin vertraut? Wenn ja: Welche Anknüpfungspunkte für erkenntnistheoretische Fragen sehen Sie?
5. Seit wann gibt es die Erkenntnistheorie? Nennen Sie einige klassische Werke!
6. Machen Sie sich den Aufbau des Buches klar, indem Sie ein Schaubild anfertigen!

2. Ausgangspunkt Skeptizismus

Überblick

In diesem Kapitel werden die beiden Hauptformen des Skeptizismus – die cartesische und die agrippinische Skepsis – vorgestellt. Die zentralen skeptischen Argumente, die dabei diskutiert werden, bilden die Grundlage für spätere Kapitel. Weiterhin wird die Frage geklärt, in welchem Umfang skeptische Argumente unser Wissen in Zweifel ziehen.

2.1 Cartesische Skepsis

Die Möglichkeit des Irrtums

Ausgangspunkt für denjenigen, der all unser Wissen (oder doch das meiste davon) in Frage stellen möchte - den *Skeptiker* -, ist die kaum bestreitbare Tatsache, dass wir uns gelegentlich täuschen. Wir glauben, uns daran zu erinnern, dass Goethe 1751 geboren wurde. Aber wir lesen nach, dass es 1749 war. Wir glauben, dass die beiden Linien der Müller-Lyer-Illusion ungleich lang sind. (Es handelt sich dabei um die bekannte Zeichnung zweier Linien, von denen die erste als Doppelpfeil nach außen gezeichnet ist, während bei der anderen zwei Pfeilspitzen auf die Endpunkte zeigen.) Aber wir messen nach und sehen, dass sie tatsächlich die gleiche Länge haben. Wir glauben, dass morgen die Sonne scheinen wird. Aber tatsächlich wird es ein regnerischer Tag. Häufig rechnen wir mit der Möglichkeit eines Irrtums. Wir wissen, dass unser Gedächtnis uns manchmal im Stich lässt, dass unsere Wahrnehmung fehlbar ist und dass Prognosen (gerade solche, die das Wetter betreffen) sich als falsch herausstellen können. Dementsprechend passen wir den Grad des Vertrauens an, das wir in die jeweilige Information setzen. Wir glauben vielleicht, dass Goethe 1751 geboren wurde und dass die beiden Linien ungleich lang sind. Aber wir würden nicht unser gesamtes Vermögen darauf verwetten, dass wir jeweils Recht haben. Und wir packen vielleicht auch dann einen Regenschirm ein, wenn wir an schönes Wetter glauben. Manchmal sind wir uns unserer Sache aber auch völlig sicher, und trotzdem liegen wir falsch. Mancher Irrtum trifft uns völlig unvorbereitet. Offensichtlich ist unser Gefühl der Gewissheit kein Garant dafür, dass wir tatsächlich Recht haben. Gibt es aber überhaupt eine Garantie? Oder ist ein Irrtum *immer* möglich?

Sinnestäuschung

Der Skeptiker möchte zuerst einmal genau das plausibel machen. Seiner Ansicht nach ist es immer möglich, dass Umstände vorliegen, die uns zu falschen Überzeugungen führen. Betrachten wir dazu einmal die Überzeugungen, die wir direkt aus der Wahrnehmung gewinnen, etwas genauer. Mit welchen Fehlermöglichkeiten ist hier zu rechnen? Zunächst einmal gibt es da die Möglichkeit einer Sinnestäuschung, etwa die einer optischen Täuschung wie im Fall der Müller-Lyer-Illusion. Allerdings kommen solche Sinnestäuschungen im Alltag verhältnismäßig selten vor, und noch seltener führen sie zu einem Irrtum. Auf die Müller-Lyer-Illusion fallen wir höchstens einmal herein. Sehen wir sie ein zweites Mal, so *erscheinen* die Linien zwar noch immer ungleich lang. Wir werden jedoch nicht mehr zu der Überzeugung kommen, dass sie wirklich ungleich lang sind, und dementsprechend täuscht diese Sinnestäuschung wirklich nur noch unsere Sinne, nicht aber uns. (Die Rede von „Sinnestäuschung" ist dann strenggenommen sogar falsch, weil die Sinne nicht urteilen und sich deshalb auch nicht täuschen können.) Der Stab, der ins Wasser getaucht wird, erscheint gebrochen. Dass er es nicht ist, lernen wir jedoch in frühester Kindheit ein für allemal. Von anderen Sinnestäuschungen hören wir sogar meistens, bevor sie die Chance haben, uns zu täuschen. Wer kennt nicht die Fata Morgana? Aber wer hat schon einmal eine gesehen? Am gefährlichsten sind vielleicht Täuschungen der folgenden Art: Wir sehen eine Frau von weitem, die aussieht wie Claudia, und wir kommen zu dem Schluss, Claudia gesehen zu haben. Tatsächlich irren wir uns: Bei der Frau handelt es sich um Michaela. Vielleicht sieht Michaela Claudia einfach sehr ähnlich. Vielleicht ist sie sogar ihre Zwillingsschwester. Während bei der Müller-Lyer-Illusion und beim gebrochenen Stab Gleiches verschieden aussieht, sieht hier Verschiedenes gleich aus. Aber auch diese Fehler treten nicht gerade häufig auf, selbst wenn man noch die Fälle hinzunimmt, bei denen wir mit irgendwelchen Attrappen konfrontiert werden.

Könnte der Skeptiker sich nur auf Sinnestäuschungen der beschriebenen Art berufen, so wäre es ihm keineswegs möglich, plausibel zu machen, dass ein Irrtum immer möglich ist. Die beschriebenen Täuschungsmöglichkeiten sind an sehr spezielle Umstände gebunden, die nur selten vorliegen. Nur in wenigen Fällen ist es sinnvoll, sich zu fragen, ob nicht vielleicht eine optische Täuschung vorliegt. Beispielsweise sehe ich, dass vor mir ein Schreibtisch steht. Ist es hier möglich, dass ich einer Sinnestäuschung zum Opfer falle? Wie sollte diese zustande kommen? Vielleicht handelt es sich bei dem, was ich sehe, um eine Schreibtischattrappe. Aber das kann ich ausschließen, denn der Schreibtisch fühlt sich auch wie ein Schreibtisch an. Wie also sollte hier ein Irrtum möglich sein?

Träumen wir?

An dieser Stelle kann der Skeptiker sich auf eine Möglichkeit der Täuschung berufen, die eine Stufe tiefer ansetzt, nicht bei unseren Sinnen, sondern direkt in unserem Bewusstsein. So könnte es beispielsweise sein, dass ich nur halluziniere oder träume, vor einem Schreibtisch zu sitzen. Die Tatsache, dass ich auch eine (Tast-)Empfindung habe, als würde ich mich auf einen Schreibtisch stützen, schließt diese Möglichkeit nicht aus, denn was für das Gesehene gilt, gilt auch für das Gefühlte: Beides könnte das bloße Produkt meines (halluzinierenden oder träumenden) Geistes sein. Es gibt, wie es scheint, kein Kriterium, mit dem man Wacherfahrungen auf der einen und halluzinatorische beziehungsweise Traumerfahrungen auf der anderen Seite voneinander unterscheiden kann. Zieht man solche Täuschungsmöglichkeiten in Betracht, so erweitert sich der Kreis des in Frage gestellten Wissens schlagartig. *All* unsere Überzeugungen, die wir vermeintlich aus der Wahrnehmung gewinnen, könnten doch, wie es scheint, das Ergebnis von Halluzinationen und Träumen sein. Ein Irrtum wäre also, wie es der Skeptiker behauptet, *immer* möglich.

So schnell sollten wir allerdings noch nicht aufgeben. Immerhin ist das Phänomen des Traumes uns allen gut bekannt, und auch über Halluzinationen wissen wir einiges. Insbesondere wissen wir, dass beide von ganz anderer Qualität sind als gewöhnliche Sinneswahrnehmungen. Worin genau die Unterschiede bestehen, ist nicht ganz leicht zu beschreiben. Man könnte etwa darauf hinweisen, dass Träume und Halluzinationen typischerweise nicht so kohärent sind wie echte Erfahrungen, dass Träume eher Tagträumen und Vorstellungen gleichen als Wahrnehmungen, dass Halluzinationen typischerweise mit anderen, gut erkennbaren Symptomen einhergehen (etwa mit Schwindelgefühlen etc.) und so weiter. Wollte man hier eine genauere Beschreibung geben, so müsste man den Traumforscher oder Psychiater zu Rate ziehen, also jemanden, der sich wissenschaftlich mit den entsprechenden Phänomenen beschäftigt. Aber auch ohne eine solche Beschreibung wird man kaum bestreiten wollen, dass es Unterschiede zwischen Träumen und Halluzinationen auf der einen und Wahrnehmungen auf der anderen Seite gibt. John L. Austin bringt das in folgender Weise anschaulich auf den Punkt: Schriftsteller und Filmemacher versuchen gelegentlich, mit meistens geringem Erfolg, bestimmten Passagen eine traumartige Qualität zu geben. Wären Träume tatsächlich von Wacherfahrungen nicht zu unterscheiden, dann wäre die traumartige Qualität nicht schwer zu erzeugen, sondern überhaupt nicht zu vermeiden: Alles wäre traumartig (vgl. (217), S. 48ff.). Das ist nicht der Fall. Anscheinend kann ich daher durchaus ausschließen, dass ich jetzt nur träume oder halluziniere, einen Schreibtisch vor mir zu sehen und zu fühlen - meine Erfahrung hat überhaupt nichts Traumartiges oder Halluzinationsartiges an sich.

Böse Dämonen und Gehirne im Tank

Gibt es aber nicht auch völlig realistische Träume und Halluzinationen? Man muss über diesen Punkt nicht lange streiten, denn die Mittel des Skeptikers sind mit dem Hinweis auf Träume und Halluzinationen noch keineswegs erschöpft. Um zu zeigen, dass ein Irrtum immer möglich ist, muss dieser sich nämlich nicht unbedingt auf mehr oder weniger vertraute Fehlermöglichkeiten berufen. Er kann völlig fremdartige Fehlerquellen ins Spiel bringen. So kann der Skeptiker beispielsweise fragen, wie wir denn ausschließen wollen, dass unsere (scheinbaren) Wahrnehmungen von einem bösen Dämon (*genius malignus*) hervorgerufen werden. Das jedenfalls scheint doch immer möglich zu sein. Diese von Descartes ins Spiel gebrachte Möglichkeit hat eine moderne Entsprechung in Putnams Gedankenexperiment vom Gehirn im Tank gefunden (vgl. (48), 1. Meditation, (62), 1. Kapitel): Nehmen wir an, ein böser Wissenschaftler betäubt einen Menschen, entfernt während der Narkose operativ dessen Gehirn, legt dieses in eine Nährlösung und verbindet die Nervenenden mit einem Supercomputer, der dazu in der Lage ist, dem Gehirn all die Reize zu liefern, die es normalerweise erhält (also nicht nur Sinnesreize, etwa über die Sehnerven, sondern auch solche die „körperintern" hervorgerufen werden, etwa über das Rückenmark). Wenn der Patient erwacht, bemerkt er überhaupt nicht, dass sich etwas geändert hat. Der Wissenschaftler spiegelt ihm mit Hilfe des Supercomputers Dinge vor, die bei der Person keinerlei Verdacht erregen. Dennoch passiert in Wirklichkeit nichts von dem, was der Wissenschaftler der Person vorspiegelt. Die Frage ist nun: Woher wissen wir, dass wir nicht diese Person sind?

Man könnte natürlich einwenden, dass wir genug über die Welt wissen, um die genannte Möglichkeit ausschließen zu können. Wir wissen ja, dass weder die Chirurgie noch die Computertechnik genügend weit fortgeschritten für ein solches Experiment ist. Aber wir können unsere Geschichte so erweitern, dass der böse Wissenschaftler auch noch das Gedächtnis der Person manipulieren kann. Die Person erinnert sich dann einfach nicht mehr an die Berichte über die bahnbrechenden (aber auch gefährlichen) Erfolge der Wissenschaft. Woher wissen wir, dass wir nicht diese Person sind?

Radikale Skepsis und Fallibilismus

Die Antwort scheint nur sein zu können: Wir wissen es nicht. Und damit hat der Skeptiker zunächst einmal gezeigt, was er zeigen wollte, nämlich dass ein Irrtum immer möglich ist. Wir können einfach nicht ausschließen, dass unsere Wahrnehmung das Produkt einer Manipulation durch einen bösen Dämon oder Wissenschaftler ist. Man könnte denken, dass der Skeptiker damit noch nicht allzu viel gewonnen hat. Natürlich, wenn es uns um absolute Gewissheit gehen würde – Descartes ging es genau darum –, dann hätte der Skeptiker gezeigt, dass wir diese nicht erreichen können, weil ein Fehler immer möglich ist. Aber können wir nicht *Fallibilisten* sein – also einräumen, dass jede unserer Überzeugungen falsch sein kann –, ohne deshalb die Möglichkeit von Wissen überhaupt in Frage zu stellen? Natürlich müssen wahrscheinliche Fehler ausgeschlossen werden, aber Gewissheit scheint für Wissen (jedenfalls für Wissen im gewöhnlichen Sinn) keine notwendige Bedingung zu sein (vgl. Kapitel 4.4).

Tatsächlich hilft uns das jedoch nicht viel. Die geschilderte Überlegung des Skeptikers bringt auch den Fallibilisten in Bedrängnis. Denn es ist nicht nur so, dass wir eine Manipulation durch einen bösen Dämon oder Wissenschaftler nicht mit letzter Gewissheit ausschließen können. Wir können noch nicht einmal sicherstellen, dass eine solche Manipulation *unwahrscheinlich* ist.

Denn worauf sollten wir dieses Urteil stützen? Alles was wir hier anführen könnten, könnte ja selbst das Produkt einer Manipulation sein. Darum haben wir schlicht *überhaupt keinen* Grund, zu glauben, dass unsere Wahrnehmungen in der vermuteten Weise und nicht durch Manipulation verursacht werden. Aber dann kann wohl auch der Fallibilist nicht mehr behaupten, dass wir durch Wahrnehmung zu Wissen gelangen können. All unser angebliches „Wahrnehmungswissen" erweist sich tatsächlich als Nichtwissen. Wir kommen somit zu einem *radikalen Skeptizismus*. Das ist etwas ganz anderes als die gewöhnliche Skepsis, die wir jedem vernünftigen Menschen empfehlen würden. Natürlich sollte man nicht leichtfertig alles glauben. Aber der radikale Skeptiker konfrontiert uns mit der These, dass wir in bestimmten Bereichen - auf die Frage, welche das sind, werden wir gleich zurückkommen (vgl. Kapitel 2.3) - *überhaupt nichts* wissen können.

Descartes und die cartesische Skepsis

In diesem Abschnitt sind wir im Wesentlichen den Überlegungen gefolgt, die Descartes in der ersten seiner Meditationen darlegt (vgl. (48)). Descartes ging es darum, ein sicheres Fundament zu finden, auf dem sich die Wissenschaft aufbauen lässt. Zu diesem Zweck wollte er zunächst einmal systematisch klären, welche Überzeugungen sich *nicht* als Fundament eignen, weil sie angezweifelt werden können. Descartes war aber kein Skeptiker. Er war der Meinung, dass sein *methodischer Zweifel* ihn letztlich zu Überzeugungen führt, die nicht mehr bezweifelbar sind und die dementsprechend als Fundament dienen können (vgl. Kapitel 6.4 sowie (58), 2. und 4. Kapitel). Übrigens war, wie wir ebenfalls im sechsten Kapitel noch sehen werden, auch Putnam der Ansicht, dass die Gehirn-im-Tank-Möglichkeit ausgeschlossen werden kann.

Descartes ging es um Gewissheit. Wie wir gerade gesehen haben, sind seine skeptischen Überlegungen aber auch für denjenigen gefährlich, dem es „nur" um (fallibilistisch verstandenes) Wissen geht. Der Bezug auf so genannte *skeptische Hypothesen* (also etwa die Hypothese, dass ich träumen könnte, dass ein böser Dämon mich täuscht oder dass ein verrückter Wissenschaftler am Werk ist) ermöglicht es dem Skeptiker, wie es scheint, eine radikale Skepsis zu begründen. Immer wenn skeptische Hypothesen in dieser Weise eine zentrale Rolle in der Argumentation des Skeptikers spielen, spricht man üblicherweise von einer *cartesischen Skepsis*. Da Descartes kein Skeptiker war, war er selbst jedoch auch kein cartesischer Skeptiker.

2.2 Agrippinische Skepsis

Das Agrippa-Trilemma

Neben der cartesischen Skepsis gibt es eine zweite zentrale Form skeptischer Überlegungen. Diese geht auf den antiken Skeptizismus zurück, wie er insbesondere in den Schriften von Sextus Empiricus beschrieben wird (vgl. (65)). Üblicherweise bezieht man sich heute auf eine Argumentation, die von dem pyrrhonischen Skeptiker Agrippa verwendet wurde (vgl. (65), 1.166, (177), 6. Kapitel). Ausgangspunkt ist hier vor allem die Beobachtung, dass es zu allen Fragen unterschiedliche Meinungen gibt: Zum einen sind wir selbst zu unterschiedlichen Zeiten unterschiedlicher Ansicht. Zum anderen können wir zu fast jeder Meinung jemanden finden, der das Gegenteil ernsthaft vertritt, anders gesagt: Wir stoßen häufig auf Dissens. Wenn wir wirklich Wissen erwerben wollen, müssen wir deshalb nach guten Begründungen suchen. Aus folgendem Grund ist es aber niemals möglich, eine Überzeugung adäquat zu begründen:

Nehmen wir an, ich behaupte, dass p. („p" steht hier für eine beliebige Aussage, beispielsweise für die Aussage, dass vor mir ein Tisch steht.) Möchte ich diese Behauptung begründen, so muss ich etwas anführen, was von p verschieden ist, denn nichts ist ein Grund für sich selbst. Also führe ich als Grund an, dass q. Habe ich damit meine Überzeugung, dass p, begründet? Nur dann, so wird man sagen, wenn ich weiß, dass q (und nicht etwa bloß vermute oder rate, dass q). Aber natürlich weiß ich auch nur dann, dass q, wenn ich dazu in der Lage bin, diese Überzeugung ihrerseits zu begründen. Also muss ich eine weitere Überzeugung anführen, etwa, dass r. Dann gibt es drei Möglichkeiten:

1. Ich gerate in einen *infiniten Regress*, weil ich natürlich auch die Überzeugung, dass r, wiederum begründen muss und so weiter. Auf diese Weise kann ich meine Rechtfertigung niemals abschließen. Meine ursprüngliche Überzeugung, dass p, bleibt damit auf immer ungerechtfertigt.
2. Ich breche irgendwann meinen Rechtfertigungsversuch ab. Auch dann kann meine ursprüngliche Überzeugung, dass p, nicht als gerechtfertigt gelten, denn ein solcher Abbruch ohne Angabe eines Grundes ist *dogmatisch*.
3. Schließlich habe ich die Möglichkeit, im Laufe meiner Rechtfertigung irgendwann auf eine Überzeugung zurückzukommen, die ich bereits in einem früheren Stadium der Rechtfertigung angeführt habe. Auch dann scheitert mein Rechtfertigungsversuch, denn auf diese Weise gerate ich in einen *Zirkel*.

Da alle drei Alternativen nicht zu einer erfolgreichen Rechtfertigung führen und da es eine vierte Möglichkeit nicht zu geben scheint, kann ich meine ursprüngliche Überzeugung, dass p, überhaupt nicht rechtfertigen. Wenn ich das aber nicht kann, kann ich auch nicht wissen, dass p. Da für p beliebige Überzeugungen eingesetzt werden können, ist damit gezeigt, dass ich überhaupt nichts wissen kann. Man spricht hier vom *Agrippa-Trilemma*. Im Anschluss an Hans Albert hat sich im deutschen Sprachraum auch die Bezeichnung *Münchhausentrilemma* eingebürgert (vgl. (41)). Jemanden, der sich dieses Trilemmas bedient, um zu zeigen, dass wir kein Wissen besitzen können (um also eine radikale Skepsis zu begründen), nennen wir im Folgenden einen *agrippinischen Skeptiker*.

Tatsächlich ist unsere epistemische Situation sogar noch etwas ungünstiger als gerade beschrieben. Das liegt daran, dass Rechtfertigungen normalerweise nicht nur einfach von einer Überzeugung zur nächsten fortschreiten, sondern sich gewöhnlich verzweigen. Wenn ich beispielsweise für meine ursprüngliche Überzeugung, dass p, nicht nur die Überzeugung, dass q, sondern auch noch die Überzeugungen, dass r, dass s und dass t, anführen muss, so vervierfacht sich meine Rechtfertigungsaufgabe im nächsten Schritt sogar.

Agrippa und die agrippinische Skepsis

Während die cartesische Skepsis von Anfang an Teil erkenntnistheoretischer Überlegungen war, ging es der Antiken Skepsis insbesondere darum, eine bestimmte Lebenshaltung zu empfehlen (vgl. (70)). Die vorgestellte Überlegung sollte dabei zunächst einmal zu einem Zustand vollständiger Urteilsenthaltung (*epoché*) führen. Und diese wiederum sahen die *pyrrhonischen Skeptiker* (zu denen Agrippa gehörte) als Voraussetzung eines glücklichen Lebens an. Es ist wichtig zu beachten, dass der pyrrhonische Skeptiker *nicht* behaupten möchte, dass wir kein Wissen haben. Auch diesbezüglich enthält er sich des Urteils (und wendet sich damit gegen Vertreter der anderen skeptischen Schule der Antike: der *akademischen Skepsis*). Insofern war Agrippa selbstverständlich ebenso wenig ein agrippinischer Skeptiker im hier beschriebenen Sinn wie Descartes ein cartesischer Skeptiker war. In der modernen Erkenntnistheorie wird das Agrippa-Trilemma jedoch als ein starkes Argument gegen die Möglichkeit von Wissen und damit für eine radikale Skepsis betrachtet, und in diesem Sinn werden wir es auch unseren späteren Überlegungen zugrunde legen. Wenn also im Folgenden von *dem* Skeptiker die Rede ist, dann ist immer ein Skeptiker gemeint, der *behauptet*, dass wir nichts (oder doch so gut wie nichts) wissen können.

2.3 Die Reichweite der Skepsis

Welches Wissen wird durch die beiden beschriebenen Argumente eigentlich in Frage gestellt? Während das Agrippa-Trilemma scheinbar unmittelbar zeigt, dass wir überhaupt kein Wissen haben können, haben wir bei unserer Beschreibung der cartesischen Skepsis bisher lediglich unser durch Wahrnehmung erworbenes Wissen über die „Außenwelt“, das heißt die Welt physischer Objekte, betrachtet. Die Wahrnehmung ist jedoch nicht die einzige *Quelle der Erkenntnis* - die meisten Philosophen betrachten die Erinnerung, manche die Introspektion, die Vernunft und das Zeugnis anderer als weitere Quellen -, und die Außenwelt ist nicht der einzige Bereich, über den wir etwas zu wissen glauben. Diese Beschränkung kann man jedoch leicht aufheben.

Wissen über das Fremdpsychische

Betrachten wir beispielsweise all die Überzeugungen, die wir über die geistigen Zustände anderer Menschen haben, Überzeugungen über das *Fremdpsychische*, wie man sagt. Ich weiß, dass Fritz vor Neugier fast platzt, dass Claudia über den Tod ihrer Katze traurig ist, dass Robert gerne einen Roller hätte und dass Sonja glaubt, „tortellini a la panna“ hieße „Tortellini aus der Pfanne“ – jedenfalls glaube ich all das zu wissen. Auch hier kann man zunächst einmal einzelne Wissensansprüche angreifen: Weiß ich wirklich, dass Sonja die genannte Überzeugung hat? Oder könnte es sein, dass sie sich nur über mich lustig machen will? Der radikale Skeptiker kann jedoch durch die Verwendung skeptischer Hypothesen alle Überzeugungen über Fremdpsychisches auf einmal in Frage stellen: Woher, so fragt der Skeptiker, weiß ich nämlich, dass Fritz, Claudia, Robert und Sonja *überhaupt* geistige Zustände haben? Könnte es nicht sein, dass sie alle nichts anderes als komplizierte Maschinen sind? (Man denke etwa an den Film *Terminator.*) Oder dass sie zwar aus Fleisch und Blut sind, aber keinen Geist haben, sondern sich rein mechanisch so verhalten, wie sie es tun? (Man denke etwa an *Die Nacht der lebenden Toten.*) Gibt es außer mir selbst überhaupt ein Wesen, das einen Geist hat?

Genau wie beim Wissen über die Außenwelt scheine ich auch hier *überhaupt keinen* Grund für meine entsprechenden Überzeugungen anführen zu können. Denn auch hier gilt: Alles, was ich als Grund anführen könnte, ist selbst von dem Zweifel betroffen. Wollte ich etwa als Grund dafür, dass Claudia über den Tod ihrer Katze traurig ist, anführen, dass ich ja weiß, dass sie glaubt, dass ihre Katze tot ist, und dass Claudia ihre Katze geliebt hat, so begründe ich eine Überzeugung über Claudias geistigen Zustand mit zwei weiteren Überzeugungen über ihre geistigen Zustände. Die Frage war aber, woher ich überhaupt weiß, dass sie geistige Zustände hat. Wie beim Wissen über die Außenwelt ziehen die skeptischen Hypothesen auch hier *all* unsere Überzeugungen aus einem bestimmten Bereich *auf einmal* in Zweifel (vgl. (68)). Und da wir Wissen über die Außenwelt letztlich nur durch anderes Wissen über die Außenwelt und Wissen über Fremdpsychisches nur durch anderes Wissen über Fremdpsychisches begründen können, gibt es keinen Ausweg aus der skeptischen Falle.

Wissen über die Vergangenheit

Wissen über die Außenwelt und Wissen über Fremdpsychisches sind nicht die einzigen Wissensbereiche, die in dieser Weise abgeschlossene Klassen bilden. Entsprechend verhält es sich auch mit all unserem Wissen über die Vergangenheit. Woher wissen wir, so fragt Russell (vgl. (64), S. 159–160), dass die Welt mit all ihren Zeugnissen der Vergangenheit (insbesondere mit all unseren Erinnerungen), nicht erst vor fünf Minuten erschaffen wurde? Wiederum können wir Überzeugungen über die Vergangenheit nur durch andere Überzeugungen über die Vergangenheit begründen. Und da die skeptische Hypothese all unsere Überzeugungen über die Vergangenheit auf einmal in Frage stellt, bleibt wiederum *überhaupt kein* Grund übrig.

Wissen über die Zukunft und wissenschaftliches Wissen

Mit unseren Überzeugungen über die Zukunft verhält es sich nicht anders. Woher wissen wir, dass die Welt nicht morgen auf einen Schlag untergehen wird? Hier möchte man dem Skeptiker vielleicht Folgendes entgegnen: Können wir nicht aus unserem Wissen über die Gegenwart und die Vergangenheit auf die Zukunft schließen? Tut nicht genau das die Wissenschaft mit großem Erfolg? Ist es nicht ihre Aufgabe, aus vergangenen Regelmäßigkeiten allgemeine Gesetze abzuleiten, die dann auch Vorhersagen gestatten? Dass diese Aufgabe unerfüllbar ist, behauptet der *Induktionsskeptiker*.

Induktive, abduktive und deduktive Schlüsse

Als *induktiven Schluss* bezeichnet man einen Schluss von mehreren beobachteten Einzelfällen auf eine allgemeine Gesetzmäßigkeit. Beispielsweise: Ich habe schon viele Raben gesehen, die alle schwarz waren, und schließe daraus, dass alle Raben schwarz sind. Wie die so genannten *abduktiven Schlüsse*, bei denen man von einem beobachteten Einzelfall auf die beste Erklärung für diesen Einzelfall schließt - zum Beispiel: Ich habe Fußspuren am Strand gesehen und schließe daraus, dass da ein Mensch gegangen ist -, aber anders als *deduktive Schlüsse*, sind induktive Schlüsse nicht unbedingt wahrheitserhaltend: Ein gültiger deduktiver Schluss ist so definiert, dass es nicht möglich ist, dass seine Prämissen wahr sind, aber seine Konklusion falsch. Wenn alle Menschen sterblich sind und Sokrates ein Mensch ist, dann kann es nicht sein, dass Sokrates unsterblich ist. Der deduktive Schluss „überträgt" die Wahrheit von den Prämissen auf die Konklusion; er „erhält" insofern die Wahrheit. Im Unterschied dazu folgt bei induktiven und abduktiven Schlüssen die Wahrheit der Konklusion nicht zwingend aus der Wahrheit der Prämissen. Es kann durchaus sein, dass viele Einzelfälle sich anders verhalten als die entsprechende Gesamtheit, und es kann auch sein, dass nicht unbedingt das tatsächlich passiert ist, was einen vorliegenden Einzelfall am besten erklären würde. Auch wenn alle Raben, die ich bisher gesehen habe, schwarz sind, könnte es unter den Raben, die ich noch nicht gesehen habe, nicht-schwarze Exemplare geben; und auch, wenn die Fußspuren am Strand am besten dadurch erklärt werden, dass da ein Mensch gegangen ist, könnte es tatsächlich ein mutierter Affe gewesen sein.

Das Problem der Induktion

Der Induktionsskeptiker fragt nun gerade, was uns berechtigt, von den beobachteten Fällen auf die nicht beobachteten Fälle zu schließen, anders gesagt: Er stellt die Legitimität induktiver Schlüsse in Frage. Wie aber soll man begründen, dass diese Schlüsse vernünftig sind? Da es sich nicht um deduktive Schlüsse handelt, gibt es keine logische Begründung. Also können wir, wie es scheint, nur noch darauf hinweisen, dass induktive Schlüsse sich bisher stets als erfolgreich erwiesen haben und darum auch in Zukunft erfolgreich sein werden. Aber das ist gerade selbst ein induktiver Schluss, auf den wir uns zur Begründung der Legitimität induktiver Schlüsse nicht berufen können. Wir sind also wieder in der bekannten Situation: Induktive Schlüsse lassen sich nur induktiv begründen. Das kann man auch so ausdrücken: Wissen, das über die Beobachtung hinausgeht, lässt sich nur durch Wissen begründen, das ebenfalls über die Beobachtung hinausgeht. Der Induktionsskeptiker zieht all unser Wissen, das über die (gegenwärtige und vergangene) Beobachtung hinausgeht, aber *auf einmal* in Frage.

Vor allem David Hume hat auf diese Form der Skepsis aufmerksam gemacht. Er war zwar der Ansicht, dass beobachtete Regelmäßigkeiten in uns bestimmte Erwartungen erzeugen. Das aber betrachtete er als rein psychischen Prozess. Es gibt, wie er betont, *keinen Grund* zu glauben, dass sich die Zukunft wie die Vergangenheit verhalten wird. Wenn ich immer wieder schwarze Raben sehe, werde ich gewohnheitsmäßig auch vom nächsten Raben erwarten, dass er schwarz ist. Aber nichts, was ich weiß, spricht wirklich dafür, dass er schwarz sein wird. Er könnte genauso gut rosa sein (vgl. (55), Abschnitt 1.3., 1.4.1., (54), sec. 4ff.).

Das „neue Rätsel der Induktion"

Eine moderne Variante der Induktionsskepsis ergibt sich aus folgender Überlegung Nelson Goodmans (vgl. (50), 3. Kapitel): Nehmen wir an, wir beobachten eine Vielzahl von Smaragden. Sie alle erweisen sich als grün, und daraus schließen wir, dass alle Smaragde grün sind. Insbesondere kommen wir zu der Prognose, dass Smaragde, die wir noch nicht beobachtet haben, auch grün sind. Nun definieren wir ein neues Prädikat, das Prädikat „grot":

Beachte

Definition: *Grot* sind all die Dinge, die vor dem Zeitpunkt *t* beobachtet wurden und grün sind, sowie all die Dinge, die nicht vor dem Zeitpunkt *t* beobachtet wurden und rot sind.

Als Zeitpunkt *t* wählen wir gerade den jetzigen Zeitpunkt. Damit ergibt sich folgendes Problem: Alle Smaragde, die wir bisher beobachtet haben, wurden vor dem Zeitpunkt *t* beobachtet und sie waren grün. Also waren sie unserer Definition entsprechend auch grot. Schließen wir aber aus der Tatsache, dass alle bisher beobachteten Smaragde grot waren, darauf, dass alle Smaragde grot sind, so müssen wir annehmen, dass Smaragde, die nicht vor dem Zeitpunkt *t* beoabchtet wurden, rot sind (denn grot sind nicht vor dem Zeitpunkt *t* beobachtete Smaragde nur, wenn sie rot sind). Das steht aber im Widerspruch zu unserer ursprünglichen Prognose, dass sie grün sind. Aber beide Prognosen beruhen auf *exakt* denselben Beobachtungsdaten: Grote und grüne Smaragde sehen bis zum Zeitpunkt *t* genau gleich aus. Hat man die Konstruktion des grot-Prädikats durchschaut, so sieht man, dass jede beliebige Prognose sich in gleicher Weise mit den bisherigen Beobachtungen „rechtfertigen" lässt – man muss nur statt „rot" irgendeine andere Eigenschaft in die Definition einsetzen. Das heißt aber nichts anderes als: Die bisherigen Beobachtungen sagen uns *überhaupt nichts* über die Zukunft!

Bedeutung und Regelfolgen

Die Induktionsskepsis in dieser modernen Variante führt uns unmittelbar zu einem weiteren Anwendungsgebiet der skeptischen Herausforderung. Denn der Skeptiker kann jetzt fragen, woher wir eigentlich wissen, dass „grün" nicht tatsächlich „grot" *bedeutet*. Natürlich verwenden alle das Wort „grün".

Aber wer sagt uns, dass nicht alle eigentlich „grot" damit meinen? Vielleicht wäre ich ja der einzige Mensch auf der Erde, der überrascht wäre, wenn Smaragde in Zukunft rot wären. Vielleicht würden alle anderen Menschen ja sagen: „Wir haben doch schon immer gesagt, dass Smaragde grün (also grot) sind." Kurzum: Woher weiß ich eigentlich, dass die Worte, die ich verwende, das bedeuten, was ich glaube, dass sie bedeuten? In seinem Wittgenstein-Buch beschreibt Kripke dieses Problem als eine Skepsis bezüglich der Möglichkeit einer (in diesem Fall sprachlichen) Regel zu folgen (vgl. (57)): Da ich die Regeln zur Verwendung eines Wortes nur aufgrund vergangener und gegenwärtiger Verwendungen erlerne, ist unklar, wie ich eine Regel jemals auf zukünftige Anwendungen fortsetzen kann. Das Wort „grün" und das Wort „grot" unterscheiden sich nun einmal nicht im Hinblick auf ihre vergangenen Verwendungen! Wie schon in Bezug auf die anderen Wissensbereiche, die der Skeptiker sich vorgenommen hat, sind wir auch hier wieder in der unangenehmen Position, alles Wissen über die Bedeutung eines Wortes nur durch anderes Wissen über die Bedeutung von Wörtern rechtfertigen zu können. Aber auf genau dieses Wissen dürfen wir uns nicht berufen, wenn der Skeptiker all unser Bedeutungswissen *auf einmal* in Frage stellt.

Es gibt noch weitere Bereiche des Wissens, die in ähnlicher Weise skeptischen Angriffen ausgesetzt sind (mathematisches Wissen, Wissen um Modalitäten, moralisches Wissen etc.). Offensichtlich kann der Skeptiker so gut wie all unser Wissen in Frage stellen. Natürlich wollen wir sagen: Das kann doch nicht sein! Zugegeben, vieles wissen wir nicht, vielleicht sogar vieles von dem, was wir zu wissen glauben. Aber ganz sicher wissen wir *irgendetwas* über die Außenwelt, den Geist anderer Menschen etc. Der Skeptiker kann einfach nicht Recht haben. Andererseits erscheinen uns seine Überlegungen zwingend zu sein. Wir sind hier in einer nach Wittgenstein für die Philosophie typischen Problemsituation: „‚Es ist doch nicht so!' - sagen wir. ‚Aber es muss doch *so* sein!'" (vgl. (113), § 112). Insbesondere geraten wir hier in eine Spannungssituation, die Hume beschrieben hat: Im Arbeitszimmer behält der Skeptiker die Oberhand, aber sobald wir zum alltäglichen Leben zurückkehren, haben seine Argumente keinen Einfluss mehr auf unsere Überzeugungen (vgl. (55), Abschnitt 1.4.7.). Das ist sicherlich keine befriedigende Lage. Betrachten wir, ob die Erkenntnistheorie uns weiterhelfen kann!

2.4 Auf einen Blick, Literaturhinweise, Fragen und Übungen

Auf einen Blick

Es gibt im Wesentlichen zwei Strategien, um die These zu begründen, dass wir nichts (oder so gut wie nichts) wissen können. Im einen Fall verweist der Skeptiker auf mehr oder minder umfassende Täuschungsmöglichkeiten, so genannte *skeptische Hypothesen*, um unsere Wissensansprüche zu untergraben. Wenn es in einem gegebenen Fall genauso gut sein könnte, dass ich Opfer einer Sinnestäuschung bin, dass ich träume oder halluziniere oder gar dass ein böser Dämon mich täuscht oder ein wahnsinniger Wissenschaftler mich zum Gehirn im Tank gemacht hat, dann kann ich kein Wissen beanspruchen. Da wir beispielsweise in Bezug auf Überzeugungen, die auf der Wahrnehmung basieren, anscheinend *überhaupt keinen* Grund haben, anzunehmen, dass diese nicht das Ergebnis einer umfassenden Täuschung sind, kann es sich bei diesen Überzeugungen nicht um Wissen handeln. Man spricht hier von *cartesischer Skepsis*.

Die zweite Strategie zur Begründung der These, dass wir nichts (oder so gut wie nichts) wissen können, macht von einer Argumentation Gebrauch, die auf den Philosophen Agrippa zurückgeht. Dieser weist darauf hin, dass wir in Bezug auf beliebige Überzeugungen unfähig sind, diese zu begründen, weil wir zwangsläufig entweder in einen infiniten Regress geraten, die Rechtfertigung dogmatisch abbrechen oder aber zirkulär argumentieren. Dieses *Aprippa-Trilemma* zeigt, dass es unmöglich ist, jemals gerechtfertigte Überzeugungen und damit Wissen zu erwerben.

Beide Strategien führen zu einer radikalen Skepsis (nicht nur zu einem Fallibilismus) in Bezug auf (fast) alle unsere Wissensansprüche: Das Agrippa-Argument ist von Anfang an nicht auf bestimmte Bereiche des Wissens eingeschränkt, und auch die Argumentation über skeptische Hypothesen lässt sich auf verschiedene Bereiche des Wissens anwenden: auf unser Wissen über Fremdpsychisches, auf unser Wissen über Vergangenheit und Zukunft, insbesondere auf wissenschaftliches Wissen – hier ergibt sich das Problem der Induktion –, auf Wissen über Bedeutung etc. Entscheidend ist immer, dass der Skeptiker alle Überzeugungen aus einem bestimmten Bereich *auf einmal* in Zweifel zieht. Wir geraten in eine grundlegende Spannung zwischen unserer tiefliegenden Überzeugung, eine Menge zu wissen, und der Überzeugungskraft der skeptischen Argumente.

Literaturhinweise

Die klassischen Werke zu diesem Kapitel stammen von Sextus Empiricus (65), Descartes (48), Hume (54), (55), Goodman (50), Putnam (62) und Kripke (57). Texte zum Skeptizismus sind in zahlreichen Sammelbänden zusammengefasst, beispielsweise in (44), (45), (47), (50a), (51), (66), (72). Zur Geschichte des Skeptizismus vgl. (49), (59), (60), (61), (63), (70), speziell zu Descartes (71). Es gibt zahlreiche systematische Untersuchungen der skeptischen Argumente, beispielsweise (42), (46), (52), (53), (56), (68), (69), (73), (337). Besonders einflussreich war das Buch von Stroud (67).

Fragen und Übungen

1. Überlegen Sie: Worüber haben Sie sich schon getäuscht, und was war jeweils der Grund Ihres Irrtums?
2. Lesen Sie die erste Meditation von Descartes (48) und rekonstruieren Sie die einzelnen Stufen des methodischen Zweifels!
3. Versuchen Sie ein Argument zu formulieren, bei dem in den Prämissen auf Träume Bezug genommen wird und dessen Konklusion ist, dass wir kein Wissen über die Außenwelt haben. (Vergleichen Sie Ihren Versuch mit dem skeptischen Argument im Kapitel 7.5!)
4. Durch den Verweis auf die mögliche Existenz eines bösen Dämons zieht man wesentlich mehr Wissen in Zweifel als durch den Verweis auf die Möglichkeit des Gehirns im Tank. Warum?
5. Wie entkommt man dem Gehirn-im-Tank-Argument, wenn unsere Erinnerung *nicht* angezweifelt wird?
6. Beschreiben Sie das Agrippa-Trilemma!
7. Überlegen Sie: Gibt es einen Ausweg aus dem Agrippa-Trilemma? (Notieren Sie Ihre Antwort und vergleichen Sie später mit dem, was im sechsten Kapitel beschrieben wird!)
8. Wie hängen die beiden Formen der skeptischen Herausforderung miteinander zusammen? (Kommen Sie auf diese Frage zurück, nachdem sie das achte Kapitel gelesen haben!)
9. Warum war Descartes kein cartesischer und Agrippa kein agrippinischer Skeptiker (im hier beschriebenen Sinn)?
10. Informieren Sie sich über den Behaviorismus. Welchen Ausweg aus der Skepsis bezüglich des Fremdpsychischen bietet er? (Vgl. auch (43).)
11. Bezieht sich die Induktionskepsis nur auf Überzeugungen über die Zukunft? (Denken Sie beispielsweise an wissenschaftliche Thesen über das Aussterben der Dinosaurier!)
12. Inwiefern ist Goodmans „neues Rätsel der Induktion“ mit Humes altem Rätsel der Induktion identisch?
13. Überlegen Sie: Wie kann man – in Goodmanscher Weise – auf der Grundlage der Beobachtung einiger grüner Smaragde vorhersagen, dass Rosen, die nicht vor dem Zeitpunkt *t* beobachtet wurden, rot sind? (Hinweis: Sie müssen jetzt *zwei* geeignete Prädikate definieren! Vgl. (50), 3. Kapitel.)
14. Auf welche Weise führt das grot-Paradox zu einer Skepsis in Bezug auf Bedeutung und Regelfolgen?
15. Überlegen Sie sich eine skeptische Hypothese, mit deren Hilfe man all unser moralisches Wissen anzweifeln kann!

3. Methoden der Erkenntnistheorie

Überblick

In diesem Kapitel sollen die beiden methodischen Hauptansätze zur Klärung erkenntnistheoretischer Fragen vorgestellt werden: eine Form des Apriorismus und der Naturalismus. Außerdem wird das Hauptinstrument des Erkenntnistheoretikers – die Begriffsanalyse – eingeführt und kritisch diskutiert.

3.1 Apriorismus

Die Natur einer Sache, Notwendigkeit und Kontingenz

Wenn wir den Umfang unseres Wissens klären wollen, müssen wir zunächst bestimmen, was die Natur des Wissens ist. Aber was heißt das eigentlich? Man sagt, dass eine bestimmte Eigenschaft zur Natur einer Sache gehört (oder der Sache *wesentlich* ist), wenn diese Eigenschaft der Sache *notwendigerweise* zukommt. Und eine Eigenschaft kommt einer Sache notwendigerweise zu, wenn die Sache die Eigenschaft haben *muss*, wenn sie die Eigenschaft also nicht nicht haben *kann*, wenn es also *unmöglich* ist, dass die Sache die Eigenschaft nicht hat. Philosophen bringen das manchmal auch so zum Ausdruck: Eine notwendige Eigenschaft ist eine Eigenschaft, die der entsprechenden Sache *in allen möglichen Welten* zukommt. Ein Junggeselle beispielsweise ist notwendigerweise unverheiratet. Das Nichtverheiratetsein gehört deshalb zu seiner Natur. Ein Junggeselle, der verheiratet wäre, wäre eben kein Junggeselle mehr. Im Unterschied dazu gehört es nicht zum Wesen des Junggesellens, dass er spät ins Bett geht. Viele Junggesellen gehen spät ins Bett. Aber selbst wenn tatsächlich alle Junggesellen spät ins Bett gehen würden, würde das Spätinsbettgehen noch nicht zur Natur des Junggesellen gehören, denn sie würden nicht *notwendigerweise* spät ins Bett gehen. Ein Junggeselle kann die Angewohnheit haben, spät ins Bett zu gehen, oder auch nicht. Es handelt sich, wie man sagt, hier um eine seiner *kontingenten* Eigenschaften. Unverheiratet sein muss er dagegen, wenn er ein Junggeselle sein möchte.

Notwendige und hinreichende Bedingungen

Wenn wir die Natur einer Sache bestimmen, wollen wir nicht nur wissen, welche Eigenschaften die Sache notwendigerweise hat. Wir wollen auch wissen, welche Eigenschaften garantieren, dass wir es wirklich mit der entsprechenden Sache zu tun haben. Ein Junggeselle ist notwendigerweise unverheiratet, aber nicht alle unverheirateten Menschen sind Junggesellen – schließlich gibt es auch unverheiratete Frauen. Wenn wir es aber mit einem unverheirateten Mann zu tun haben, dann haben wir es garantiert mit einem Junggesellen zu tun; ein unverheirateter Mann zu sein ist eine *hinreichende* Bedingung dafür, ein Junggeselle zu sein. (Das gilt jedenfalls, wenn man von gewissen unklaren Grenzfällen absieht: Ist der Papst ein Junggeselle? Sind die Einwohner eines Urwaldstammes, in dem es die Institution der Ehe nicht gibt, Junggesellen? Ist ein Witwer ein Junggeselle?) Nicht alle notwendigen Bedingungen sind hinreichend und nicht alle hinreichenden Bedingungen sind notwendig für eine Sache. Nicht verheiratet zu sein ist notwendig für das Junggesellenleben, aber es reicht nicht hin; man muss auch noch ein Mann sein. Hinreichend dafür, dass man ein Mann ist, ist das Junggesellesein. Aber notwendig ist das nicht: Man kann auch ein verheirateter Mann sein.

Wenn wir in der Philosophie nach der Natur einer Sache fragen, dann suchen wir sowohl nach notwendigen als auch nach hinreichenden Bedingungen. Am liebsten möchten wir eine Liste von Bedingungen finden, die einzeln notwendig und zusammen genommen hinreichend für die entsprechende Sache sind, so wie im Junggesellen-Beispiel: Ein Junggeselle ist (1) ein Mann, der (2) unverheiratet ist. Bedingung (1) und Bedingung (2) sind einzeln notwendig und zusammen hinreichend für das Junggesellesein. Die Frage nach der Natur des Wissens wäre beantwortet, wenn wir eine entsprechende Liste von Bedingungen für Wissen finden könnten. Wie sollen wir dazu vorgehen?

Hier haben wir es mit einer Frage zu tun, die sehr grundsätzlich ist, weil sie nicht nur die Methode der Erkenntnistheorie, sondern die Methode der Philosophie überhaupt betrifft. Nicht nur in der Erkenntnistheorie geht es darum, die Natur einer Sache zu klären. So wie die Erkenntnistheorie (unter anderem) nach der Natur des Wissens fragt, fragt die Ethik nach der Natur des Guten, der Gerechtigkeit etc., die Metaphysik nach der Natur von Dingen, Eigenschaften etc., und andere philosophische Disziplinen stellen andere Wesensfragen. Dementsprechend viel hängt davon ab, welche Methode man hier für angemessen hält.

Zwei methodische Ansatzpunkte

Prinzipiell gibt es zwei verschiedene Ansichten zu dieser Frage. Eine Gruppe von Philosophen ist der Meinung, dass die Philosophie zur Beantwortung ihrer Fragen prinzipiell auf die gleiche Weise vorgehen sollte wie die empirischen Wissenschaften. Der Übergang zwischen den Einzelwissenschaften und der Philosophie ist demnach ein kontinuierlicher, der weniger mit der Methode als mit dem Inhalt der entsprechenden Disziplinen zu tun hat: eher spezielle Inhalte bei den Einzelwissenschaften, eher generelle Inhalte bei der Philosophie. Die andere Gruppe von Philosophen ist der Ansicht, dass es eine scharfe Grenze zwischen der Methode der Philosophie (und vielleicht auch der Logik und Mathematik) auf der einen und der Methode der empirischen Wissenschaften auf der anderen Seite gibt. Ihrer Ansicht nach ist die Philosophie in wesentlicher Hinsicht von der Empirie unabhängig, oder, um eine Unterscheidung Kants zu verwenden: Die Philosophie gewinnt ihre Erkenntnis nicht *a posteriori* aus (oder „nach") der Erfahrung, sondern *a priori*, also unabhängig von (oder „vor") der Erfahrung. Betrachten wir zunächst die zweite Auffassung etwas genauer.

Ein Argument für den Apriorismus

Der Philosophie geht es (jedenfalls auch) um die Natur bestimmter Dinge. Wenn wir die Natur einer Sache (beispielsweise die Natur des Wissens) erkennen wollen, dann wollen wir nicht nur erkennen, welche Eigenschaften dieser Sache manchmal, häufig oder sogar immer zukommen. Wir wollen erkennen, welche Eigenschaften ihr *notwendigerweise* zukommen. Da die Erfahrung uns aber immer nur sagen kann, ob eine Eigenschaft einer Sache zukommt oder nicht, kann die Erkenntnis, dass eine Eigenschaft einer Sache notwendigerweise zukommt, anscheinend nicht aus der Erfahrung stammen (jedenfalls nicht allein aus ihr). So kann ich beispielsweise empirisch feststellen, dass alle Junggesellen unverheiratet sind, etwa durch Nachforschungen im Standesamt. Dass es sich bei dem Unverheiratetsein jedoch um eine notwendige Eigenschaft von Junggesellen handelt, erfahre ich so nicht. Da es der Philosophie (jedenfalls auch) um die Natur der Dinge geht, muss sie sich einer anderen Form der Erkenntnis bedienen – apriorischer Erkenntnis –, und das unterscheidet sie, wie es scheint, grundlegend von den empirischen Wissenschaften. Das ist die Sichtweise des *Aprioristen*.

Apriorische Erkenntnis

Was ist apriorische Erkenntnis? Das ist eine in der gegenwärtigen Erkenntnistheorie viel und kontrovers diskutierte Frage (vgl. (82)). Prinzipiell kann man zwei Ansätze unterscheiden: Man kann versuchen, zu beschreiben, was apriorische Erkenntnis ist, indem man sie positiv charakterisiert. Oder man erläutert sie negativ, indem man beschreibt, was sie nicht ist. Ein Versuch der positiven Charakterisierung wäre etwa der, apriorische Erkenntnis als Erkenntnis, die wir durch die *Intuition* gewinnen, zu beschreiben. Allerdings scheint das Problem damit nur verschoben zu werden, weil dann zu erklären wäre, was mit „Intuition" genau gemeint sein soll (vgl. (75), (84)). Eine negative Charakterisierung, die bereits Kant verwendete, wäre die: Apriorische Erkenntnis ist Erkenntnis, die völlig unabhängig von der Erfahrung ist (vgl. (93), B2f.). Aber auch diese Erklärung ist nur so gut wie unser Verständnis des Begriffs der Erfahrung, der hier zugrunde gelegt wird. Intuition soll dann ja offensichtlich *nicht* als Erfahrung gelten. Andererseits kann nicht nur Erkenntnis durch die fünf Sinne als Erfahrungserkenntnis gelten, weil beispielsweise Erkenntnisse, die wir durch unsere Körperwahrnehmung gewinnen (etwa die – nicht durch Hinsehen oder Tasten gewonnene – Erkenntnis, dass ich gerade einen Arm ausgestreckt habe), sicherlich nicht als apriorisch gelten sollen, und das Gleiche gilt wohl für durch Introspektion gewonnene Erkenntnis (beispielsweise die, dass ich jetzt gut aufgelegt bin). Versucht man aber, die Quellen der Erfahrung aufzuzählen, ergibt sich immer die Frage der Vollständigkeit der Aufzählung.

Kann man sagen, dass apriorische Erkenntnis gerade die Erkenntnis von Notwendigkeit ist? Auch das ist nicht sehr plausibel. Zum einen ist es ja gerade klärungsbedürftig, wie wir Notwendigkeiten erkennen. (Man wird nicht behaupten wollen, dass bereits jeder, der wahrheitsgemäß glaubt, dass diese oder jene Eigenschaft einer Sache notwendigerweise zukommt, damit schon apriorisch erkannt hat, dass die Eigenschaft der Sache notwendigerweise zukommt.) Zum anderen ist sicher nicht nur die Einsicht, dass ein Zusammenhang notwendigerweise besteht, möglicher Gegenstand apriorischer Erkenntnis. Ein Erstklässler kann bereits ausrechnen, dass 5+4=9 ist, aber es wird ihm schwer fallen zu verstehen, dass es sich hierbei um eine notwendige Wahrheit handelt. Daraus folgt aber sicher nicht, dass er die Erkenntnis, dass 5+4=9 ist, nicht a priori gewonnen hat. Man muss offensichtlich unterscheiden zwischen „einen notwendigen Zusammenhang erkennen“ und „erkennen, dass ein Zusammenhang notwendig ist“: Der Erstklässler erkennt den notwendigen Zusammenhang, dass 5+4=9 ist, aber er erkennt nicht, dass dieser Zusammenhang notwendig ist. Sollte man also besser sagen, dass apriorische Erkenntnis die Erkenntnis notwendiger Zusammenhänge ist? Auch das ist unplausibel: Wir könnten ja (prinzipiell) zu der Erkenntnis kommen, dass alle Junggesellen unverheiratet sind, indem wir alle einzeln betrachten. Dann hätten wir einen notwendigen Zusammenhang, nämlich dass alle Junggesellen unverheiratet sind, auf nicht-apriorische Weise erkannt. Damit sind nur einige der Schwierigkeiten genannt, die sich bei der Charakterisierung apriorischer Erkenntnis ergeben (vgl. (82), 1.Teil).

a priori – a posteriori, analytisch – synthetisch, notwendig – kontingent

Ein im Hinblick auf die bevorzugte Vorgehensweise in der Erkenntnistheorie besonders wichtiger Ansatz zur positiven Bestimmung apriorischen Wissens geht von der *semantischen* Unterscheidung zwischen analytischen und synthetischen Sätzen aus (vgl. (92a)). (Die Unterscheidung zwischen notwendigen und kontingenten Sachverhalten ist eine *metaphysische*, die Unterscheidung zwischen apriorischer und aposteriorischer Erkenntnis eine *erkenntnistheoretische* Unterscheidung.) Eine Charakterisierung des Unterschieds sieht so aus: Ein *analytisch* wahrer (beziehungsweise falscher) Satz ist ein Satz, der allein aufgrund der Bedeutung der in ihm enthaltenen Wörter und der Art ihrer Zusammensetzung wahr (beziehungsweise falsch) ist. Beispielsweise ist der Satz „Junggesellen sind unverheiratete Männer“ in dieser Weise wahr. Im Unterschied dazu ist der Satz „Junggesellen zahlen mehr Steuern als Verheiratete“ zwar vielleicht wahr, aber nicht analytisch, sondern *synthetisch* wahr: Seine Wahrheit ergibt sich nicht schon allein aus der Bedeutung und der Art der Zusammensetzung der in ihm enthaltenen Wörter.

Logische und analytische Wahrheit

Eine besondere Teilmenge der Sätze, die allein aufgrund der Bedeutung der in ihnen enthaltenen Wörter und der Art ihrer Zusammensetzung wahr (beziehungsweise falsch) sind, sind die *logisch wahren* (beziehungsweise falschen) Sätze, wie etwa der Satz „Es ist nicht der Fall, dass es (an der gleichen Stelle) zugleich regnet und nicht regnet“. Solche Sätze sind, wie man sagt, schon aufgrund ihrer *logischen Form* – damit ist der Aufbau und die Bedeutung der „logischen“ Wörter, wie „und“, „nicht“, „für alle“, „folgt aus“ etc. gemeint – wahr (beziehungsweise falsch); was genau im Rest des Satzes steht, spielt dann keine Rolle mehr. So kann man etwa in dem Beispielsatz für „es regnet“ beliebige Behauptungen einsetzen, ohne etwas am Wahrheitswert des Satzes zu ändern. Es ist niemals zugleich der Fall, dass p und dass non-p. Der Satz „Junggesellen sind unverheiratete Männer“ ist dagegen nicht logisch wahr, sondern weil hier das Prädikat – „ist ein unverheirateter Mann“ – im Subjekt – „Junggeselle“ – bereits irgendwie „enthalten“ ist. (Das sah Kant als entscheidendes Kriterium für Analytizität an. Vgl. (93), A7/B11.) Man kann den Satz allerdings in einen logisch wahren Satz verwandeln, indem man das Subjekt „Junggeselle“ durch den synonymen Ausdruck „Unverheirateter Mann“ ersetzt. Dass dennoch der Begriff der logischen Wahrheit nicht unbedingt als grundlegend für den Begriff der Analytizität angesehen werden kann (wie das Frege und Carnap tun wollten), ergibt sich nicht nur aus der Tatsache, dass wir bei der eben beschriebenen Reduktion von dem problematischen Begriff der Synonymie Gebrauch machen mussten (vgl. dazu unten), sondern auch daraus, dass nicht alle analytischen Sätze eine einfache Subjekt-Prädikat-Struktur haben. (Man denke etwa an einen Satz wie „Wenn Klaus der Vater von Peter ist, ist Peter der Sohn von Klaus“.)

Erkenntnis analytischer Wahrheiten

Die Wahrheit eines analytisch wahren Satzes kann prinzipiell jeder erkennen, der die Bedeutung der in dem Satz enthaltenen Wörter und die Art ihrer Zusammensetzung (also insbesondere die entsprechenden Regeln der Grammatik) kennt. Es ist nicht nötig, auf irgendwelche weitergehende Erfahrungen zu rekurrieren. Natürlich lernen wir empirisch, was Wörter bedeuten und wie sie sich zu korrekten Sätzen verbinden lassen. Aber wenn wir die Bedeutung erst einmal kennen, brauchen wir keine weitergehende Erfahrung mehr, um die Wahrheit (oder Falschheit) von analytisch wahren (oder falschen) Sätzen zu erkennen. Man kann das auch so formulieren: Wer auch immer hier eine entsprechende Frage *versteht*, ist allein dadurch prinzipiell schon in der Lage, sie zu beantworten. Die Frage „Sind Junggesellen unverheiratet?“ kann prinzipiell jeder beantworten, der sie versteht, auch wenn er nichts über die Welt weiß.

Man könnte auch hier davon sprechen, dass uns die „Intuition“ sagt, dass Junggesellen unverheiratet sind – und viele Philosophen tun das. Tatsächlich ist das aber eher irreführend. Denn in diesem Fall ist es nicht irgendeine geheimnisvolle Fähigkeit, die uns entsprechende Erkenntnisse zugänglich macht, sondern schlicht unsere Sprachkompetenz. Man – und das heißt hier: der kompetente Sprecher – weiß, dass man eben nicht von verheirateten Junggesellen sprechen kann. Insofern haben wir es hier mit einer vergleichsweise gut zu verstehenden Form der apriorischen Erkenntnis zu tun. Allerdings wird es auch hier kompliziert, wenn wir uns weiter fragen, was es genau heißt, die Bedeutung eines Wortes zu kennen beziehungsweise über einen bestimmten Begriff zu verfügen.

Analytizität und Notwendigkeit

Sieht man von diesen Schwierigkeiten einmal ab, so ist es hier auch gut verständlich, warum die entsprechenden Sachverhalte, also beispielsweise der Sachverhalt, dass Junggesellen unverheiratet sind, *notwendige* Sachverhalte sind. Das liegt in diesem Fall an unseren sprachlichen Konventionen (vgl. (74), S. 71). Junggesellen können nicht verheiratet sein, weil wir sie dann nicht mehr Junggesellen nennen. Man kann hier von einer „begrifflichen Notwendigkeit“ sprechen und sie beispielsweise von „naturgesetzlicher Notwendigkeit“ unterscheiden. (So ist es beispielsweise naturgesetzlich, aber nicht begrifflich unmöglich, eine Stunde ohne Sauerstoffzufuhr zu überleben.)

Synthetische Erkenntnis a priori?

Ist alle apriorische Erkenntnis von dieser Art? Vor allem Kant hat das bestritten. Für ihn handelt es sich bei den grundlegenden Axiomen der Wissenschaft, das heißt für Kant insbesondere: bei den Axiomen der Newtonschen Mechanik sowie bei den Prinzipien der Arithmetik und Geometrie, um *notwendige* Zusammenhänge. Solche können seiner Ansicht nach nur *apriorisch* erkannt werden. Es handelt sich aber nach Kant bei solchen Axiomen nicht um *analytisch* wahre Sätze. Diese Kombination von Überzeugungen bringt Kant zur Kernfrage der *Kritik der reinen Vernunft* (vgl. (93), B20): „*Wie sind synthetische Urteile a priori möglich?*“ Die Frage, *ob* synthetisch apriorische Erkenntnis möglich ist, wird bis heute zwischen rationalistisch und empiristisch gesinnten Philosophen kontrovers diskutiert. Empiristen sind dabei der Ansicht, dass alle nicht-analytischen Wahrheiten letztlich nur durch die Erfahrung erkannt werden können - „nihil est in intellectu quod non antea fuerit in sensu“. Rationalisten weisen darauf hin, dass diese Ansicht sowohl mathematisches als auch naturwissenschaftliches Wissen unmöglich machen würde.

Im vorliegenden Zusammenhang müssen wir diesen Streit nicht entscheiden, denn Erkenntnistheoretiker, die glauben, die Natur des Wissens (und anderer erkenntnistheoretisch relevanter Begriffe) auf apriorische Weise bestimmen zu können, berufen sich in der Regel nicht auf die problematische Möglichkeit synthetisch apriorischer Erkenntnis. Sie sind vielmehr der Ansicht, dass die Natur des Wissens sich durch eine Analyse der Bedeutung des Wortes „Wissen“ (also durch die vergleichsweise unproblematische analytisch apriorische Erkenntnis) entschlüsseln lässt. Zu diesem Zweck bedienen sie sich der Methode der Begriffsanalyse, auf die wir noch ausführlich zu sprechen kommen werden (vgl. Kapitel 3.3 und 3.4). Zuvor müssen wir jedoch auf eine wichtige Alternative zum Apriorismus zu sprechen kommen.

3.2 Naturalismus

Kritik an der analytisch-synthetisch-Unterscheidung

Gegner des Apriorismus können an verschiedenen Punkten ansetzen. So kann man sich beispielsweise nur dann auf die Möglichkeit analytisch apriorischer Erkenntnis berufen, wenn es tatsächlich sinnvoll ist, zwischen „analytisch“ und „synthetisch“ zu unterscheiden. Genau das bestreitet Quine in seinem berühmten Aufsatz „Two dogmas of empiricism“ (vgl. (109)). Quine betrachtet dort zunächst verschiedene Versuche, den Begriff der Analytizität verständlich zu machen. All diese Versuche erweisen sich nach seiner Ansicht als unzureichend. So hatten wir beispielsweise erklärt, eine Aussage sei analytisch wahr, wenn sie allein aufgrund der Bedeutung der in ihr enthaltenen Ausdrücke wahr ist. Aber wann ist das der Fall? In unserem Beispielsatz „Junggesellen sind unverheiratete Männer“ beruht die Wahrheit auf der Bedeutungsgleichheit (der Synonymie) der Ausdrücke „Junggeselle“ und „unverheirateter Mann“. Wollte man den Begriff der Analytizität aber mit dem Begriff der Synonoymie verständlich machen, so müsste vorweg geklärt werden, was Synonymie eigentlich ist. Das scheint aber wiederum nur durch den Hinweis auf analytische Sätze möglich zu sein. So kann man beispielsweise sagen, dass die Ausdrücke A und B synonym sind, wenn der Satz „Alle A's sind B's“ analytisch wahr ist. In ähnlich zirkuläre Erklärungen kommt man, so Quine, wenn man andere Wege zur Explikation des Begriffs der Analytizität einschlägt.

Man könnte meinen, dass Quine hier eine prinzipiell unerfüllbare Forderung stellt. Einerseits soll der Begriff der Analytizität durch andere Begriffe definiert werden. Andererseits sollen diese anderen Begriffe nicht ihrerseits durch den Begriff der Analytizität definierbar sein. Aber das ist natürlich nicht möglich. Wenn A durch B definiert werden kann, kann immer auch B durch A definiert werden. Das Problem, das Quine aufzeigt, besteht aber nicht darin, dass der Begriff der Analytizität zu einer Gruppe von Begriffen gehört, die zwar wechselseitig, aber nicht „von außen“ definierbar sind. Vielmehr sieht Quine die Schwierigkeit darin, dass *keiner* dieser Begriffe letztlich verständlich gemacht werden kann. Das liegt zum einen daran, dass nach Quines Ansicht, linguistische Ausdrücke wie „analytisch“ und „synonym“ auf rein empiristischer, genauer: auf rein behavioristischer Grundlage, also durch den Verweis auf von außen beobachtbare Aspekte unseres (sprachlichen) Verhaltens, geklärt werden müssen. Zum anderen liegt es an Quines Auffassung, dass sich immer nur unsere Sicht der Welt als ganze, nicht aber ein einzelner Satz an der Erfahrung bewähren oder an ihr scheitern kann. Man spricht hier von der *Quine-Duhem-These* beziehungsweise vom *Holismus* (vgl. (109), (85)). So könnte man beispielsweise versuchen, den Begriff des analytisch wahren Satzes auf folgende Weise zu erklären: Ein Satz ist analytisch wahr, wenn wir ihm zustimmen würden, ganz gleich, welche Erfahrungen wir tatsächlich machen. Diese Definition würde die Forderung Quines nach einer behavioristischen Erklärung erfüllen. Aber der Holismus hat zur Folge, dass sie nicht adäquat ist: Da immer nur unsere Sicht der Welt als Ganze auf dem Prüfstand der Erfahrung steht, können wir *jeden beliebigen* Satz mit unserer Erfahrung in Einklang bringen, solange wir nur bereit sind, unser Überzeugungssystem an anderer Stelle entsprechend zu ändern. So kann ich beispielsweise die Überzeugung, dass ich fliegen kann, aufrechterhalten, wenn ich nur bereit bin, genügend andere Überzeugungen aufzugeben (wie etwa die Überzeugung, dass meine Sinne, die mir immer wieder meine mangelnden Flugfähigkeiten vor Augen führen, verlässlich sind). Und das Gegenstück zu Quines Behauptung, dass jede beliebige Überzeugung aufrecht erhalten werden kann „come what may", ist natürlich die Behauptung, dass auch jede beliebige Überzeugung (nach Quine selbst grundlegende logische Überzeugungen) im Lichte der Erfahrung revidierbar sind. Damit fällt die Unterscheidung zwischen analytischen und synthetischen Sätzen in sich zusammen.

Kritik an der Kritik

Quines Überlegung ist allerdings in mehrerer Hinsicht problematisch. Zum einen kann man bestreiten, dass nur Erklärungen linguistischer Begriffe, die der Behaviorist akzeptiert, akzeptabel sind. Das behavioristische Paradigma ist, vor allem durch die Arbeiten Chomskys (vgl. (83)), in der Linguistik längst nicht mehr vorherrschend, und damit eröffnen sich ganz neue Möglichkeiten zur Bestimmung der analytisch-synthetisch-Unterscheidung und anderer semantischer Begriffe (vgl. (94)). Zum anderen kann man natürlich versuchen, Quines Anforderungen tatsächlich zu erfüllen. Quine zeigt lediglich, dass bestimmte Definitionsversuche scheitern. Daraus folgt nicht, dass es keine (nach seinen Maßstäben) erfolgreiche Definition geben kann. Müller argumentiert beispielsweise dafür, dass es tatsächlich eine Definition gibt, die sowohl Quines Behaviorismus als auch seinem Holismus gerecht wird (vgl. (106), (107)). Dass Quines These von der Unverständlichkeit der analytisch-synthetisch-Unterscheidung überzogen sein muss, kann man bereits daraus ableiten, dass wir die Unterscheidung durch klare Beispiele erläutern können: Sätze wie „Junggesellen sind unverheiratet", „Erpel sind männliche Enten", „Aus A folgt A" *und Sätze, die diesen in relevanter Hinsicht ähnlich sind*, sind analytisch wahr, alle anderen wahren Sätze sind synthetisch wahr. Wir haben im Alltag kein Problem damit, zwischen *sinnlosen* und *falschen* Sätzen, zwischen *sprachlichen* und *faktischen* Fehlern, zwischen *nicht verstehen* und *nicht glauben* zu unterscheiden. Darauf haben vor allem Strawson und Grice hingewiesen (vgl. (89)). Dass es auch Sätze gibt, bei denen wir nicht so einfach sagen können, ob sie analytisch sind oder nicht, wie etwa Quines Beispiel „Alles Grüne ist ausgedehnt", zeigt in Anbetracht der klaren Beispiele lediglich, dass die Unterscheidung vielleicht nicht völlig trennscharf ist. Nach Ansicht des aprioristisch gesinnten Erkenntnistheoretikers bewegen wir uns jedoch in Bezug auf die Analyse der erkenntnistheoretisch relevanten Begriffe stets im klar analytischen Bereich. Nach Ansicht seines Gegners ist das gerade nicht der Fall. Der Leser muss sich anhand der Wissenstheorien, die in späteren Kapiteln untersucht werden, eine eigene Meinung bilden.

Naturalisierte Erkenntnistheorie

Was wäre, wenn Quine Recht hätte? Zunächst einmal gäbe es keine scharfe Grenze mehr zwischen philosophischen Untersuchungen auf der einen und empirischer Forschung auf der anderen Seite. In beiden Bereichen ginge es darum, unser Überzeugungssystem an die Erfordernisse der Erfahrung anzupassen. Aufgabe speziell der Erkenntnistheorie wäre es dann, zu erklären, auf welche Weise wir diese Anpassung vornehmen, wie wir also auf Grundlage einer (schmalen) Erfahrungsbasis zu (weit reichenden) wissenschaftlichen Theorien kommen. Das wäre nach Quine eine *empirische* Untersuchung. Die Erkenntnistheorie würde auf diese Weise „naturalisiert", das heißt als Teil der Naturwissenschaften (insbesondere der empirischen Psychologie) etabliert. Damit ergäbe sich nach Quine insbesondere die Chance, von der (unfruchtbaren) Auseinandersetzung mit der skeptischen Herausforderung (endlich) Abschied zu nehmen (vgl. (110)).

Empirische Wesenserkenntnis

Das Programm einer naturalisierten Erkenntnistheorie wird nach wie vor intensiv verfolgt. Dass man dabei nicht einmal den Anspruch aufgeben muss, die Natur des Wissens zu klären, scheint sich aus einigen Überlegungen Saul Kripkes und Hilary Putnams zu ergeben (vgl. (101), (108)). Nach Kant, so hatten wir gesehen, gibt es eine enge Verbindung zwischen Notwendigkeit und Apriorizität. Kripke argumentiert nun dafür, dass es *notwendige* Wahrheiten gibt, die nur *a posteriori* erkannt werden können, aber auch *kontingente* Wahrheiten, die *a priori* erkannt werden können. Vor allem Ersteres ist für den Naturalisten von Interesse. Betrachten wir ein Beispiel. Nach Ansicht Kripkes ist es eine notwendige Wahrheit, dass Wasser H_2O ist. Würde man uns nämlich eine Substanz vorsetzen, die zwar aussieht wie Wasser, schmeckt wie Wasser, riecht wie Wasser etc., aber kein H_2O wäre, dann könnten wir nicht zu Recht sagen, Wasser vor uns zu haben. Dennoch kann man nicht a priori erkennen, dass Wasser H_2O ist. Tatsächlich mussten viele Chemiker erst über lange Zeit hinweg *empirische* Forschungen anstellen, um zu erkennen, dass es sich bei Wasser eben um diese chemische Verbindung handelt. Wir haben es also mit der empirischen Entdeckung eines notwendigen Zusammenhangs zu tun. Die Chemie hat hier das Wesen einer bestimmten, wie man sagt, *natürlichen Art*, nämlich Wasser, entdeckt.

Wissen als natürliche Art

Ein Ansatzpunkt des Naturalisten besteht jetzt darin, Wissen ebenfalls als eine natürliche Art zu betrachten, deren Natur man auf empirischem Weg bestimmen kann. Diesen Ansatz verfolgt vor allem Hilary Kornblith (vgl. (99), (100)). Wie geht man dabei vor? Zunächst greifen wir typische Fälle von Wissen heraus. Dann untersuchen wir diese Fälle mit den Methoden aller potenziell relevanten Wissenschaften, also psychologisch, soziologisch, neurophysiologisch, evolutionstheoretisch, etc. – diese Disziplinen erweisen sich so als Nachbardisziplinen der Erkenntnistheorie (vgl. 1. Kapitel) –, und auf diese Weise erkennen wir schließlich, was Wissen eigentlich ist. Dabei kann es dann sogar passieren, dass wir ursprünglich klare Fälle von Wissen letztlich nicht mehr als Fälle von Wissen ansehen.

Wissenschaftliche Erkenntnis und Begriffsexplikation

Vorbild ist hier gerade das naturwissenschaftliche Vorgehen. Wenn wir wissen wollen, was Wasser ist, dann nehmen wir uns zunächst Proben, die wir eindeutig als Wasser klassifizieren. Dann untersuchen wir diese Proben mit den Methoden der Chemie und Physik und stellen so fest, mit was wir es eigentlich zu tun haben. Das kann dann ebenfalls dazu führen, dass wir nicht mehr alles, was wir ursprünglich als Wasser ansahen, auch später als Wasser klassifizieren. (Was beispielsweise aus dem Wasserhahn kommt, ist kein *reines* Wasser.) Es hätte sogar passieren können, dass wir Wasser überhaupt nicht mehr als eine natürliche Art betrachten, sondern als ein Gemisch aus grundlegenderen Bestandteilen. Und ebenso könnte es passieren, dass sich Wissen nicht als natürliche Art erweist, auch wenn das nicht sehr wahrscheinlich ist. Diese Vorgehensweise entspricht etwa dem, was Carnap vor Augen hat, wenn er von einer *Begriffsexplikation* spricht. Diese zeichnet sich durch die folgenden vier Bedingungen aus (vgl. (80), S. 15):

1. Der zu analysierende Begriff, das *Explikandum*, muss *ähnliche* Anwendungsfälle haben wie das Ergebnis der Analyse, das *Explikat*. Eine genaue Übereinstimmung der Anwendungsfälle ist aber nicht gefordert.
2. Die Regeln für den Gebrauch des Explikats müssen *exakt* sein.
3. Das Explikat soll wissenschaftlich *fruchtbar* sein.
4. Das Explikat soll möglichst *einfach* sein.

Probleme des Naturalismus

Auch der naturalistische Ansatz ist mit Schwierigkeiten konfrontiert. So kann anscheinend auch der Naturalist nicht ganz auf apriorische Erkenntnis verzichten, denn Kripkes Beispiele zeigen zwar vielleicht, dass bestimmte notwendige Zusammenhänge nur a posteriori erkannt werden können; die Tatsache, dass diese Zusammenhänge notwendige Zusammenhänge sind, wird aber auch hier nicht a posteriori erkannt! Möchte man also erkennen, welche Eigenschaften Wissen notwendigerweise zukommen, so ist man anscheinend nach wie vor auf apriorische Erkenntnis angewiesen. Diese betrachtet der Naturalist aber gerade mit Misstrauen. Umgekehrt kann man aber auch den Begriff der Notwendigkeit, den der Naturalist benötigt, mit Misstrauen betrachten. So handelt es sich beispielsweise bei der notwendigen Wahrheit, dass Wasser H_2O ist, ja gerade nicht um eine *begriffliche* Notwendigkeit. Der Satz „Wasser ist H_2O" kann kaum als *analytisch* wahrer Satz angesehen werden, denn nicht jeder, der die in diesem Satz enthaltenen Wörter und den Aufbau des Satzes versteht, weiß, dass er wahr ist - zum Leidwesen der Chemielehrer. Man spricht deshalb im Fall von Wahrheiten wie „Wasser ist H_2O" von *metaphysischer Notwendigkeit*. Und man kann durchaus der Ansicht sein, dass dieser Begriff mindestens ebenso geheimnisvoll ist wie der Begriff der (nicht-analytischen) apriorischen Erkenntnis.

Welcher der beiden Ansätze - Apriorismus oder Naturalismus - für die Philosophie im Allgemeinen angemessen ist beziehungsweise ob überhaupt ein Ansatz zugunsten des anderen aufgegeben werden muss, kann hier nicht diskutiert werden. Fest steht jedoch, dass im Rahmen der Erkenntnistheorie der aprioristische Ansatz klar dominiert. Das gilt weniger im Hinblick auf die erklärten methodischen Vorlieben zeitgenössischer Philosophen - viele Philosophen bekennen sich zum Naturalismus. Es zeigt sich vielmehr daran, wie die meisten Philosophen *de facto* vorgehen. Die zentralen Ergebnisse der Erkenntnistheorie sind nicht das Ergebnis psychologischer, soziologischer oder anderer naturwissenschaftlicher Untersuchungen. Vielmehr sind sie das Ergebnis der Standardmethode des Aprioristen: der Begriffsanalyse. Mit ihr müssen wir uns nun genauer beschäftigen.

3.3 Begriffsanalyse

Die Methode der Begriffsanalyse

Nach Auffassung des oben beschriebenen Aprioristen geht es bei der Frage nach der Natur des Wissens im Wesentlichen darum, die Bedeutung des Wortes „Wissen“ zu klären. Zu diesem Zweck bedient er sich der Begriffsanalyse. Dabei betrachten wir zunächst einen einzigen Satz - den Grund für diese Beschränkung diskutieren wir im Kapitel 4.1 -, den Satz „S weiß, dass p“. Für „S“ kann man beliebige Namen von Personen (Subjekten) einsetzen, für „p“ (grammatisch entsprechend angepasste) Behauptungssätze. Die Begriffsanalyse soll dann eine Reihe von (einzeln) notwendigen und (zusammen genommen) hinreichenden Bedingungen dafür liefern, dass dieser Satz wahr ist. Anders gesagt: Die Begriffsanalyse soll die Wahrheitsbedingungen - und damit, zumindest nach Ansicht der *wahrheitskonditionalen Semantik*, die Bedeutung - des Satzes ans Licht bringen. Man geht dabei folgendermaßen vor:

In einem ersten Schritt schlägt man eine Bedingung vor, die man *prima facie* (auf den ersten Blick) für plausibel hält. Im zweiten Schritt macht man sich dann auf die Suche nach geeigneten Beispielen, um zu überprüfen, ob die Bedingung eventuell doch nicht notwendig beziehungsweise die Gesamtheit der bis dahin vorgeschlagenen Bedingungen eventuell noch nicht hinreichend ist. Findet man ein Beispiel, bei dem wir sagen würden, dass eine Person S weiß, dass p, obwohl die in Frage stehende Bedingung nicht erfüllt ist, so ist die Bedingung nicht notwendig. Finden wir ein Beispiel, bei dem alle bis dahin vorgeschlagenen Bedingungen erfüllt sind, wir aber nicht sagen würden, dass die entsprechende Person S weiß, dass p, so sind die vorgeschlagenen Bedingungen noch nicht hinreichend. In beiden Fällen muss die Liste der Bedingungen modifiziert werden: Im ersten Fall wird die in Frage stehende Bedingung verworfen, im zweiten Fall schlägt man eine weitere Bedingung vor. Das Verfahren bricht ab, wenn eine Liste von Bedingungen allen bekannten Beispielen standhält.

Ein Beispiel

Betrachten wir zur Illustration eine kurze Anwendung der Methode der Begriffsanalyse. Im ersten Schritt schlägt man vor, dass man nur wissen kann, dass p, wenn es der Fall ist, dass p. Nach Ansicht der meisten Philosophen gibt es kein Beispiel, bei dem wir sagen würden, dass eine Person weiß, dass p, obwohl es nicht der Fall ist, dass p. Die Bedingung ist demnach notwendig. Klarerweise ist sie jedoch allein noch nicht hinreichend. Allein die Tatsache, dass es regnet, hat noch lange nicht zur Folge, dass Fritz (oder sonst irgendjemand) weiß, dass es regnet. Dazu muss Fritz anscheinend auch zumindest der Überzeugung sein, dass es regnet. Damit ist aber schon ein zweiter Vorschlag für eine notwendige Bedingung gemacht: S weiß nur dann, dass p, wenn S glaubt, dass p. Im nächsten Schritt ist jetzt zu prüfen, ob diese Bedingung tatsächlich notwendig ist - vielleicht brauchen wir ja eine andere zweite Bedingung. Außerdem muss man sich überlegen, ob es Beispiele gibt, welche die beiden bisher genannten Bedingungen als (zusammen genommen) nicht hinreichend für Wissen erweisen. Wir werden uns mit den beiden genannten Bedingungen im vierten Kapitel noch ausführlich beschäftigen, bevor wir in nachfolgenden Kapiteln der Frage nach weiteren Bedingungen nachgehen werden.

Die Rolle von Beispielen

Es ist klar, dass bei dieser Methode die Untersuchung von Beispielen eine entscheidende Rolle spielt. Und unsere Reaktion auf die Beispiele ist entscheidend für das Ergebnis der Begriffsanalyse. Man beachte, dass dabei mit „unsere Reaktion" nicht etwa die Reaktion des ausgebildeten Philosophen gemeint ist, sondern einfach die Reaktion eines Menschen, der Deutsch spricht. Es geht bei der Begriffsanalyse darum, die Bedeutung des Wortes „Wissen" zu analysieren, und die kennt prinzipiell jeder, der Deutsch kann, oder, wie wir auch gesagt haben, der kompetente Sprecher. Entscheidend für den Ausgang der Begriffsanalyse ist also, unter welchen Umständen der kompetente Sprecher glaubt, wahrheitsgemäß den Satz „S weiß, dass p" verwenden zu können. Ob die Begriffsanalyse damit doch wieder zu einer *empirischen* Forschungsmethode wird, ist umstritten (vgl. (90), 4. Kapitel, (92), 2. Kapitel). Jedenfalls ist klar, warum man diese Methode verwenden kann, ohne sein Arbeitszimmer zu verlassen: Als kompetenter Sprecher hat man alle „Daten", die man braucht, schon parat.

Begriffsanalyse und Begriffsexplikation

Die Begriffsanalyse muss von einer Begriffsexplikation im Sinne Carnaps sorgfältig unterschieden werden. Der Naturwissenschaftler interessiert sich überhaupt nicht dafür, was wir in Anbetracht verschiedener Beispiele sagen würden. Er geht nicht so vor, dass er prima facie plausible Bedingungen (etwa für das Vorliegen von Aluminium) vorschlägt und dann testet, ob es Gegenbeispiele gibt. Die Reaktionen des kompetenten Sprechers auf Beispiele interessiert ihn nicht, weil der kompetente Sprecher noch lange kein kompetenter Wissenschaftler ist. Es geht bei der Begriffsexplikation nicht darum, zu klären, wie wir sprechen, sondern wie wir sprechen *sollen*. Dementsprechend werden auch Abweichungen zwischen Explikat und Explikandum zugelassen. Nicht so bei der Begriffsanalyse, denn hier geht es darum, Begriffe, die wir schon haben, zu klären.

Warum es nach Ansicht des Aprioristen gerade darum geht, kann man sich leicht anhand unseres speziellen Falles klarmachen. Denken wir noch einmal an unsere beiden erkenntnistheoretischen Ausgangsfragen. In Anbetracht der skeptischen Herausforderung fragen wir uns nach dem Umfang unseres Wissens. Wir möchten also den Umfang dessen wissen, was wir *gewöhnlich* mit dem Wort „Wissen“ bezeichnen - das ist die erste Grundfrage der Erkenntnistheorie. Dementsprechend wollen wir wissen, was die Natur dessen ist, was wir *gewöhnlich* mit dem Wort „Wissen“ bezeichnen - das ist die zweite Grundfrage der Erkenntnistheorie. Wir könnten einfach keine Antwort auf unsere beiden Fragen geben, wenn wir den Begriff des Wissens neu bestimmen würden. Denn der Skeptiker bezweifelt nun einmal, dass wir Wissen im gewöhnlichen Sinn des Wortes haben, nicht, dass wir irgendetwas anderes haben, was wir erst definieren dürften. Deshalb müssen wir auch die Natur von Wissen im gewöhnlichen Sinn des Wortes klären.

So jedenfalls sieht das der Apriorist. Der Naturalist ist dagegen der Ansicht, dass Wissen im gewöhnlichen Sinn des Wortes vielleicht überhaupt keine Natur hat. Erst die Wissenschaft findet natürliche Arten, und es könnte sich herausstellen, dass Wissen im gewöhnlichen Sinn des Wortes ebenso wenig eine natürliche Art ist wie Fische im gewöhnlichen Sinn des Wortes - also in dem Sinn, in dem auch Walfische Fische sind - eine natürliche Art sind. Dementsprechend sollte der Naturalist keine Begriffsanalyse betreiben, sondern eben doch eher eine Begriffsexplikation, um so die Natur des Wissens zu ergründen. Die Frage, was der Umfang unseres Wissens im gewöhnlichen Sinn des Wortes ist, also unsere erste Grundfrage, wird der Naturalist dann zugunsten der Frage, was der Umfang unseres Wissens im *wesentlichen* Sinn des Wortes ist, aufgeben, wenn er sie nicht ganz aufgibt.

Wie gesagt, es bekennen sich viele Philosophen eher zur naturalistischen Vorgehensweise als zur aprioristischen. Sie empfehlen, in der Philosophie so wie in der Wissenschaft zu verfahren. Die Begriffsexplikation des Wissenschaftlers scheint dabei genau die Methode zu sein, die sie vor Augen haben. Betrachtet man jedoch die tatsächliche Vorgehensweise vieler naturalistisch gesinnter Philosophien, so stellt man fest, dass sie keineswegs gewillt sind, Abweichungen in den Anwendungsfällen zwischen Explikat und Explikandum zu akzeptieren. Sie bedienen sich genau der an Beispieluntersuchungen orientierten Vorgehensweise, welche die Begriffsanalyse, nicht aber die Begriffsexplikation auszeichnet. Sie versuchen meistens eben gerade nicht, den Begriff des Wissens an die Erfordernisse anzupassen, wie sie uns von den empirischen Wissenschaften vorgegeben werden. Dementsprechend wird auch in dieser Einführung allein auf die Methode der Begriffsanalyse, nicht aber auf die der Begriffsexplikation zurückgegriffen.

Formen der Begriffsanalyse

Natürlich muss der Philosoph, der sich der Methode der Begriffsanalyse bedient, nicht der Ansicht sein, dass das die einzige legitime Vorgehensweise in der Philosophie ist. Zum einen kann er ja durchaus glauben, dass manche philosophische Fragen durch apriorische Erkenntnis beantwortet werden müssen - und damit die Begriffsanalyse relevant ist -, dass aber andere philosophische Probleme nicht durch (rein) apriorische Erkenntnis gelöst werden können - und damit die Begriffsexplikation und andere Methoden der empirischen Wissenschaften relevant sind. Zum anderen ist die Begriffsanalyse im engeren Sinn, also die bisher beschriebene Form der Begriffsanalyse, nicht das einzige Instrument des aprioristisch eingestellten Philosophen. Es ist nämlich eine Sache, zu sagen, dass es die Aufgabe der Philosophie ist, Begriffe zu analysieren, eine andere, zu sagen, dass diese Analyse die Form einer *Wesensdefinition*, also einer Liste von einzeln notwendigen und zusammen genommen hinreichenden Bedingungen, annehmen muss. Es kann durchaus auch hilfreich sein, einfach nur notwendige beziehungsweise nur hinreichende Bedingungen zu finden, auch wenn diese nicht zu einer Wesensdefinition zusammengefügt werden können. Der Grundgedanke hinter jeder Form der Begriffsanalyse ist nämlich, dass (zumindest bestimmte) philosophische Probleme entstehen, weil es uns an Übersicht über unsere Begriffe fehlt. Vor allem Wittgenstein sah in solch mangelnder Übersicht die Wurzel aller philosophischer Übel (vgl. (113), §§ 89-133). Übersicht kann man jedoch auf vielfältige Weise schaffen. Die Angabe einer Wesensdefinition ist eine, die Angabe von notwendigen und/oder hinreichenden Bedingungen eine andere, die einfache Beschreibung von relevanten Beispielen eine dritte und die logische Rekonstruktion (vgl. (91)) eine vierte Möglichkeit, wie Übersicht erzeugt werden kann. Dabei kann man der Ansicht sein, dass das Ziel eine Reduktion komplexer auf grundlegende Begriffe ist oder die übersichtliche Darstellung der Beziehungen zwischen grundlegenden Begriffen, die auf einer Stufe stehen, oder aber auch nur die Klärung der begrifflichen Beziehungen, die zu philosophischen Rätseln führen (vgl. (112), 1. und 2. Kapitel). Welche Form der Begriffsklärung notwendig ist, wird von der Art des philosophischen Problems und von der Art des zu untersuchenden Begriffs abhängen. In Bezug auf den Wissensbegriff war beziehungsweise ist man besonders hartnäckig der Ansicht, dass eine Definition mit notwendigen und hinreichenden Bedingungen Klarheit bringen sollte. Man hat jedenfalls für keinen anderen Begriff so ausdauernd versucht, eine solche Analyse zu finden.

3.4 Einwände gegen die Begriffsanalyse

Geht es nur um Wörter?

Betrachten wir zum Abschluss dieses Kapitels noch eine Reihe von Einwänden, die gegen die Methode der Begriffsanalyse erhoben wurden. Ein erster Einwand lautet so: Wir wollen doch die Natur des Wissens ergründen. Alles, was die Begriffsanalyse leistet, ist aber, die Bedeutung des Wortes „Wissen", also allenfalls die Natur des Begriffs des Wissens zu klären. Anders gesagt: Wir möchten uns nicht mit Begriffen, schon gar nicht mit bloßen Wörtern beschäftigen – das soll der Lexikograph machen –, sondern mit den Sachen selbst!

Dieser Einwand verweist auf die methodischen Überlegungen des letzten Abschnitts zurück. Wenn man der Ansicht ist, dass sich auf empirischem Weg etwas über die Natur des Wissens erfahren lässt, dann wird man natürlich die Beschäftigung mit dem Begriff des Wissens als einen unnötigen Umweg empfinden. Ist man dagegen mit dem Aprioristen der Ansicht, dass es hier überhaupt nicht um eine empirische Untersuchung geht, so wird man leicht zu dem Schluss kommen, dass die Untersuchung der Bedeutung des Wortes „Wissen" *der einzige Weg* ist, um etwas über die Natur des Wissens herauszufinden.

Was hat es mit dem Vorwurf auf sich, dass der Philosoph dann aber letztlich die Aufgabe des Lexikographen übernimmt? In gewisser Hinsicht ist das durchaus richtig: Auch derjenige, der ein Lexikon schreibt, muss die Bedeutung eines Wortes durch andere Wörter umschreiben. Er muss aber nicht unbedingt eine Wesensdefinition, also eine Beschreibung der Natur einer Sache durch Angabe einer Liste von (einzeln) notwendigen und (zusammen) hinreichenden Bedingungen geben. Genau das versucht aber der Philosoph im Hinblick auf einige wenige Begriffe, die aus philosophischer Sicht interessant sind, zu leisten. Hinzu kommt, dass wir in der Philosophie bestimmte Probleme vor Augen haben (etwa die skeptische Herausforderung), die wir lösen wollen. Dementsprechend muss auch unsere Begriffsanalyse so ausfallen, dass sie uns hilft, diese Probleme zu lösen. Man kann das auch so ausdrücken: Es gibt gar nicht *die* Analyse eines Begriffs. Vielmehr kann man verschiedene begriffliche Beziehungen erforschen, je nach dem, welches Ziel man verfolgt. Philosophen haben aber andere Ziele als Lexikographen!

Der Provinzialitätsvorwurf

Einen zweiten Einwand gegen die Methode der Begriffsanalyse könnte man den *Provinzialitätsvorwurf* nennen: Wenn es um die Analyse der Bedeutung eines Wortes geht, sind wir dann nicht immer an *eine* Sprache gebunden? Und ist eine solche Sprachabhängigkeit der Philosophie nicht inakzeptabel? Kann es von der verwendeten Sprache abhängen, welche Theorie des Wissens man vertritt?

Dieser Einwand ist nicht haltbar, weil er direkt in ein Dilemma führt: Nehmen wir an, wir analysieren den deutschen Satz „S weiß, dass p". Dann gibt es zwei Möglichkeiten: Entweder es ist möglich, diesen Satz so in die Sprache X zu übersetzen, dass alle begrifflichen Beziehungen, die wir bei unserer Analyse herausfinden, ebenfalls entsprechend übersetzt werden können. Dann ist unsere Analyse offensichtlich nicht „provinziell". Oder aber eine solche Übersetzung ist nicht möglich. Dann hieße das nichts anderes als dass in der Sprache X nicht wirklich über Wissen gesprochen werden kann, denn Wissen ist nun einmal das, was durch das Wort „Wissen" bezeichnet wird, und nichts anderes. Allem Anschein nach ist in Bezug auf fast alle Sprachen eher die erste Möglichkeit realisiert.

Das Paradox der Analyse

Ein weiterer Einwand ist das so genannte *Paradox der Analyse*, das George E. Moore in die Debatte eingebracht hat (vgl. (104)). In einer Form lautet es folgendermaßen: Ein kompetenter Sprecher bezüglich des Ausdrucks „x" zeichnet sich dadurch aus, dass er die Bedeutung des Ausdrucks „x" kennt. Nehmen wir an, das Ergebnis einer Begriffsanalyse ist, dass der Ausdruck „x" durch den Ausdruck „y" analysiert werden kann und dass wir sowohl in Bezug auf „x" als auch in Bezug auf „y" kompetente Sprecher sind. Dann gibt es zwei Möglichkeiten: Entweder die Analyse ist korrekt oder inkorrekt. Ist sie inkorrekt, so ist sie offensichtlich wertlos. Ist sie aber korrekt, so ist sie ebenfalls wertlos, denn dann sagt sie uns nichts anderes als dass die Ausdrücke „x" und „y" dasselbe bedeuten. Da wir aber bezüglich „x" und „y" kompetente Sprecher sind, wussten wir ja schon, was diese Ausdrücke bedeuten, insbesondere, dass sie dasselbe bedeuten. Die Analyse sagt uns also nichts Neues. So oder so: Die Begriffsanalyse ist wertlos. Wenn ich beispielsweise jemandem, der Deutsch kann, sage, dass Junggesellen unverheiratete Männer sind, dann sage ich ihm sicherlich nichts Neues. Wenn ich ihm aber sage, dass Junggesellen verheiratete Männer sind, dann sage ich ihm etwas Falsches. Als Begriffsanalytiker habe ich scheinbar nur die Wahl entweder etwas Triviales oder aber etwas Falsches zu sagen.

Wie man diesem Einwand begegnen kann, wird klar, sobald man sich den Zweck der Begriffsanalyse nochmals vor Augen führt. Ziel der Analyse ist es nicht, den kompetenten Sprecher über die Bedeutung von Wörtern zu belehren. Ziel ist es vielmehr, ihm Übersicht über die Zusammenhänge zwischen den Bedeutungen von Wörtern zu verschaffen. Natürlich muss der kompetente Sprecher diese Bedeutungszusammenhänge letztlich schon kennen – er wäre sonst ja kein *kompetenter* Sprecher. Aber er muss sich diese Zusammenhänge nicht immer schon klar gemacht haben. Die philosophischen Probleme, welche die Begriffsanalyse möglicherweise lösen kann, entstehen nicht dadurch, dass wir Bedeutungszusammenhänge nicht kennen, sondern dadurch dass wir sie uns nicht im richtigen Moment vor Augen führen. Wir übersehen einfach, was wir in anderen Zusammenhängen sehen können. Insofern geht es der Begriffsanalyse darum, etwas Gewusstes bewusst zu machen. Das Paradox der Analyse entsteht nur, wenn man übersieht, dass der kompetente Sprecher nicht alles, was er *prinzipiell* weiß, auch im richtigen Moment vor Augen hat.

Kann es überhaupt Wesensdefinitionen geben?

Kommen wir schließlich zum vermutlich stärksten Einwand gegen die Begriffsanalyse (im engeren Sinn). Dieser lautet folgendermaßen: Ist es überhaupt zu erwarten, dass sich die Bedeutung eines Wortes durch die Angabe einzeln notwendiger und zusammen hinreichender Bedingungen angeben lässt? Ist die dahinter stehende Vorstellung von der Natur von Begriffen eigentlich richtig? (Vgl. (102).)

Die Antwort auf diese Frage lautet: Nein! Die meisten Wörter lassen sich ganz sicher nicht vollständig in ihrer Bedeutung durch andere Wörter charakterisieren. Hier sind Wörter wie „Junggeselle“ oder „Erpel“ eher die Ausnahme als die Regel. Man versuche etwa einmal eine Definition für „ungemütlich“ oder „Schatz“ zu geben, die gegen alle Gegenbeispiele immun ist. Die Vorstellung, dass jeder, der einen Begriff erfasst hat, „implizit“ über eine Definition des Begriffs verfügt, muss schon aus dem einfachen Grund falsch sein, dass auf diese Weise das Definieren nie zu einem Ende kommen könnte. Und auch die Vorstellung, dass es wenige grundlegende Begriffe gibt, aus denen dann alle anderen aufgebaut sind, ist höchst problematisch. Allerdings muss der Verfechter der Begriffsanalyse sich solche Vorstellungen auch nicht zu eigen machen, selbst wenn er unter einer Begriffsanalyse allein die Suche nach einer Wesensdefinition versteht (was man, wie oben beschrieben, nicht tun sollte). Für ihn genügt es, wenn es Begriffe *gibt*, die sich durch die Auflistung (einzeln) notwendiger und (zusammen) hinreichender Bedingungen klären lassen. Und dass es eine derartige Analyse speziell für den Begriff des Wissens geben könnte, scheint sich zunächst einmal aus dem (zumindest anfänglichen) Erfolg der oben beschriebenen Methode bei der Anwendung auf den Satz „S weiß, dass p“ zu ergeben. Wir werden im achten Kapitel auf die Frage zurückkommen, ob hier nicht mehr Skepsis am Platz wäre und ob nicht eine liberalere Auffassung von begrifflicher Analyse unser Vorgehen in der Erkenntnistheorie bestimmen sollte (vgl. Kapitel 8.4).

3.5 Auf einen Blick, Literaturhinweise, Fragen und Übungen

Auf einen Blick

Wenn man den möglichen Umfang unseres Wissens klären möchte (1. Grundfrage), muss man zunächst die Frage nach der Natur des Wissens beantworten (2. Grundfrage). Es gibt prinzipiell zwei methodische Ansätze zur Beantwortung von Wesensfragen. Aprioristen auf der einen Seite sind der Ansicht, dass wir die Natur des Wissens nur durch apriorische Erkenntnis finden können. Dafür spricht, dass Wesenseigenschaften Eigenschaften sind, die einer Sache notwendigerweise zukommen, wir aber anscheinend nicht rein empirisch erkennen können, welche Eigenschaften einer Sache notwendigerweise zukommen. Allerdings erweist es sich als schwierig, die Natur apriorischer Erkenntnis selbst genauer zu bestimmen. Einer vergleichsweise klaren Vorstellung zufolge handelt es sich bei apriorischer Erkenntnis um die Erkenntnis analytischer (oder begrifflicher) Zusammenhänge. Die Erkenntnis der Natur des Wissens wird unter dieser Vorgabe im Wesentlichen zur Erkenntnis der Bedeutung des Wortes „Wissen“.

Der Ansatz des Aprioristen ist damit jedoch auf die Möglichkeit einer Unterscheidung zwischen analytischen und synthetischen Wahrheiten angewiesen. Vor allem Quine hat diese bestritten. Seiner Ansicht nach sind alle Versuche, diese Unterscheidung zu erklären, zirkulär und unbefriedigend. Gibt man die analytisch-synthetisch-Unterscheidung auf, so bietet sich als Alternative zum Apriorismus die Naturalisierung der Erkenntnistheorie an: Erkenntnistheorie soll demnach prinzipiell in der gleichen Weise wie empirische Wissenschaften betrieben werden. Carnaps Begriffsexplikation kann dabei als Beschreibung des wissenschaftlichen Vorgehens angesehen werden. Auch manche Naturalisten beanspruchen, die Natur des Wissens zu klären. Sie verweisen auf Kripkes Argumentation dafür, dass es notwendige Zusammenhänge gibt, die nur a posteriori erkannt werden können. Allerdings ist auch die naturalistische Methode mit Problemen konfrontiert: Davon abgesehen, dass die Quinesche Kritik der analytisch-synthetisch-Unterscheidung selbst kritikwürdig ist, bleibt unklar, ob der Naturalist nicht doch auf apriorische Erkenntnis angewiesen ist. Zudem ist sein Begriff der metaphysischen Notwendigkeit klärungsbedürftig.

In der Erkenntnistheorie wird fast ausschließlich das methodische Hauptinstrument des Aprioristen, die Begriffsanalyse (im engeren Sinn), eingesetzt. Bei dieser sucht man nach einzeln notwendigen und zusammen hinreichenden Bedingungen dafür, dass der Satz „S weiß, dass p" wahr ist. Beispiele und die Reaktion des kompetenten Sprechers spielen hier eine entscheidende Rolle. Man muss jedoch beachten, dass es nicht nur diese eine Form der Begriffsanalyse gibt.

Die Begriffsanalyse ist einer Reihe von Einwänden ausgesetzt: Geht es bei ihr etwa nur um Wörter? Ist sie provinziell? Ist sie dem Paradox der Analyse ausgesetzt? Beruht sie gar auf einer falschen Vorstellung von der Natur von Begriffen? Gegen manche Einwände lässt sich die Begriffsanalyse leicht verteidigen. Insbesondere aber die fragwürdige Vorstellung von der Natur von Begriffen, die ihr zugrunde liegt, wird noch zu Problemen führen.

Literaturhinweise

Die aktuelle Debatte über apriorisches Wissen wird detailliert dargestellt bei Casullo (82). Sammelbände zum Thema sind (78), (81), (98a), (105). BonJour verteidigt die Möglichkeit apriorischen Wissens prominent in (79). Speziell zu mathematischem Wissen siehe auch (76), (86), (98), (101a), (111). Zum Begriff der Analytizität vgl. (92a). Quines Kritik an der analytisch-synthetisch-Unterscheidung findet man in (109) (vgl. auch (87)). Die klassische Schrift zur naturalisierten Erkenntnistheorie ist (110). Zu Quines Philosophie insgesamt vgl. (96). Die methodischen Aspekte des Naturalismus im Hinblick auf die Erforschung von Wissen hat vor allem Kornblith ausgearbeitet (vgl. (99), (100) sowie (97)). Weitere Aspekte der naturalisierten Erkenntnistheorie werden im Kapitel 7.4 diskutiert. Klassische Varianten des aprioristischen Programms werden in (112), (113) und (90) verteidigt. Viel diskutiert wird derzeit der methodologische Ansatz von Williamson (112a).

Fragen und Übungen

1. Erläutern Sie die Unterscheidung zwischen notwendigen und kontingenten Eigenschaften!
2. Überlegen Sie sich, warum allgemein gilt: Wenn A für B notwendig ist, ist B für A hinreichend, und wenn A für B hinreichend ist, ist B für A notwendig.
3. Der Lehrer bringt dem Schüler bei, dass notwendigerweise $5+4=9$ ist. Damit hat der Schüler a posteriori (nämlich durch Belehrung) eine Notwendigkeit erkannt. Spricht das wirklich gegen die These, dass die Erkenntnis von Notwendigkeit apriorische Erkenntnis verlangt?
4. Versuchen Sie den Begriff der apriorischen Erkenntnis zu charakterisieren!

5. Logische Positivisten (wie Ayer, vgl. (74), 4. Kapitel) setzen apriorische Erkenntnis mit der Erkenntnis analytischer Zusammenhänge und diese wiederum mit notwendigen Wahrheiten gleich. Suchen Sie Gegenbeispiele! (Da drei Äquivalenzen behauptet werden, brauchen Sie 6 Beispiele, also eines, das zeigt, dass nicht alle analytischen Zusammenhänge apriorisch erkannt werden können, eines, das zeigt, dass nicht alle apriorische Erkenntnis die Erkenntnis analytischer Zusammenhänge ist usw.) Wo sie nicht weiterkommen, suchen Sie in der Literatur (z.B. (75)).
6. Lesen Sie „Two Dogmas of Empiricism“ (109) und fertigen Sie eine Liste der darin betrachteten Vorschläge zur Definition des Begriffs der Analytizität an!
7. Machen Sie sich klar, was Quine an der analytisch-synthetisch-Unterscheidung auszusetzen hat!
8. Was kann man an Quines Kritik aussetzen? (Lesen Sie dazu (89)!)
9. Diskutieren Sie den Zusammenhang zwischen Naturalismus und Begriffsexplikation beziehungsweise zwischen Apriorismus und Begriffsanalyse!
10. Wo liegen die Hauptprobleme des Aprioristen, wo die des Naturalisten?
11. Was bringt eine Begriffsanalyse eigentlich ans Licht?
12. Überlegen Sie: Was kann alles mit dem Ausdruck „Intuition“ gemeint sein?
13. Suchen Sie neben den bereits angeführten Argumenten für und gegen die Begriffsanalyse weitere!
14. Versuchen Sie sich einmal an der Analyse zentraler erkenntnistheoretischer Begriffe wie Wissen, Grund, Rechtfertigung etc.!

4. Wissen, Wahrheit und Überzeugung

Überblick

In diesem Kapitel werden drei Themen behandelt: Zuerst wird die Frage geklärt, ob es verschiedene Arten von Wissen gibt, die man getrennt behandeln sollte. Zu diesem Zweck untersuchen wir verschiedene Formulierungen, mit denen man Wissen zuschreibt. Zweitens geht es um die Frage, ob Wahrheit eine notwendige Bedingung für Wissen ist. Da das der Fall ist, werden auch einige Aspekte der Natur von Wahrheit beschrieben. Drittens schließlich werden die Notwendigkeit einer Überzeugungsbedingung sowie einige Aspekte der Natur von Überzeugungen untersucht.

4.1 Das Objekt der Analyse

Verschiedene Formulierungen

Kann man die Natur des Wissens ergründen, indem man die Wahrheitsbedingungen eines einzigen Satzes, des Satzes „S weiß, dass p", klärt? Tatsächlich wird das Wort „Wissen" doch auch in einer Vielzahl von anderen Formulierungen verwendet. Wir sprechen nicht nur davon, dass wir wissen, *dass* Sabine im Wohnzimmer ist; wir wissen auch, *ob* Sabine im Wohnzimmer ist, *wer* im Wohnzimmer ist, *wo* Sabine ist, etc. Neben solchen Formulierungen, bei denen der Gegenstand des Wissens durch einen mit einem Fragepronomen eingeleiteten Nebensatz beschrieben wird, gibt es noch andere: Ich weiß nicht nur die Telefonnummer von Maria auswendig, ich weiß auch den Weg zu ihrer Wohnung. Ist es angesichts dieser verschiedenen Formulierungen legitim, immer nur den Satz „S weiß, dass p" zu betrachten? Müssen wir nicht alle diese Formulierungen untersuchen, wenn wir wissen wollen, was Wissen ist?

Wissen-dass

Dass das nicht der Fall ist, liegt daran, dass die verschiedenen Wendungen letztlich unmittelbar mit der dass-Formulierung zusammenhängen. Bei den meisten ist das offensichtlich: Wenn jemand weiß, *wer* die Milch aus dem Kühlschrank genommen hat, dann weiß er, *dass* es, sagen wir, Fritz war. Wenn jemand weiß, *wo* Sabine sich aufhält, dann weiß er beispielsweise, *dass* sie sich im Wohnzimmer aufhält und so weiter. Natürlich können wir die dass-Formulierung nicht in allen Fällen anwenden, in denen wir eine Wendung mit Fragepronomen verwenden, denn dazu müssen wir selbst über das entsprechende Wissen verfügen. Wenn *ich* nicht weiß, wer die Milch aus dem Kühlschrank genommen hat, kann ich zwar vielleicht sagen, dass Maria weiß, *wer* die Milch genommen hat. Ich kann aber eben nicht sagen, sie wisse, *dass* es Fritz war, denn dazu müsste ich ja selbst wissen, dass es Fritz war. Daraus folgt aber offensichtlich nicht, dass es sich bei Wissen-wer, Wissen-wo etc. um besondere Formen von Wissen handelt.

Wissen-wie

Allerdings ist nicht bei allen Formulierungen klar, dass eine entsprechende dass-Formulierung zur Verfügung steht. In der Nachfolge Ryles (vgl. (149), 2. Kapitel)) sind viele Philosophen beispielsweise der Ansicht, dass man grundsätzlich zwischen Wissen-wie (*knowing how*) und Wissen-dass (*knowing that*) unterscheiden müsse. Wissen-wie, so heißt es, sei eine Form des Könnens, eine Fähigkeit, und damit von prinzipiell anderer Art als Wissen-dass. Dementsprechend schließen viele Erkenntnistheoretiker die Analyse der Natur von Wissen-wie zu Beginn ihrer Untersuchungen explizit aus.

Es ist jedoch fraglich, ob das wirklich notwendig ist. Zunächst einmal kann man festhalten, dass schon die Bezeichnung der intendierten Unterscheidung nicht glücklich gewählt ist, weil die wie-Formulierung keineswegs per se Probleme aufwirft (vgl. zum Folgenden (166)). Wenn jemand beispielsweise weiß, *wie* alt seine Oma ist, dann weiß er doch wohl einfach, *dass* sie, sagen wir, 90 Jahre alt ist. Dieses Wissen-wie dürfte also kaum von anderer Art sein als ein Wissen-dass. Vielleicht ist eher das Wissen-wie-man-etwas-macht von eigener Art. Aber auch dieses Wissen ist häufig in völlig unproblematischer Weise mit entsprechendem Wissen-dass in Beziehung zu bringen. Wenn ich weiß, *wie man den Schallplattenspieler einschaltet*, dann weiß ich einfach, *wo* man ihn einschaltet beziehungsweise *dass* man ihn an dem roten Knopf rechts unten einschaltet. In Schwierigkeiten kommt man erst, wenn man spezielle Beispiele wählt: So ist es nicht ohne Weiteres klar, was jemand weiß, der weiß, wie man Klavier spielt.

Beispiele dieser Art legen es tatsächlich nahe, manche Fälle von Wissen-wie als eine Form des Könnens, als eine Fähigkeit zu analysieren. Allerdings ist diese Analyse problematisch. Es ist nämlich durchaus möglich, dass jemand weiß, wie man Klavier spielt, es aber nicht (mehr) kann, beispielsweise, weil er sich die Hand gebrochen hat. Umgekehrt gibt es auch Fälle, in denen jemand etwas kann, ohne zu wissen, wie man es macht. Es gibt beispielsweise einen Autisten, der nach einem kurzen Flug über Rom dazu in der Lage war, einen detaillierten Stadtplan zu zeichnen – wie er das macht, weiß kein Mensch, auch er selbst nicht. Die Fähigkeit, etwas zu tun, scheint also eine Sache zu sein, das Wissen, wie man etwas tut, eine andere. (Ob sich alle diese Überlegungen auch direkt auf das englische „know-how" übertragen lassen, muss hier nicht untersucht werden.)

Es bleibt jedoch die Schwierigkeit, zu sagen, was beispielsweise derjenige weiß, der weiß, wie man Klavier spielt. Dieses Wissen ist offensichtlich schwer in Worte zu fassen – jedenfalls in bestimmten Situationen. Wenn ich mit jemandem rede, der noch nie ein Klavier gesehen hat, kann ich vielleicht schon dann zu Recht sagen, ich wüsste, wie man Klavier spielt, wenn ich weiß, dass man die

Tasten drücken muss, um Töne erklingen zu lassen. Wenn ich dagegen Martha Argerich gegenüber behaupte, zu wissen, wie man Klavier spielt, ist es alles andere als klar, was ich sagen können muss, um mein Wissen nachzuweisen.

nicht-propositionales, nicht-begriffliches, implizites Wissen

Entsprechendes gilt allerdings nicht nur für bestimmte Beispiele des Wissen-wie-man-etwas-macht. Es fällt gleichermaßen schwer, zu sagen, was derjenige weiß, der weiß, *wie* ein Vermeer aussieht, *wann* es Zeit ist, beim Schach ein Bauernopfer zu bringen oder *wo* Blumenschmuck am besten wirkt. Fragen wie „Wie sieht ein Vermeer aus?“, „Wann ist es Zeit, beim Schach ein Bauernopfer zu bringen?“ und „Wo wirkt Blumenschmuck am besten?“ sind einfach schwer allgemein zu beantworten. Die Antwort lässt sich kaum befriedigend in einem (Behauptungs-)Satz ausdrücken. Man spricht in diesem Zusammenhang manchmal von *nicht-propositionalem Wissen.* (Zum Begriff der Proposition vgl. Kapitel 4.3.) Man könnte auch sagen, dass dieses Wissen schwer auf den Begriff zu bringen ist. Dementsprechend ist in diesem Zusammenhang auch von *nicht-begrifflichem Wissen* die Rede (insbesondere, wenn es darum geht, das Wissen-wie-etwas-ist, beispielsweise Wahrnehmungswissen, zu charakterisieren). Da wir solches Wissen schwer *explizieren* können, nennt man es auch manchmal *implizites Wissen.*

Wissen durch Beispiele

Wie ist es dann aber überhaupt möglich, solches Wissen zuzuschreiben, wenn doch selbst derjenige, der dieses Wissen hat, keine adäquate Antwort auf die entsprechende Frage geben kann? Das Mittel, auf das wir zurückgreifen, wenn es um solches Wissen geht, ist das Geben von Beispielen. Jemand, der weiß, wie ein Vermeer aussieht, kann beim Anblick eines Vermeers sagen, dass ein Vermeer *beispielsweise so* aussieht. Jemand, der weiß, wann beim Schach ein Bauernopfer zu bringen ist, kann eine Spielsituation beschreiben und dazu sagen, dass *beispielsweise* in einer *solchen* Situation ein Bauernopfer zu bringen ist. Jemand, der weiß, wo Blumenschmuck am besten wirkt, kann die Blumen selbst aufstellen und darauf hinweisen, dass *beispielsweise diese* Platzierung die beste Wirkung erzielt. Umgekehrt schreiben wir demjenigen entsprechendes Wissen zu, der sich bei der Auswahl beziehungsweise Auszeichnung von genügend vielen Beispielen bewährt hat.

So wird auch verständlich, warum entsprechende Fähigkeiten so eng mit nicht-propositionalem Wissen verbunden sind: Wer über die entsprechende Fähigkeit verfügt, kann selbst ein Beispiel erzeugen. Für denjenigen, der Klavier spielen kann, ist es leicht, nachzuweisen, dass er weiß, wie man Klavier spielt. Er kann einfach etwas vorspielen und dann darauf hinweisen, dass man *beispielsweise so* mit den Tasten umgehen muss. Man sieht aber auch, warum die entsprechende Fähigkeit nicht zwangsläufig notwendig ist: Der Klavierlehrer kann, auch ohne selbst etwas vorzuspielen, auf Beispiele richtiger und falscher Ausführung hinweisen und so zeigen, dass er weiß, wie man Klavier spielt. Beispiele spielen die entscheidende Rolle, wenn es um die Vermittlung nicht-propositionalen Wissens geht.

Kognitivismus in der Ästhetik

Kognitivisten in der Ästhetik sind der Ansicht, dass es die (oder zumindest eine) wesentliche Funktion von Kunstwerken ist, Erkenntnisse zu erzeugen und zu vermitteln. Insbesondere hat man dabei gerade Erkenntnisse im Auge, die sich *nicht* durch Worte vermitteln lassen, sondern eben nur durch Exemplifikation (oder durch nicht-wortsprachliche Repräsentation). So kann beispielsweise die Charakterisierung einer Romanfigur psychologische Einsichten vermitteln, die der Psychologie schwer oder überhaupt nicht zugänglich sind, und ein abstraktes Gemälde kann Farb- und Formeigenschaften exemplifizieren, die mit Worten unbeschreibbar wären. Vor allem Nelson Goodman hat den ästhetischen Kognitivismus ausgearbeitet und auf die zentrale Rolle hingewiesen, welche die Exemplifikation dabei spielt (vgl. (129), (159)).

Für die Zwecke unserer Analyse bedeutet all das, dass wir nach wie vor keinen Grund haben, neben der Formulierung „S weiß, dass p" weitere Formulierungen zu untersuchen. Zwar gibt es, wie wir gesehen haben, erhebliche Unterschiede in dem, was gewusst wird. Dafür, dass man darum aber auch von verschiedenen Formen des Wissens ausgehen sollte, haben wir bisher keinen Grund gesehen. Und was die Formulierungen angeht, können wir selbst in den schwierigsten Fällen auf die dass-Formulierung zurückkommen, wenn wir die Verwendung von Beispielen zulassen. Jemand, der weiß, wie man Klavier spielt, weiß eben, *dass* man *beispielsweise so* Klavier spielt.

X-Wissen

Schließlich bleiben noch die Wendungen zu untersuchen, bei denen das Objekt des Wissens überhaupt nicht durch einen Relativsatz beschrieben wird, also etwa in der Formulierung „Ich weiß ein Mittel gegen Langeweile". Aber auch diese Form der Wissenszuschreibung bringt nichts grundlegend Neues: Wer ein Mittel gegen Langeweile weiß, der weiß, *welches* Mittel gegen Langeweile hilft beziehungsweise *dass* dieses oder jenes Mittel gegen Langeweile hilft. Es bleibt also dabei: Die Analyse der dass-Formulierung ist für die Beantwortung der Frage nach der Natur des Wissens ausreichend.

„knowledge by acquaintance"

Abschließend ist jedoch noch auf eine Schwierigkeit hinzuweisen, die sich ergibt, wenn wir etwas über den Tellerrand unserer Muttersprache hinaus schauen. So gibt es beispielsweise im Englischen die Formulierung „to know Peter", die man mit „Peter kennen" übersetzen würde. Und hier ist es überhaupt nicht klar, welche wissen-dass-Formulierung ins Spiel gebracht werden müsste. Dieses „Wissen durch Bekanntschaft" (*knowledge by acquaintance*) wird dementsprechend von einem „Wissen durch Beschreibung" (*knowledge by description*) unterschieden (vgl. (166), S. 40–43). (Man beachte: Russell, mit dem man die Unterscheidung heute hauptsächlich assoziiert, verwendet diese Bezeichnungen in einem etwas anderen Sinn. Vgl. (150), (151), Kapitel 5.) Wir lassen diese Schwierigkeit hier außen vor, sollten aber bemerken, dass die Klärung der „Natur des Kennens" eine durchaus wichtige Ergänzung zu unserem Projekt einer Analyse von Wissen wäre.

4.2 Wahrheit als notwendige Bedingung für Wissen

Die erste notwendige Bedingung für Wissen

Ist man sich einmal darüber einig, dass die Natur des Wissens geklärt werden kann, indem man die Wahrheitsbedingungen des Satzes „S weiß, dass p" bestimmt, so gibt es einen sehr naheliegenden ersten Schritt in der Analyse: Kaum jemand bestreitet nämlich, dass der Satz „S weiß, dass p" nur dann wahr sein kann, wenn es der Fall ist, dass p. Anders gesagt: Man kann nicht wissen, was nicht der Fall ist. Wenn Fritz die Prüfung nicht geschafft hat, dann kann niemand wissen, dass er sie geschafft hat. Es gibt verschiedene Möglichkeiten, diese Einsicht auszudrücken. Man kann, wie wir es gerade getan haben, darauf hinweisen, dass es notwendigerweise der Fall ist, dass p, wenn S weiß, dass p. Man kann aber auch sagen, dass es notwendigerweise eine Tatsache ist, dass p, wenn S weiß, dass p. Was ist eine Tatsache? Nach Strawson ist eine Tatsache nichts anderes als das, was eine wahre Behauptung behauptet (vgl. (162), S. 196). Und so kann man schließlich also auch genauso gut sagen, dass die Behauptung „p*" wahr sein muss, falls S wissen können soll, dass p. (Das Symbol (*) soll hier andeuten, dass wir gegenüber dem ursprünglichen „p" eine veränderte Wortstellung betrachten müssen, also etwa „Maria ist im Wohnzimmer" statt „Maria im Wohnzimmer ist"; im Folgenden wird darauf nicht mehr eigens hingewiesen.) Wahrheit ist also, so können wir kurz sagen, eine notwendige Bedingung für Wissen.

Wissen ohne Wahrheit?

Dem stimmen so gut wie alle Philosophen zu (vgl. aber (154), S. 197-200). Die Philosophen, die nicht zustimmen, verweisen auf eine Verwendung des Wortes „Wissen", die sich (besonders in philosophischen Proseminaren und manchmal in ethnologischen Schriften) immer wieder einmal findet. Demnach soll beispielsweise der folgende Satz sinnvoll sein: „Im Mittelalter wusste man, dass die Erde eine Scheibe ist, auch wenn sich später herausgestellt hat, dass die Erde (schon immer) eine Kugel ist." Wäre dieser Satz sinnvoll, so könnte aus der Wahrheit von „S weiß, dass p" nicht mit begrifflicher Notwendigkeit folgen, dass p.

In Bezug auf dieses Beispiel gilt, was sich ganz allgemein für die Begriffsanalyse sagen lässt: Man sollte dabei niemandem vorschreiben wollen, wie er zu sprechen hat. Wenn also Sätze wie der genannte in unserer Sprachgemeinschaft ernsthaft verwendet werden, dann muss man das zunächst einmal einfach zur Kenntnis nehmen. Man wird dann sagen, dass es offensichtlich zwei grundlegend verschiedene Verwendungsweisen des Wortes „Wissen" gibt: eine, die Wahrheit impliziert, eine andere, die das nicht tut. Wenn wir den Eindruck haben, dass nur eine davon unserem eigenen Wortgebrauch entspricht (und damit nur eine für die Klärung der Natur dessen, was *wir* mit „Wissen" meinen, relevant ist), steht es uns dann natürlich frei, die andere Verwendungsweise aus der Untersuchung auszuschließen. In diesem Sinn übergehen die meisten Philosophen die Verwendungsweise ohne Wahrheitsimplikation einfach.

Dafür gibt es aber auch einen guten Grund. Es ist nämlich wirklich nicht recht zu sehen, was diese andere Verwendungsweise für einen spezifischen Sinn haben sollte. Was derjenige, der das Wort „Wissen" so verwendet, eigentlich sagen will, ist doch anscheinend, dass die Menschen im Mittelalter fest (und vielleicht mit guten Gründen) *glaubten*, die Erde sei eine Scheibe, obwohl sie tatsächlich keine Scheibe ist. Und vielleicht will man auch noch sagen, dass ja auch wir vielleicht nur *glauben*, die Erde sei eine Kugel, obwohl in Wahrheit vielleicht noch einmal etwas ganz anderes der Fall ist. Derjenige, der sagt, man habe im Mittelalter gewusst, dass die Erde eine Scheibe ist, möchte damit also vielleicht auch einfach eine skeptische Grundhaltung in Bezug auf alles Wissen zum Ausdruck bringen. Aber all das lässt sich völlig unmissverständlich sagen, ohne in dieser eigenartigen Weise von Wissen zu sprechen. Sagt man nämlich, dass man auch Falsches wissen kann, so fehlt uns ein Wort, mit dem wir sagen können, was uns eigentlich fehlt, wenn wir etwas Falsches „wissen". Machen wir es also wie die meisten: Ignorieren wir diese seltsame Verwendungsweise des Wortes „Wissen" einfach und halten fest:

Beachte

1. Bedingung für Wissen: Eine Person S weiß nur dann, dass p, wenn es der Fall ist, dass p, wenn also der Satz „p*" wahr ist.

Diese Bedingung ist gemeint, wenn Wahrheit als notwendige Bedingung für Wissen bezeichnet wird.

4.3 Aspekte der Natur der Wahrheit

Wenn Wahrheit zur Natur des Wissens gehört, so stellt sich natürlich auch die Frage nach der Natur der Wahrheit. Sie wird, aus Gründen, die gleich noch etwas deutlicher werden sollen, entweder als Bestandteil der Sprachphilosophie und Metaphysik abgehandelt oder aber als Gegenstand eines Forschungsgebiets eigener Art betrachtet, in dem es um nichts anderes als um die Diskussion verschiedener „Wahrheitstheorien" geht. Im vorliegenden Zusammenhang können nur einige Grundzüge sowie die für die Erkenntnistheorie unmittelbar relevanten Aspekte der Natur von Wahrheit angesprochen werden.

Was kann wahr oder falsch sein?

Zunächst einmal ist es schon umstritten, von was überhaupt gesagt werden kann, dass es wahr oder falsch sei. Es gibt hier mehrere Kandidaten:

1. **Sätze**, und zwar Aussagesätze, nicht etwa Fragen, Befehle, etc. Hierbei ist noch einmal zwischen so genannten *Satz-Tokens* und *Satz-Typen* zu unterscheiden: Der Satz „Mir ist kalt" und der Satz „Mir ist kalt" sind beispielsweise *zwei* Satz-Token (Vorkommnisse) desselben Satz-Typs. Sollte man

von den einzelnen Satz-Token oder eher vom Satz-Typ sagen, dass er wahr oder falsch ist?

2. **Behauptungen**, also Äußerungen von Aussagesätzen mit behauptender Kraft, nicht etwa die „Behauptungen" des Theaterschauspielers auf der Bühne, die Äußerung von Fragen, Befehlen etc.
3. **Überzeugungen** und **Urteile**, nicht etwa Wünsche, Befürchtungen etc. Auf die Natur von Überzeugungen werden wir später zu sprechen kommen (vgl. Kapitel 4.5).
4. Der **Inhalt** von Überzeugungen, also das, was man glaubt. Man spricht hier häufig von *Propositionen*. Das, was man glaubt, ist der so genannte *propositionale Gehalt* der entsprechenden Überzeugung.

Wir müssen die Frage hier nicht entscheiden, von was Wahrheit primär ausgesagt werden kann. Für uns kommt es nur darauf an, dass man, wenn vielleicht auch nicht primär, jedenfalls in indirekter Weise Überzeugungen als wahr oder falsch klassifizieren kann: Die Überzeugung, dass p, ist wahr genau dann, wenn es der Fall ist, dass p. Dass man (zumindest in analoger Weise) von Überzeugungen sagen kann, sie seien wahr, ist für den Erkenntnistheoretiker wichtig, der wahre Überzeugungen als notwendig für Wissen einstuft.

Die Redundanzauffassung von Wahrheit

Es ist nicht nur umstritten, *von was* Wahrheit (oder Falschheit) eigentlich eine Eigenschaft ist. Man ist sich auch nicht einig darüber, ob es sich bei Wahrheit überhaupt um eine *Eigenschaft* handelt. Manche Philosophen vertreten stattdessen die Ansicht, dass das Wort „Wahrheit" beziehungsweise das Prädikat „ist wahr" prinzipiell redundant und damit ohne großen Verlust eliminierbar ist (vgl. (147)). Man spricht hier von der *Redundanztheorie der Wahrheit* oder besser von der *Redundanzauffassung von Wahrheit*, weil es sich bei Wahrheit dieser Auffassung zufolge gerade um nichts handelt, was Gegenstand einer echten Theorie sein könnte. Es handelt sich bei Wahrheit nicht um eine substanzielle Eigenschaft, deren Natur es mit wissenschaftlichen oder philosophischen Mitteln zu ergründen gilt. Vielmehr lassen wir uns dieser Auffassung zufolge nur durch die Struktur der Sprache zu einer solchen Vorstellung verleiten: Der Satz „Dass Max der Freund von Moritz ist, ist wahr" hat dieselbe Struktur wie der Satz „Dass Max der Freund von Moritz ist, ist allgemein bekannt". Daraus darf man aber nicht schließen, dass Wahrheit eine Eigenschaft ist wie beispielsweise allgemein bekannt zu sein eine Eigenschaft ist. Tatsächlich sagt nämlich jemand, der sagt, es sei wahr, dass Max der Freund von Moritz ist, letztlich nicht mehr als derjenige, der sagt, dass Max der Freund von Moritz ist. Er macht nur noch einmal deutlich, dass er eine Behauptung aufstellt, ähnlich wie derjenige, der sagt „Ich verspreche, nie mehr zu spät zu kommen" deutlich macht, dass er ein Versprechen gibt, das er ebenso gut in die Worte „Ich werde nie mehr zu spät kommen" hätte fassen können. Strawson zufolge hat das

Wahrheitsprädikat also eine rein *performative* Funktion – wir *vollziehen* damit Behauptungen, schreiben aber keine Eigenschaften zu (vgl. (161)). Allgemein bedeutet der Satz „Dass p, ist wahr" der Redundanzauffassung zufolge also nichts anderes als der Satz „p" – das Wahrheitsprädikat bringt inhaltlich nichts Neues; es ist redundant.

Zwei Funktionen von „... ist wahr"

Allerdings scheint das Wahrheitsprädikat in mindestens zwei Fällen sehr nützlich (und vielleicht sogar unverzichtbar) zu sein: (1) Manchmal beziehen wir uns auf Sätze oder Behauptungen mit so genannten *singulären Termini*, also mit Ausdrücken, die ein bestimmtes Objekt (in diesem Fall einen bestimmten Satz oder eine bestimmte Behauptung) bezeichnen – es kann sich hierbei um Eigennamen handeln wie „der Satz des Pythagoras" oder um (definite) Kennzeichnungen wie „was Fritz gestern sagte, als wir zur Tür hereinkamen". Wenn wir uns mit singulären Termini auf Sätze oder Behauptungen beziehen, wissen wir nicht unbedingt, wie diese Sätze oder Behauptungen tatsächlich lauten. Trotzdem können wir sie als wahr oder falsch qualifizieren: Auch wenn ich den Satz des Pythagoras vergessen habe, kann ich beispielsweise noch wissen, dass er wahr ist, und auch wenn ich nicht mehr weiß, was Fritz gestern sagte, als wir zu Tür hereinkamen, kann ich noch wissen, dass es falsch war. In solchen Fällen kann ich aber die Äußerung „... ist wahr" offensichtlich nicht einfach durch „..." ersetzen. (2) Außerdem ist das Wahrheitsprädikat nützlich, wenn man quantifizieren möchte: „Alles, was der Papst sagt, ist wahr" oder „Einiges von dem, was der Papst sagt, ist wahr". Auch hier lässt sich das Prädikat „ist wahr" nicht so einfach vermeiden. Nach Ansicht der Vertreter der Redundanztheorie der Wahrheit ist das aber ein rein „technisches" Problem, das sich lösen lässt, ohne Wahrheit als Eigenschaft von irgendetwas aufzufassen. Genau das bestreiten ihre Gegner (vgl. (152), S. 5–29).

Die Disquotationstheorie der Wahrheit und Tarskis Konvention T

Einer mit der Redundanztheorie verwandten Sichtweise zufolge ist Wahrheit zwar eine Eigenschaft (und zwar eine von Sätzen), aber eine wenig geheimnisvolle: Das Wahrheitsprädikat hat lediglich eine so genannte *Disquotationsfunktion* (*Disquotationstheorie der Wahrheit*, vgl. (145)). Es dient dazu, Anführungszeichen zu eliminieren. Beispielsweise gilt:

„Schnee ist weiß" ist wahr genau dann, wenn Schnee weiß ist.

Schematisch formuliert finden wir die berühmte *Konvention T* („T" steht für „truth"), die der Logiker Alfred Tarski als Adäquatheitsbedingung für jede Analyse des Wahrheitsbegriffs formulierte (vgl. (163)):

(T) X ist wahr genau dann, wenn p,

wobei „p" durch einen beliebigen Satz und „X" durch einen Namen für eben diesen Satz ersetzt werden kann. Als Namen für einen Satz sollen hier nicht nur Ausdrücke wie „Der Satz des Pythagoras" und „Das, was Fritz sagte, als wir gestern zur Tür hereinkamen" gelten, sondern eben auch „„Schnee ist weiß'" – man beachte die doppelten Anführungszeichen! Es ist wichtig, zu bemerken, dass es sich bei der Konvention T nur um ein Schema, nicht um einen echten Aussagesatz handelt, weil er die (freien) Variablen X und p enthält. Erst wenn man bestimmte Sätze und Namen für diese einsetzt, erhält man auch bestimmte Aussagesätze. Es handelt sich deshalb bei (T) nicht um eine Definition der Wahrheit, auch wenn man immerhin sagen kann, dass aus jeder adäquaten Wahrheitstheorie alle Sätze der Form (T) ableitbar sein müssen. Immerhin ergeben die einzelnen Einsetzungen ja Wahrheitsdefinitionen für *einzelne* Sätze. Insofern ergibt sich aus (T) eine *Adäquatheitsbedingung* für Wahrheitstheorien. Aus Gründen, auf die wir hier nicht weiter eingehen können, war Tarski selbst jedoch der Ansicht, dass sich für *natürliche Sprachen*, also etwa für das Deutsche, überhaupt keine Wahrheitstheorie angeben lässt. Lediglich für *formale Sprachen* lassen sich seiner Ansicht nach so genannte *semantische Theorien der Wahrheit* aufbauen. Ob Tarski selbst damit eine Form der Disquotationstheorie oder doch eine „substanziellere" Theorie vertreten wollte, ist allerdings umstritten (vgl. (152), S. 44–53). Vor allem Donald Davidson hat versucht, Tarskis Konzeption auch auf natürliche Sprachen zu übertragen (vgl. (121), (122), (123)). Inwiefern er damit Erfolg hatte, ist umstritten.

Deflationistische Wahrheitstheorien

Sowohl die Redundanztheorie als auch die Disquotationstheorie fassen Wahrheit als einen Begriff auf, der inhaltlich nicht zu stark aufgeladen werden darf. Man spricht deshalb auch von *deflationistischen Wahrheitstheorien*. Die Disquotationstheorie bezieht Wahrheit dabei in erster Linie auf Sätze. Das führt zu Problemen, wenn man Sätze betrachtet, die Ausdrücke enthalten, deren Referenten sich mit dem Kontext ändern, also beispielsweise indexikalische Ausdrücke. So ist etwa der Satz „Hier ist es kalt" *nicht* immer dann wahr, wenn es hier kalt ist (sondern wenn es dort kalt ist, wo der Satz geäußert wird). (Man beachte: Indem wir den Satz in Anführungszeichen setzen, erwähnen wir ihn nur (*to mention*), wir benutzen ihn nicht (*to use*).) Diesem Problem entgeht man, wenn man Wahrheit in erster Linie auf den Inhalt von Überzeugungen, auf Propositionen, bezieht. Die Proposition, dass es hier kalt ist, ist genau dann wahr, wenn es hier kalt ist. Verschiedene Deflationisten bekennen sich darum zu dieser Option (vgl. (132), (132a), (155), (156)). Allerdings sind sie dann mit der schwierigen Aufgabe konfrontiert, zu klären, was eine Proposition eigentlich ist.

Wahrheitsparadoxie

An dieser Stelle sei noch auf eine weitere Schwierigkeit hingewiesen, die jedoch nicht nur für den Deflationisten besteht: Wenn man das Schema T nicht irgendwie einschränkt, führt es zu Paradoxien. Man betrachte den folgenden selbstreferenziellen Satz S:

Satz S ist nicht wahr.

Setzt man diesen Satz in Schema T ein, so erhält man eine Version der bekannten Lügner-Paradoxie:

„Satz S ist nicht wahr“ ist wahr genau dann, wenn Satz S nicht wahr ist.

(Man kann hier „„Satz S ist nicht wahr““ einfach durch „Satz S“ ersetzen, so dass man unmittelbar das Folgende erhält: Satz S ist wahr genau dann, wenn Satz S nicht wahr ist. Eine ähnliche Paradoxie ergibt sich, wenn ein Kreter sagt: „Alle Kreter lügen (immer)“ – daher der Name „Lügner-Paradoxie“.) Es ist weder klar, ob man solche Paradoxien vermeiden kann (vgl. (137)), noch ob man sie überhaupt vermeiden sollte (vgl. (136)).

Wahrheit als inhaltsreicher Begriff

Im Unterschied zu den Deflationisten betrachten sowohl Anhänger der so genannten *Korrespondenztheorie der Wahrheit* als auch die Vertreter *epistemischer Wahrheitstheorien* den Wahrheitsbegriff als einen inhaltsreichen Begriff. (Das gilt drittens auch für Vertreter einer *pragmatistischen Auffassung von Wahrheit* (vgl. (133), (143)), die allerdings im Folgenden nicht weiter behandelt werden soll.) Er dient nicht nur bestimmten logischen und semantischen Bedürfnissen, sondern gehört zu den zentralen Begriffen der Metaphysik beziehungsweise Erkenntnistheorie. Insbesondere ist die Frage nach der Natur der Wahrheit diesen Auffassungen zufolge eine Frage, die nach einer substanziellen philosophischen Theorie verlangt.

Die Korrespondenztheorie der Wahrheit

Die Korrespondenztheorie, die sicherlich die älteste Wahrheitskonzeption ist, betrachtet Wahrheit als eine Art Übereinstimmung. Dabei stellen sich im Wesentlichen drei schwierige Fragen: (1) *Was* stimmt überein? (2) *Womit* stimmt das, was übereinstimmt, überein? (3) Was ist hier unter „*Übereinstimmung*“ zu verstehen? Die erste Frage ist die oben bereits angesprochene Frage danach, von was man überhaupt sagen kann, es sei wahr oder falsch. Die zweite Frage hat eine naheliegende Antwort, die allerdings zahlreiche Probleme aufwirft: Ein Satz (eine Behauptung etc.) muss mit den *Tatsachen* übereinstimmen, wenn er wahr sein soll. Problematisch ist diese Antwort deshalb, weil viele Philosophen den Begriff der Tatsache für problematisch und erläuterungsbedürftig halten. Es ist jedenfalls klar, dass die Erläuterung, die wir weiter oben bereits gegeben haben – eine Tatsache ist das, was eine wahre Behauptung behauptet – im vorliegenden Zusammenhang nicht sehr hilfreich ist. Wir wollen ja gerade klären, was Wahrheit ist. Und wenn wir diesen Begriff mit Hilfe des Begriffs der Tatsache analysieren wollen, sollten wir den Tatsachenbegriff seinerseits möglichst nicht unmittelbar auf den Begriff der Wahrheit zurückführen. Es zeigt sich jedoch, dass der Bezug auf den Begriff der Tatsache überhaupt in Schwierigkeiten führt (vgl. (122)). Schließlich ist der Begriff der Übereinstimmung oder Korrespondenz selbst nicht besonders klar, wenn er sich auf Sätze, Behauptungen etc. einerseits und Tatsachen (oder ganz allgemein: die Welt) andererseits bezieht. *Inwiefern* kann hier eine Übereinstimmung bestehen? Ob es für all diese Fragen befriedigende Antworten gibt, ist umstritten.

Epistemische Wahrheitstheorien

Für den Erkenntnistheoretiker kommt es nicht so sehr darauf an, ob die Deflationisten oder doch eher die Korrespondenztheoretiker die adäquatere

Auffassung vom Begriff der Wahrheit haben. Relevant für ihn ist dagegen die Antwort auf die Frage, ob der Wahrheitsbegriff seinerseits mit *epistemischen* Begriffen analysiert werden muss. Genau das behaupten die Vertreter *epistemischer Wahrheitstheorien*.

Relative Wahrheit?

Auch die Vertreter epistemischer Wahrheitstheorien halten den Wahrheitsbegriff für einen inhaltlich substanziellen Begriff. Anders als Korrespondenztheoretiker glauben sie jedoch, dass Wahrheit in bestimmter Weise von uns und unserem Erkenntnisvermögen abhängig ist. Anders gesagt: Sie bestreiten in einem noch zu erläuternden Sinn die *Objektivität* der Wahrheit. Natürlich ist Wahrheit etwas Objektives, insofern es eine Sache ist, zu glauben, dass etwas der Fall ist, eine andere, dass etwas tatsächlich der Fall ist. Man muss stets zwischen „wahr-sein" und „für-wahr-halten" unterscheiden. Das bestreitet eigentlich auch niemand. Lediglich in vulgären Formen des *Relativismus* - es gibt auch raffinierte Varianten, auf die wir hier nicht eingehen können (vgl. (128a), (135)) - wird dieser Unterschied verwischt. Die nahezu triviale These, dass jeder seine eigenen Überzeugungen hat, also jeder - jeder Mensch oder auch jede Gesellschaft, jede Zeit etc. - bestimmte Dinge für wahr hält (wobei es natürlich vieles gibt, was viele für wahr halten), wird dann zu der jedenfalls auf den ersten Blick unverständlichen These, dass jeder seine eigene Wahrheit hat. Unverständlich ist diese These zum einen aufgrund der offensichtlichen Inkonsistenz, die darin liegt, dass der Relativist anscheinend eine universelle Wahrheit über den Begriff der Wahrheit deutlich machen will, zugleich aber gerade die Möglichkeit universeller Wahrheit bestreitet. Zum anderen hat der Ausdruck „wahr für jemanden" zunächst einmal überhaupt keine klare Bedeutung, wenn damit nicht einfach „von jemandem für wahr gehalten" gemeint sein soll. Ähnlich wie derjenige, der von den Menschen im Mittelalter sagen möchte, sie hätten gewusst, dass die Erde eine Scheibe sei, versucht vielleicht auch der Wahrheitsrelativist auf nicht geeignete Weise eine skeptische Haltung zum Ausdruck zu bringen. Nicht geeignet ist diese Ausdrucksweise deshalb, weil die skeptische Herausforderung einfach verschwindet, wenn man meint sagen zu können, dass es für den mittelalterlichen Menschen *wahr* war, dass die Erde eine Scheibe ist - worin nämlich sollte dann überhaupt noch ein möglicher Irrtum bestehen? (Vgl. zum epistemischen Relativismus (116a).)

Antirealismus

Vertreter epistemischer Wahrheitskonzeptionen bestreiten die Objektivität der Wahrheit in einem anderen Sinn. Sie behaupten, dass es keinen Sinn hat, von Wahrheit oder Falschheit zu sprechen, wenn diese *prinzipiell* jenseits der Reichweite unserer Erkenntnis liegt. Nur wenn es klar ist, wie man eine Aussage prinzipiell *verifizieren* (oder *falsifizieren*) könnte, hat es auch einen Sinn, von der Wahrheit oder Falschheit dieser Aussage zu sprechen - Wahrheit *ist* dieser Auffassung zufolge nichts anderes als prinzipielle Verifizierbarkeit. Damit gibt der Vertreter einer epistemischen Wahrheitskonzeption letztlich die Unterscheidung zwischen einer *Definition* (oder Analyse) des Wahrheitsbegriffs und einem *Kriterium* für das Vorliegen von Wahrheit auf. Im Hintergrund steht dabei die Überzeugung, dass die Rede von einer von uns unabhängigen Realität, mit der Sätze (oder Behauptungen, Überzeugungen etc.) korrespondieren müssen, um wahr zu sein, ein metaphysischer Mystizismus ist. Man spricht deshalb in diesem Zusammenhang auch von *Antirealismus*. Die genauen Beziehungen zwischen Theorien der Wahrheit, Theorien der Bedeutung und metaphysischen Theorien ist allerdings sehr komplex und soll uns hier nicht weiter beschäftigen (vgl. (114), (125), (126), (126a), (132a), (136), (62), (152), (168)).

Wahrheit und ideale Verifikation

Es gibt verschiedenartige Versuche, den Begriff der Wahrheit durch den Verweis auf unser Erkenntnisvermögen zu explizieren. Offenbar kann man dabei Wahrheit nicht einfach mit dem identifizieren, was wir *tatsächlich* akzeptieren, denn sonst wäre doch wieder der Unterschied zwischen Wahr-sein und Für-wahr-halten aufgegeben. Zudem wäre Wahrheit in einer Weise zeitabhängig, wie sie es offenbar nicht ist: Dass noch Milch im Kühlschrank ist, wird ja nicht erst dann wahr, wenn ich hineinschaue. Man kann stattdessen versuchen, Wahrheit als das zu beschreiben, was akzeptiert werden *würde*. Aber dann stellt sich die Frage nach den relevanten Umständen. Was akzeptiert werden würde und was nicht, hängt offensichtlich von den äußeren Bedingungen und von den Verstandesgaben desjenigen ab, um dessen Akzeptanz es geht. Man sollte deshalb zumindest fordern, dass nur das wahr ist, was *unter idealen Bedingungen* von einem *ideal rationalen* Forscher akzeptiert werden würde. Wahrheit wäre dann eine Art „Grenzbegriff", der das Ziel aller Erkenntnisbemühungen markieren könnte, wie er das ja de facto auch tut (vgl. (144), (62), 3. Kapitel).

Allerdings ist dieser Ansatz mit verschiedenen Problemen konfrontiert. Zum einen ist nicht klar, was hier genau unter „idealen" Bedingungen und „ideal" rationalen Forschern zu verstehen ist. Natürlich könnte man sagen, dass die Bedingungen ideal und wir ideal rationale Forscher sind, wenn Fehler ausgeschlossen werden. Aber wenn ein Fehler nichts anderes als die Akzeptanz von etwas Falschem ist, müssen wir ein unabhängiges Verständnis von Falschheit (und damit von Wahrheit) bereits voraussetzen, um erklären zu können, inwiefern Bedingungen und rationale Forscher „ideal" sein müssen. Hinzu kommt, dass nicht einmal klar ist, was es bedeutet, dass der ideal rationale Forscher etwas Bestimmtes *akzeptiert*. Heißt es nicht wenigstens, dass er eine entsprechende Überzeugung erwirbt? Wenn ja, müssen wir wiederum ein unabhängiges Verständnis von „Wahrheit" voraussetzen, denn eine Überzeugung haben kann kaum etwas anderes heißen als ein bestimmtes Urteil für wahr zu halten! Schließlich ergibt sich die Schwierigkeit, dass es doch anscheinend sein kann, dass selbst unter idealen Bedingungen der ideal rationale Forscher einfach nicht entscheiden kann, ob es der Fall ist, dass p, oder nicht. Dann akzeptiert er weder das eine noch das andere. Daraus folgt aber nach der vorgeschlagenen Explikation, dass es weder wahr ist, dass p, noch dass es wahr ist, dass non-p. Wenn es aber nicht wahr ist, dass p, dann muss es doch wahr sein, dass non-p. Jedenfalls entspricht die Überzeugung, dass es eine dritte Möglichkeit nicht gibt (*tertium non datur*), unserer gewöhnlichen Vorstellung vom Begriff der Wahrheit. Der so genannte *Intuitionist* - eine Sichtweise, die aus der Philosophie der Mathematik kommt - bestreitet allerdings gerade diese Überzeugung (vgl. (207), Kapitel 8.2).

Die Konsenstheorie der Wahrheit

Der *Konsenstheoretiker der Wahrheit* stellt nicht die (idealisierte) Zustimmung des Einzelnen in den Mittelpunkt. Für ihn gilt das als wahr, was konsensfähig ist. Wiederum kann natürlich nicht jeder tatsächliche Konsens konstitutiv für Wahrheit sein - auf wie viel Unsinn hat man sich schon geeinigt! Also muss auch hier eine Idealisierung vorgenommen werden. Nicht der tatsächliche Konsens, sondern der Konsens unter idealen Bedingungen - etwa unter den idealen Bedingungen eines völlig herrschaftsfreien Diskurses (vgl. (131)) - gilt dann als wahrheitskonstitutiv. Daher hat dieser Ansatz mit analogen Einwänden wie die individualistische Variante zu kämpfen.

Die Kohärenztheorie der Wahrheit

Schließlich ist noch auf eine dritte Variante der epistemischen Wahrheitskonzeptionen hinzuweisen, auf die so genannte *Kohärenztheorie der Wahrheit* (vgl. (117)). Grundlage für diesen Ansatz ist die Vorstellung, dass wir, wenn wir die Wahrheit einer Überzeugung begründen wollen, immer auf andere Überzeugungen zurückgreifen müssen. Es gibt keine Möglichkeit, eine Überzeugung durch die Konfrontation mit den Tatsachen zu begründen. (Wir werden auf diesen Gedanken im Kapitel 6.4 zurückkommen.) Für den Kohärenztheoretiker der Wahrheit führt das zu der Vorstellung, dass Wahrheit letztlich nichts anderes ist als Kohärenz zwischen Überzeugungen. Eine Überzeugung, die Element eines kohärenten Überzeugungssystems ist, ist demnach notwendigerweise wahr.

Natürlich ist dann erstens zu klären, was eigentlich „kohärent" meint. Zweitens aber und vor allem ist zu zeigen, dass Kohärenz wirklich stets mit Wahrheit zusammenfällt. Wir wissen alle, dass ein Lügenmärchen kohärent sein kann - wahr ist es deshalb noch lange nicht. Und könnte es nicht auch mehrere, nicht miteinander verträgliche, aber kohärente Überzeugungssysteme geben? Drittens ist Kohärenz, anders als Wahrheit, eine Sache des Grades. Eine Überzeugung kann Teil eines mehr oder minder kohärenten Überzeugungssystems sein. Aber eine Überzeugung kann nicht mehr oder minder wahr sein. Schließlich ist es nicht klar, ob sich die Grundbegriffe dieses Ansatzes - Überzeugung, Kohärenz - verständlich machen lassen, ohne unmittelbar auf einen unabhängigen Wahrheitsbegriff zurück zu greifen. Ist nicht derjenige überzeugt davon, dass p, der „p*" für wahr hält? Und impliziert Kohärenz nicht wenigstens Konsistenz, also *mögliche Wahrheit*?

Wir müssen uns an dieser Stelle damit begnügen, grundlegende Optionen sowie einige Probleme im Bereich der Wahrheitstheorien genannt zu haben. Für unsere Belange ist vor allem die Unterscheidung zwischen epistemischen und nicht-epistemischen Wahrheitstheorien entscheidend. Gewöhnlich geht man in der Erkenntnistheorie davon aus, dass der Wahrheitsbegriff von grundlegend nicht-epistemischer Natur ist, und so werden wir ebenfalls verfahren. Der Grund dafür ist ausnahmsweise nicht, dass wir uns das Leben einfacher machen wollen, sondern dass wir es uns nicht zu einfach machen möchten. Würden wir nämlich annehmen, dass Wahrheit prinzipiell an unser Erkenntnisvermögen gebunden ist, so wäre es erheblich einfacher zu zeigen, dass dieses Erkenntnisvermögen tatsächlich ein Weg zu wahren Überzeugungen ist. Mit anderen Worten: Es wäre erheblich einfacher, der skeptischen Herausforderung zu begegnen. Wir werden auf diesen Punkt im Zusammenhang mit der Kohärenztheorie der Rechtfertigung (Kapitel 6.3) zurückkommen.

4.4 Überzeugung als notwendige Bedingung für Wissen

Eine weitere notwendige Bedingung für Wissen

Es gibt so gut wie niemanden, der bestreitet, dass man nur wissen kann, dass p, wenn es der Fall ist, dass p, dass also Wahrheit eine notwendige Bedingung für Wissen ist. Die zweite naheliegende Bedingung für Wissen ist dagegen schon umstrittener. Zunächst einmal möchte man natürlich sagen, dass der Satz „S weiß, dass p“ doch nur wahr sein kann, wenn es nicht nur der Fall ist, dass p, sondern wenn S zudem auch glaubt, dass p. Zum „objektiven Element“ des Wissens, der Wahrheit, muss, so könnte man sagen, ein „subjektives Element“, der Glaube an die Wahrheit, hinzukommen, damit Wissen vorhanden sein kann. Fraglich ist allerdings, ob dieses subjektive Element adäquat dadurch charakterisiert werden kann, dass man sagt, S müsse *glauben*, dass p.

Glauben und Wissen

Gegen diese Charakterisierung spricht zunächst einmal, dass wir Glauben und Wissen häufig einander entgegensetzen. Das gilt nicht nur in Bezug auf den Gegensatz zwischen religiösem Glauben und Wissen. Auch wenn ich nur glaube, dass ich das Bügeleisen abgestellt habe, dann weiß ich es eben gerade nicht. In solchen Fällen scheint Glauben also nicht nur keine notwendige Bedingung für Wissen zu sein, sondern sogar eine hinreichende Bedingung für Nichtwissen. Allerdings ist die Verwendungsweise des Wortes „glauben“ nicht einheitlich. Wenn wir sagen „Fritz glaubt nicht nur, dass das Bügeleisen abgestellt ist, er weiß es“, dann kann das zwar zum einen bedeuten, dass Fritz sich bezüglich der Frage, ob das Bügeleisen abgestellt ist oder nicht, nicht unsicher, sondern sicher ist. So betrachtet schließt Glauben Wissen aus: Glauben heißt hier unsicher sein, und wissen heißt hier sicher sein. Und jemand, der sich unsicher ist, kann sich nicht zugleich sicher sein. Zum anderen können wir den Satz aber auch verwenden, um klar zu machen, dass Fritz nicht nur glaubt, dass das Bügeleisen abgestellt ist, sondern dass es auch tatsächlich abgestellt ist beziehungsweise dass er auch gute Gründe für seine Überzeugung hat. In diesem Fall steht Glauben nicht im Gegensatz zu Wissen. Wissen verlangt nur die Erfüllung *weiterer* Bedingungen. Wir müssten also genauer sagen, welche „Art“ von Glauben notwendige Bedingung für Wissen sein soll.

Alternativen zu „glauben“

In ähnliche Schwierigkeiten gerät man, wenn man die subjektive Einstellung, die notwendig für Wissen ist, als „Meinung“, als „Überzeugung“ oder als eine Einstellung des „Für-wahr-haltens“ bezeichnet. Auch diese Ausdrücke deuten häufig eine Unsicherheit an, die mit Wissen nicht vereinbar ist. Das gilt insbesondere, wenn wir uns selbst diese Einstellungen zuschreiben. Wenn man (aufrichtig) von sich selbst sagt, man sei der Meinung, dass p, man sei überzeugt davon, dass p, oder man halte es für wahr, dass p, dann zeigt das normalerweise gerade, dass man sich nicht in dem für Wissen notwendigen Maße sicher ist - sonst würde man sich gleich Wissen zuschreiben.

Wissen und Gewissheit

Diese Überlegungen legen es nahe, die Glaubensbedingung einfach durch die Bedingung „S muss sich sicher sein, dass p“ oder sogar „S muss sich dessen gewiss sein, dass p“ zu ersetzen. Man beachte, dass hier von Sicherheit beziehungsweise von Gewissheit im Sinn einer bestimmten subjektiven Einstellung die Rede ist. Das Subjekt S *fühlt* sich sicher beziehungsweise *empfindet* ein Gefühl der Gewissheit. Wir können hier von *persönlicher Sicherheit* und *persönlicher Gewissheit* sprechen. Davon zu unterscheiden ist die Rede davon, dass das Gewusste sicher oder gewiss ist. Es ist sicher oder gewiss, dass p, wenn es nicht sein kann, dass non-p. Man könnte hier von *sachlicher Sicherheit* und von *sachlicher Gewissheit* sprechen (vgl. (166), S. 66–71, S. 75–78).

Manche Philosophen sind der Meinung, dass nur das sachlich Sichere beziehungsweise das sachlich Gewisse, gewusst werden kann. Betrachten wir jedoch unseren gewöhnlichen Begriff des Wissens, so ist diese Ansicht nicht haltbar. Die Tatsache, dass das Auto meines Nachbarn nicht mit absoluter Gewissheit ein Ford Granada ist, schließt sicherlich für sich genommen noch nicht aus, dass ich weiß, dass das Auto meines Nachbarn ein Ford Granada ist. Unser gewöhnlicher Wissensbegriff ist fallibilistisch zu interpretieren: Man kann zwar nicht wissen, was nicht der Fall ist; aber man kann durchaus wissen, was nicht absolut sicher der Fall ist.

Persönliche Sicherheit und sachliche Sicherheit sind beliebig miteinander kombinierbar. Auch wenn das Auto des Nachbarn nicht mit sachlicher Gewissheit ein Ford Granada ist, kann doch ich mir persönlich sicher sein, dass es ein Ford Granada ist. Und auch wenn es sachlich gewiss ist, dass $5689+1234=6923$ ergibt, kann ich mir diesbezüglich sehr unsicher sein. Persönliche und sachliche Sicherheit beziehungsweise Gewissheit sind also unabhängig voneinander: Wir können uns in Bezug auf das Ungewisse ebenso sicher sein wie in Bezug auf das Gewisse, und bezüglich des Gewissen ebenso unsicher sein wie bezüglich des Ungewissen.

Wenn schon sachliche Gewissheit nicht notwendig für Wissen ist, sollten wir dann zumindest persönliche Sicherheit beziehungsweise Gewissheit als notwendige Bedingung für Wissen ansehen? Auch das ist nicht sehr plausibel. Damit man sagen kann, die Person S wisse, dass p, muss sie sich anscheinend *hinlänglich* sicher sein, dass p. Gewissheit zu fordern wäre jedoch sicherlich zu viel. Wir glauben, eine Menge zu wissen, aber wir sind uns nur in Bezug auf recht Weniges wirklich gewiss. Der Zauderer würde vielleicht sogar nie von sich sagen, dass er sich einer Sache gewiss ist. Aber das hätte kaum zur Folge, dass man ihm nie zu Recht Wissen zuschreiben könnte. Der Wissende muss in ausreichendem Maße überzeugt sein. Aber sicherlich reicht meistens weniger als Gewissheit aus!

„Akzeptanz" als Ausweg?

Welches Maß ausreicht, lässt sich jedoch schwer allgemein charakterisieren. Die Tatsache, dass die Bezeichnungen „glauben", „meinen", „überzeugt sein" und „für wahr halten" alle nicht optimal geeignet sind, um die Einstellung zu bezeichnen, die notwendige Bedingung dafür ist, dass eine Person S weiß, dass p, führt manche Philosophen dazu, Zuflucht bei mehr oder weniger künstlichen Bezeichnungen zu suchen. Lehrer beispielsweise spricht von „Akzeptanz" (vgl. (138), 2. Kapitel). Umgangssprachlich betrachtet ist dieses Wort überhaupt nicht geeignet, um das auszudrücken, worum es bei Wissen geht. Man kann akzeptieren, dass beim Essen geraucht wird. Aber auch wenn man das nicht akzeptiert, kann man wissen, dass beim Essen geraucht wird. Man kann also etwas nicht akzeptieren, von dem man weiß, dass es der Fall ist. Umgekehrt kann man auch etwas akzeptieren, von dem man weiß, dass es nicht der Fall ist: Der Restaurantbesitzer akzeptiert vielleicht bestimmte Kreditkarten, und das heißt dann, dass er akzeptiert, dass mit diesen Kreditkarten bezahlt wird. Aber das ist durchaus damit vereinbar, dass der Restaurantbesitzer weiß, dass tatsächlich mit diesen Kreditkarten nicht bezahlt wird. Außerdem ist nicht klar, dass man alles akzeptieren kann, was man wissen kann. Kann man beispielsweise akzeptieren, dass es regnet? Vielleicht in dem Sinn, dass man sich in das Unabänderliche fügt, sich nicht gegen die Wettergötter auflehnt etc. Es hört sich aber jedenfalls seltsam an, wenn jemand behauptet, er akzeptiere, dass jede Wurst zwei Enden hat. (Das englische „to accept as true" ist allerdings vielleicht weniger problematisch.)

Wenn man daher behauptet, die Person S wisse nur dann, dass p, wenn sie akzeptiert, dass p, muss man eine spezielle, „technische" Verwendung des Wortes „akzeptieren" im Sinn haben. Wie bei allen Fachtermini muss man dann allerdings erklären, wie diese spezielle Verwendung aussieht. Und dabei hat man nur zwei Möglichkeiten. Entweder man weist einfach darauf hin, dass mit „Akzeptanz" genau die für Wissen notwendige Einstellung gemeint ist. Dann trägt diese Bedingung jedoch nichts mehr zur Erklärung des Wissensbegriffs bei. Oder man muss eben doch wieder auf die Erklärungen zurückkommen, die wir schon kennen, indem man etwa sagt, dass jemand, der akzeptiert, dass p, in ausreichendem Maße davon überzeugt ist, dass p. Bleiben wir also einfach direkt bei dieser zugegebenermaßen etwas vagen Charakterisierung:

Beachte

2. Bedingung für Wissen: Eine Person S weiß nur dann, dass p, wenn S in ausreichendem Maße davon überzeugt ist, dass p.

Die Radford-Beispiele

Leider ist die Bedingung auch in dieser Form nicht unumstritten. Bisher hatten wir damit zu kämpfen, dass die Überzeugungsbedingung „zu schwach" ist, weil sie ein Element der Unsicherheit einschließt, das mit Wissen unvereinbar zu sein scheint – das hat uns dazu gezwungen, die Qualifikation „in ausreichendem Maße" anzubringen. Es gibt aber auch Beispiele, die zu zeigen scheinen, dass die Überzeugungsbedingung nicht „zu schwach", sondern „zu stark" ist. Solche Beispiele hat vor allem Colin Radford in die Diskussion eingebracht (vgl. (146)). Betrachten wir etwa folgendes Szenario:

In einer Quizshow wird eine Person nach einem geschichtlichen Datum gefragt, sagen wir nach dem Beginn des Dreißigjährigen Krieges. Die Person hat im Geschichtsunterricht gelernt, dass der Dreißigjährige Krieg 1618 begonnen hat. Der Unterricht liegt allerdings lange zurück und deshalb ist die Person sich jetzt alles andere als sicher, was sie antworten soll. Nehmen wir an, sie würde nicht einmal von sich selbst sagen, sie vermute, dass die richtige Antwort 1618 sei. Da ihr aber auch nichts anderes einfällt, antwortet sie eben mit: „1618!" Könnte in dieser Situation der Quizmaster nicht ohne Weiteres sagen: „Sehen Sie, Sie haben es doch gewusst!", auch wenn die Person sich keine entsprechende Überzeugung zuschreibt, sich aber jedenfalls nicht einmal halbwegs sicher ist? Ist folglich Wissen ohne irgendein Gefühl der Sicherheit, ja ohne Überzeugung möglich?

Betrachten wir noch ein zweites Beispiel von Radford (vgl. (146), S. 1, Übersetzung GE):

> Herr Rea (der neue Bibliothekar): Was haben wir eigentlich mit unseren Ausgaben von W.J. Lockes Romanen gemacht, Fräulein Tercy?
> Fräulein Tercy: Oh! – Da bin ich nicht ganz sicher. Ich *denke*, dass wir sie vielleicht verramscht haben.
> Herr Rea: Aber Sie sind sich nicht sicher?
> Fräulein Tercy: Nein, eigentlich nicht, Herr Rea. Ich *denke*, dass wir das gemacht haben. Es ist schon einige Jahre her – glaube ich wenigstens. Soll ich einfach mal schnell losgehen und … (Sie geht).
> Herr Rea: ?
> Herr Gee: Ach, das ist es bestimmt, was mit den Büchern passiert ist. Sie hat ein Gedächtnis wie ein Elefant.

Herr Rea: Aber warum ist sie dann so … so …?
Herr Gee: Ängstlich? Unsicher? Ich weiß nicht. Vielleicht ist es ihr Alter – sie ist sich bei überhaupt nichts sicher. Aber sie weiß alles über diese Bibliothek. Was hat sie gesagt – die Bücher sind vielleicht verramscht worden? Dann können Sie davon ausgehen, dass es so war.

Auch hier sieht es ganz so aus, als hätte Fräulein Tercy Wissen, obwohl sie sich bezüglich des entsprechenden Sachverhalts überhaupt nicht sicher ist und sich keine Überzeugung zuschreiben würde.

Bewertung der Radford-Beispiele

Was ist von den beiden Beispielen zu halten? Zunächst einmal kann man festhalten, dass wir es in beiden Beispielen nicht mit *klaren* Fällen von Wissen zu tun haben. Man könnte in beiden Fällen sicherlich auch sagen, dass die Personen *eigentlich* kein Wissen haben, auch wenn sie jeweils die richtigen Antworten geben. Vielleicht teilt der Leser die Neigung, im ersten Beispiel zu sagen, dass der Quizteilnehmer eigentlich nicht weiß, wann der Dreißigjährige Krieg begonnen hat, obwohl er die richtige Antwort gibt, während Fräulein Tercy eigentlich schon weiß, was mit den Büchern passiert ist, obwohl sie sich unsicher ist.

Aber darauf kommt es nicht unbedingt an. Entscheidend ist vielmehr, dass wir anscheinend genau dann gewillt sind, zu sagen, die Person besitze Wissen, wenn wir auch sagen würden, dass sie eigentlich eine entsprechende Überzeugung hat. Und wir sprechen Wissen ab, wenn wir eine entsprechende Überzeugung absprechen. Der Quizteilnehmer weiß, so könnte man sagen, nicht wirklich, was die richtige Antwort ist, und zwar genau deshalb, *weil* er nicht wirklich eine entsprechende Überzeugung hat. Man könnte aber auch sagen, dass er doch über Wissen verfügt, wenn man dazu geneigt ist zu sagen, dass er durchaus – ohne es selbst zu wissen – eine entsprechende Überzeugung hat. Fräulein Tercy hat, so könnte man sagen, eigentlich eine Überzeugung in Bezug auf den Verbleib der Bücher, auch wenn sie sich im Moment nicht sicher ist. Deshalb ist es auch möglich, ihr Wissen zuzuschreiben. Man könnte aber auch sagen, dass sie kein Wissen hat, gerade weil sie nicht in ausreichendem Maße überzeugt ist. So oder so: Die Radford-Beispiele sprechen nicht wirklich gegen unsere zweite Wissensbedingung. Sie sprechen nur dagegen, dass ein Gefühl der Sicherheit beziehungsweise das Bewusstsein, eine Überzeugung zu haben, in jedem Fall notwendig für Wissen ist.

Allerdings stellen sich nicht zuletzt in Anbetracht dieser Beispiele nachdrücklich eine Reihe von Fragen in Bezug auf den Begriff der Überzeugung. Was genau ist das Verhältnis zwischen Überzeugungen und dem Gefühl der Sicherheit? Müssen unsere Überzeugungen uns nicht immer bewusst sein? Wann kann man einer Person eine Überzeugung zuschreiben und wann nicht? Und was meinen wir, wenn wir sagen, jemand sei *eigentlich* überzeugt oder nicht überzeugt von einer Sache? Erst wenn diese Fragen geklärt sind, wird unsere Reaktion auf die Radford-Beispiele ganz verständlich werden (vgl. Kapitel 4.5).

Haben Überzeugungen einen anderen Gegenstand als Wissen?

Betrachten wir zum Abschluss noch kurz einen Einwand gegen die Überzeugungsbedingung, der sich nicht auf die Stärke von Überzeugungen, sondern auf deren Gegenstand bezieht. Auf Platon geht die Ansicht Vendlers zurück, dass die Überzeugung, dass p, nicht Bestandteil des Wissens, dass p, sein kann, weil Überzeugungen einen anderen Gegenstand haben als Wissen (vgl. (165)). Während man nur Tatsachen wissen kann, so die These, kann man nur Propositionen glauben. Tatsächlich ist es natürlich so, dass Überzeugungen falsch sein können, und deshalb folgt aus der Tatsache, dass Fritz glaubt, dass p, nicht unbedingt, dass p. Im Unterschied dazu ergibt sich daraus, dass Fritz weiß, dass p, eben schon, dass p. Aus diesen Beobachtungen kann man jedoch nicht schließen, dass wir etwas anderes glauben als wir wissen. Denn offensichtlich kann Fritz glauben, was Maria weiß, Hans hofft und Ulla befürchtet: dass Monika Ulrich liebt. Die Rede von Propositionen führt hier leicht zu der irreführenden Vorstellung, es gäbe ein bestimmtes Objekt, das Gegenstand des Glaubens, nicht aber des Wissens wäre (vgl. (166), S. 45-59).

4.5 Aspekte der Natur von Überzeugungen

Betrachtet man eine entsprechende Überzeugung als notwendige Bedingung für Wissen, so stellt sich natürlich die Frage nach der Natur von Überzeugungen. Ähnlich wie schon im Fall des Wahrheitsbegriffs ist auch das eine Frage, die im vorliegenden Rahmen nicht ausführlich behandelt werden kann - dafür sind die Philosophie des Geistes und die Sprachphilosophie zuständig. Hier können lediglich einige Aspekte, die für die Erkenntnistheorie von besonderer Bedeutung sind, kurz angesprochen werden.

Propositionale Einstellungen

Wir sprechen in zweierlei Hinsicht von Überzeugungen. Zum einen bezeichnen wir als Überzeugung das, *wovon* jemand überzeugt ist, also den *Inhalt* der Überzeugung, oder, wie man sagt: die entsprechende *Proposition*. Wenn wir beispielsweise sagen, dass die Überzeugung von Fritz den Tatsachen entspricht, dann meinen wir, dass das, wovon Fritz überzeugt ist, dem entspricht, was tatsächlich der Fall ist. Zum anderen nennen wir aber auch die spezifische *Einstellung*, die Fritz hier hat, eine Überzeugung. Wir unterscheiden diese Einstellung dann von anderen Einstellungen, die man zu Propositionen haben kann. Fritz ist *überzeugt* davon, dass Maria ihn liebt, er *wünscht* sich deshalb, sie bald wieder zu treffen, *fürchtet* jedoch, ihrem Mann zu begegnen, und *hofft* deshalb, dass dieser bald verreist. Überzeugungen, Wünsche, Befürchtungen, Hoffnungen etc. sind geistige Einstellungen. Das, worauf sie sich beziehen, nennt man, wie gesagt, Propositionen; sie selbst bezeichnet man entsprechend als *propositionale Einstellungen*. Wie im Fall von Überzeugungen bezeichnen wir als „Wünsche", „Befürchtungen" und „Hoffnungen" nicht nur die propositionale Einstellung selbst, sondern auch das Gewünschte, Befürchtete oder Erhoffte, also den jeweiligen Inhalt.

Überzeugungen verschiedenen Inhalts

Überzeugungen unterscheiden sich nicht nur von anderen propositionalen Einstellungen, sie unterscheiden sich auch untereinander. Hier sind vor allem zwei Dimensionen zu nennen. Zum einen unterscheiden sich Überzeugungen bezüglich ihres Inhalts, zum anderen bezüglich ihrer Stärke. Betrachten wir zunächst die erste Dimension etwas genauer. Die Überzeugung, dass Fritz Maria liebt, ist offensichtlich eine andere Überzeugung als die, dass Maria Fritz liebt. Leider ist es nicht immer so klar, ob man es mit einer oder doch eher mit zwei verschiedenen Überzeugungen zu tun hat. Man betrachte etwa

(1) die Überzeugung, dass der Morgenstern hell leuchtet, und
(2) die Überzeugung, dass der Abendstern hell leuchtet.

Bekanntlich ist der Morgenstern der Abendstern - beide Ausdrücke beziehen sich auf den Planeten Venus. Ist deshalb aber auch schon (1) mit (2) identisch? Um diese Frage zu entscheiden, muss man sich nur vor Augen führen, dass es ohne Weiteres möglich ist, die erste Überzeugung zu haben, nicht aber die zweite oder umgekehrt. Fritz kann davon überzeugt sein, dass der Morgenstern hell leuchtet. Wenn er aber nicht weiß, dass der Morgenstern der Abendstern ist, glaubt er deshalb noch lange nicht, dass der Abendstern hell leuchtet. Er könnte sogar ohne Weiteres davon überzeugt sein, dass der Abendstern nicht hell leuchtet. Seine (wahre) Überzeugung, dass der Morgenstern hell leuchtet, schützt ihn jedenfalls vor diesem Irrtum nicht. Wenn man aber die eine Überzeugung haben kann ohne die andere zu haben, muss es sich um zwei verschiedene Überzeugungen handeln.

Extension und Intension

Diese Überlegung sollte uns deshalb zu denken geben, weil die Überzeugungen (1) und (2) sich demnach offenbar im Inhalt unterscheiden müssen. Haben sie aber nicht genau denselben Inhalt, nämlich den, dass die Venus hell leuchtet? Um hier etwas mehr Klarheit zu schaffen, muss man einen kurzen Ausflug in die Sprachphilosophie machen. Betrachten wir also die Frage, was die Bedeutung des Ausdrucks „Morgenstern" ist. Nach Frege muss man hier zwei Dinge unterscheiden (vgl. (128)). Zum einen gibt es den Gegenstand, auf den sich der Ausdruck bezieht, den er uns also „bedeutet". Diesen Gegenstand, die Venus, nennt Frege die *Bedeutung* des Ausdrucks „Morgenstern". Man spricht auch von seiner *Extension*. Davon zu unterscheiden ist das, was Frege den *Sinn* des Ausdrucks „Morgenstern" nennt. Hier spricht man auch von der *Intension* des Ausdrucks. (Man beachte, dass hier von „Intension" die Rede ist, was weder mit der „Intention" im Sinn einer Absicht noch mit der „Intentionalität" im Sinn der Gerichtetheit psychologischer Zustände beziehungsweise sprachlicher Ausdrücke verwechselt werden darf.) Frege erklärt den Sinn als die „Art des Gegebenseins" der Bedeutung, also des Gegenstandes, auf den der Ausdruck Bezug nimmt („referiert"). Der Ausdruck „Morgenstern" „gibt uns", so könnten wir sagen, die Venus als einen Stern, der am Morgen zu sehen ist. Der Ausdruck „Abendstern" gibt uns denselben Gegenstand als einen Stern, der am Abend zu sehen ist.

Wie das *genau* zu verstehen ist und welche alternativen Erklärungen der Intension eines Ausdrucks es gibt, muss und kann hier offen bleiben. Für unsere Zwecke genügt es, sich klar zu machen, dass man bei dem Ausdruck „Morgenstern" die Ebene der Intension und die der Extension unterscheiden muss. Es ist dann nämlich sofort klar, inwiefern in unserem Beispiel die Überzeugungen (1) und (2) den gleichen Inhalt haben und inwiefern nicht: Der Ausdruck „Morgenstern" hat dieselbe Extension (oder Fregesche Bedeutung) wie der Ausdruck „Abendstern", denn beide Ausdrücke beziehen sich auf denselben Gegenstand. Insofern haben beide Überzeugungen denselben Inhalt. Der Ausdruck „Morgenstern" hat aber nicht dieselbe Intension (oder denselben Fregeschen Sinn) wie der Ausdruck „Abendstern", denn ein und derselbe Gegenstand wird auf verschiedene Weisen gegeben. Insofern haben beide Überzeugungen nicht denselben Inhalt.

Was für Ausdrücke, die auf einen einzelnen Gegenstand Bezug nehmen, die schon erwähnten singulären Termini, gilt, lässt sich auf andere Ausdrücke übertragen. Die Extension eines Begriffsworts ist demnach etwa die Menge all der Gegenstände, die unter den entsprechenden Begriff fallen. Die Intension ist wiederum die „Art des Gegebenseins" dieser Gegenstände. Und auch hier kann es vorkommen, dass verschiedene Ausdrücke gleiche Extension, aber verschiedene Intension haben. Die Ausdrücke „lebendiges Lebewesen mit Herz" und „lebendiges Lebewesen mit Niere" beziehen sich (vermutlich) auf genau dieselbe Menge von Objekten. Sie unterscheiden sich jedoch in ihrer Intension.

Intensionale Kontexte

Unser Beispiel macht klar, dass es für die Identität einer Überzeugung nicht nur auf die Extension, sondern auch auf die Intension ankommt. Zwei Überzeugungen unterscheiden sich, wenn sie intensional unterschiedliche Inhalte haben. Man bringt diesen Sachverhalt auch manchmal dadurch zum Ausdruck, dass man sagt, die Sätze, mit denen wir Überzeugungen zuschreiben, würden einen *intensionalen Kontext erzeugen*. Allgemein gilt: Ein Satz erzeugt immer dann einen intensionalen Kontext, wenn es möglich ist, dass sich der Wahrheitswert des Satzes ändert, wenn man einen Teilausdruck des Satzes durch einen anderen Ausdruck mit gleicher Extension ersetzt. Eine Ersetzung extensionsgleicher Ausdrücke *salva veritate* (den Wahrheitswert erhaltend) ist also hier im Allgemeinen nicht möglich. Wenn man in dem Satz „Fritz ist davon überzeugt, dass der Morgenstern hell leuchtet" den Teilausdruck „Morgenstern" durch den extensionsgleichen (koextensiven) Ausdruck „Abendstern" ersetzt, dann kann sich der Wahrheitswert des Satzes, wie wir gesehen haben, ändern. Es ist möglich, dass der ursprüngliche Satz wahr und der geänderte Satz falsch ist oder auch umgekehrt. (Man beachte allerdings, dass es auch eine Lesart der Überzeugungszuschreibung gibt, bei der dies nicht möglich ist. Auf die komplexen Feinheiten der Analyse derartiger Sätze können wir hier nicht weiter eingehen. Vgl. (130).)

Hyperintensionalität

Überzeugungen mit intensional unterschiedlichem Inhalt unterscheiden sich also. Sind dann zumindest Überzeugungen mit gleichem intensionalen Gehalt inhaltlich stets gleich? Das scheint nicht der Fall zu sein. Denken wir dazu noch einmal an das Paradox der Analyse (vgl. Kapitel 3.4): Wir haben dort festgestellt, dass uns nicht alle Bedeutungsgleichheiten bewusst sein müssen. (Man mache sich klar, dass mit „Bedeutungsgleichheit" hier Gleichheit der Intension gemeint ist.) Deshalb kann es selbstverständlich vorkommen, dass jemand etwas in Bezug auf A glaubt, was er in Bezug auf B nicht glaubt, obwohl „A" und „B" bedeutungsgleich sind. Er muss dazu einfach nur die Bedeutungsgleichheit übersehen. Und wie leicht es ist, sich in Bezug auf Bedeutungsgleichheiten zu täuschen, werden wir noch zur Genüge sehen, wenn wir uns die weiteren Wissensbedingungen näher ansehen. Zwei Überzeugungen können sich daher inhaltlich unterscheiden, obwohl sie denselben intensionalen Gehalt haben. Man bringt diese Eigenschaft zum Ausdruck, indem man sagt, Überzeugungen seien *hyperintensional*. (Wenn man Propositionen als Mengen möglicher Welten charakterisieren möchte, ist das ein grundlegendes Problem. Vgl. (157), (158).) Auch damit ist jedoch noch nicht alles über die mögliche Verschiedenheit von Überzeugungsinhalten gesagt. Wir werden im sechsten Kapitel (6.4) auf einen weiteren wichtigen Aspekt zu sprechen kommen.

Überzeugungen verschiedener Stärke

Überzeugungen unterscheiden sich also zum einen in Bezug auf ihren Inhalt. Die zweite Dimension, in der sich Überzeugungen unterscheiden, ist ihre Stärke. Ich kann von etwas so einigermaßen überzeugt sein, fest überzeugt oder auch absolut oder felsenfest überzeugt sein. Im Prinzip sind hier sogar unendlich viele Zwischenstufen denkbar. Wie könnten wir diese begrifflich fassen? Ein verbreiteter Ansatz ist es hier, Überzeugungsgrade mit *subjektiven Wahrscheinlichkeiten* zu identifizieren (vgl. (148)). Wenn ich mir beispielsweise absolut gewiss bin, dass das Ereignis P eintreten wird, so schreibe ich dem Ereignis P die subjektive Wahrscheinlichkeit 1 zu. Gehe ich davon aus, dass es genauso gut sein kann, dass P eintritt wie dass P nicht eintritt, so schreibe ich dem Ereignis P die subjektive Wahrscheinlichkeit 0,5 zu usw. Natürlich würden wir nur bis zu einer gewissen Grenzwahrscheinlichkeit von einer Überzeugung sprechen. Wenn jemand beispielsweise der Ansicht ist, dass das Ereignis P mit einer Wahrscheinlichkeit von 0,2 eintreten wird, so wird man kaum von ihm sagen können, er sei noch davon überzeugt, dass P eintreten wird. Aber von dieser Beschränkung sieht man meistens ab. Es stellt eben eine starke Idealisierung dar, wenn wir glauben, die Stärke einer Überzeugung durch die Angabe einer Zahl zwischen 0 und 1 erfassen zu können. Tatsächlich ist es meistens auch wenig sinnvoll, beispielsweise zwischen Überzeugungen mit der Stärke 0,324 und 0,325 zu unterscheiden. Die Exaktheit der Zahlen hat nicht wirklich ein Gegenstück im Grad unserer Überzeugungen. Die Idealisierung hilft aber in vielen Bereichen der theoretischen Untersuchung von Überzeugungen. Als Beispiel sei hier nur die Erklärung des so genannten „Vorwort-Paradoxes“ genannt (vgl. (140)):

Das Vorwortparadox

Im Vorwort schreibt ein Autor bescheiden, dass sein Buch sicherlich auch einige falsche Aussagen enthält. Dennoch ist der Autor natürlich in Bezug auf jede einzelne Aussage von deren Wahrheit überzeugt - er würde sie sonst ja nicht in sein Buch schreiben. Es scheint also, als wäre der Autor von den Aussagen A, B, C, usw. überzeugt, nicht aber von der Aussage „A und B und C ...“ Das aber ist paradox. Der Anschein der Paradoxie verschwindet, wenn man sich klar macht, dass Glauben eine Sache des Grades ist. Nehmen wir an, die Tatsache, dass der Autor jede einzelne Aussage für wahr hält, ließe sich so beschreiben, dass er jeder Aussage eine subjektive Wahrscheinlichkeit von 0,95, also eine sehr hohe Wahrscheinlichkeit zuordnet. Dann ergibt sich bereits für die Möglichkeit, dass 20 (voneinander unabhängige) Aussagen richtig sind, eine subjektive Wahrscheinlichkeit von weit weniger als 0,5 (0,95 mal 0,95 mal 0,95 ...). Dementsprechend ist es nur konsistent, wenn der Autor der Aussage, dass alle seine Aussagen richtig sind, eine sehr geringe subjektive Wahrscheinlichkeit beziehungsweise der Aussage, dass nicht alle richtig sind, eine hohe subjektive Wahrscheinlichkeit zuordnet. So verschwindet die Paradoxie.

Überzeugungen und Dispositionen

Wir haben nun etwas genauer dargestellt, wie man Überzeugungen voneinander unterscheidet. Wie stellt man aber fest, ob eine Person eine bestimmte Überzeugung hat oder nicht? Hier macht man sich eine wichtige Eigenschaft von Überzeugungen zu Nutze: Überzeugungen sind mit charakteristischen Dispositionen verbunden (vgl. (149), 5. Kapitel). Wenn Fritz beispielsweise glaubt, dass der Genuss der Weinsorte „Winzerstolz“ Kopfschmerzen verursacht, dann wird er es normalerweise vermeiden, diese Weinsorte zu trinken, er wird Freunden vom Kauf derselben abraten, er wird auf die Frage, ob er Winzerstolz für gut verträglich hält, mit „Nein“ antworten usw. Es geht hier zunächst einmal nicht darum, was Fritz wirklich tut, sondern darum, was er unter bestimmten Umständen typischerweise tun würde, wozu er also disponiert ist. Jemand kann überzeugt davon sein, dass Winzerstolz Kopfschmerzen verursacht, ohne jemals jemanden vom Genuss desselben abzuhalten. Es kann ja sein, dass sich nie eine entsprechende Gelegenheit ergibt. Wenn aber Fritz seinem Freund Kuno, dem er nichts Böses will, Winzerstolz anbietet, dann ist das ein Indiz dafür, dass er nicht glaubt, dass der Wein schlecht verträglich ist.

Die Verbindung zwischen Überzeugungen und entsprechenden Dispositionen erlaubt es uns häufig festzustellen, welche Überzeugungen unsere Mitmenschen haben und welche nicht. Wenn beispielsweise eine Person auf einen wartenden Bus zuhastet, dann kann man normalerweise davon ausgehen, dass die Person davon überzeugt ist, dass der Bus bald abfahren wird. Natürlich unterstellen wir dabei bereits vieles: dass die Person viele andere Überzeugungen und Wünsche hat, etwa die Überzeugung, dass Busse dazu da sind, Personen zu befördern, den Wunsch befördert zu werden etc.; weiterhin müssen wir annehmen, dass die entsprechenden Überzeugungen der Person einigermaßen richtig sind und dass die Person halbwegs rational ist. Wie wir im sechsten Kapitel noch ausführlich sehen werden, lässt sich aus diesen Beobachtungen im Kampf mit dem Skeptiker Kapital schlagen (vgl. Kapitel 6.4).

Was soll man sagen, wenn jemand die für eine Überzeugung typischen Dispositionen nur teilweise aufweist? Nehmen wir an, Fritz behauptet, dass Winzerstolz gut schmeckt und verträglich ist. Dennoch rät er Freunden vom Kauf des Weines ab und wählt selbst stets andere Weine (obwohl der Wein nicht teuer ist etc.). In dieser Situation können wir entweder sagen, dass Fritz *eigentlich* glaubt, dass Winzerstolz ein guter Wein ist, obwohl er sich in bestimmten Situationen nicht entsprechend verhält. Oder wir können sagen, dass er *eigentlich* keine entsprechende Überzeugung hat, obwohl er sagt, er hätte sie. Welche Alternative wir wählen, hängt davon ab, wo der Schwerpunkt liegt: Hat Fritz nahezu alle Dispositionen die mit der entsprechenden Überzeugung normalerweise verbunden sind, so betrachten wir das Fehlen einzelner Dispositionen als Ausnahme und schreiben die Überzeugung zu - das Wort „eigentlich" signalisiert dann gerade, dass wir nur mit Ausnahmen zu rechnen haben. Weist Fritz dagegen nur einige wenige der typischen Dispositionen auf, machen wir diese als Ausnahme kenntlich, indem wir sagen, dass Fritz *eigentlich* nicht über die entsprechende Überzeugung verfügt. Hat eine Person schließlich in gleichem Maße passende wie nicht passende Dispositionen, so wissen wir nicht, was wir sagen sollen.

Noch einmal die Radford-Beispiele

Diese Überlegungen werfen nochmals etwas Licht auf die beiden Beispiele, die wir im letzten Abschnitt besprochen haben. Wir hatten dort den Quizteilnehmer kennen gelernt, der die richtige Antwort auf die Frage nach dem Beginn des Dreißigjährigen Krieges gibt, obwohl er sich nicht sicher ist und sich selbst keine entsprechende Überzeugung zuschreiben würde. Und wir haben die Bibliothekarin betrachtet, die sich ebenfalls unsicher ist, aber die richtige Antwort auf die Frage nach dem Verbleib bestimmter Bücher gibt. Bei diesen Beispielen haben wir es gerade mit Fällen zu tun, bei denen nicht klar ist, ob entsprechende Überzeugungen zugeschrieben werden sollen oder nicht, weil die Personen offensichtlich nicht alle typischen Dispositionen aufweisen. Es ist unserer Phantasie überlassen, die Beispiele weiter auszuschmücken. Je nachdem, ob wir im nicht beschriebenen Teil der Beispiele eher passende oder eher unpassende Dispositionen vermuten, werden wir dazu neigen, Überzeugungen zuzuschreiben oder nicht. Wichtig ist jedoch vor allem das Folgende: Dass eine Person sich bezüglich einer Sache sicher ist, wenn man sie danach fragt, ist *ein*, aber auch nur ein Indiz für die entsprechende Überzeugung. Es kann sein, dass eine Person sich völlig sicher in Bezug auf den Sachverhalt, dass p, ist und wir ihr dennoch alles in allem *keine* entsprechende Überzeugung zuschreiben wollen. Umgekehrt kann es aber eben auch sein, dass eine Person sich in Bezug auf eine Sache unsicher ist, wir aber dennoch zu Recht sagen, sie sei (eigentlich) überzeugt von dieser Sache. Es kommt auf das Gesamtbild an. Ein Beispiel, in dem eine Person sich unsicher in Bezug auf den Sachverhalt, dass p, ist, zeigt jedenfalls nicht unbedingt, dass die Person nicht davon überzeugt ist, dass p. Die Beispiele von Radford sind insofern nicht ausführlich genug beschrieben.

Das etwas vage Verhältnis zwischen dem Gefühl der Sicherheit und dem Vorliegen einer entsprechenden Überzeugung überträgt sich auf das Verhältnis zwischen dem Gefühl der Sicherheit und Wissen. Der Wissende wird typischerweise in bestimmten Situationen ein Gefühl der Sicherheit verspüren. Aber das schließt nicht aus, dass sich dieses Gefühl manchmal nicht einstellt, obwohl die Person *eigentlich* über entsprechendes Wissen verfügt. Die Beispiele von Radford zeigen, dass ein Gefühl der Sicherheit nicht notwendig für Wissen ist. Sie zeigen nicht, dass eine entsprechende Überzeugung nicht notwendig für Wissen ist.

Was sind Überzeugungen?

Soll man aufgrund der vorangegangenen Überlegungen sagen, dass Überzeugungen nichts anderes als bestimmte Dispositionen sind? Diese These ist mit verschiedenen Schwierigkeiten konfrontiert. Die vielleicht wichtigste besteht darin, dass wir die Überzeugungen eher für die *Grundlage* von Dispositionen halten, sie aber nicht mit diesen identifizieren. Personen weisen bestimmte Dispositionen auf, *weil* sie bestimmte Überzeugungen haben. Jemand, der glaubt, dass Schlangen gefährlich sind, wird sich normalerweise von diesen fernhalten. Aber sollte man sagen deshalb sagen, dass die Überzeugung, Schlangen seien gefährlich, nichts anderes ist als das Vorhandensein dieser und einiger weiterer Dispositionen? Hier stellt sich auch die keineswegs leicht zu beantwortende Frage, *welche* Dispositionen mit dem Besitz einer Überzeugung identifiziert werden können. Außerdem ist der Begriff der Disposition selbst klärungsbedürftig. Aber auch die These, dass Überzeugungen die Grundlage von Dispositionen sind, ist nicht unproblematisch. Denn es stellt sich unmittelbar die Frage nach deren Realisierung. Sind etwa bestimmte Gehirnzustände für unsere Dispositionen verantwortlich und somit die „eigentlichen" Überzeugungen? Sind Überzeugungen vielleicht neuronal realisierte, satzartige Strukturen (vgl. (127))? Oder sollte man den Begriff der Überzeugung besser gleich ganz aus unseren Erklärungen intelligenten Verhaltens verbannen (vgl. (160))? Handelt es sich um ein Konzept aus der „folk psychology“, das zwar im Alltag einen gewissen Wert hat, für die Wissenschaft aber letztlich unbrauchbar ist (vgl. dazu (119), (124))? All diese Fragen, die sich im Hinblick auf den Begriff der Überzeugung ergeben, werden in der Philosophie des Geistes diskutiert. Wir können sie hier nicht weiter verfolgen und müssen uns auf die philosophische Arbeitsteilung verlassen.

4.6 Auf einen Blick, Literaturhinweise, Fragen und Übungen

Auf einen Blick

Wir verwenden verschiedene Formulierungen, um Wissen zuzuschreiben. Wie sich zeigt, ist dabei die Formulierung „S weiß, dass p" grundlegend. Dementsprechend beschränkt man sich bei der Analyse des Wissensbegriffs zumeist auf die Untersuchung dieser Formulierung. Manche Philosophen betrachten das Wissen-wie und das X-wissen als eigene Wissensformen. Und tatsächlich sind manche Wissensinhalte schwer in die Form „S weiß, dass p" zu bringen. Man kann sich hier jedoch mit dem Geben von Beispielen behelfen. Insbesondere bei der Erkenntnis durch Kunst spielt das eine wesentliche Rolle.

Der Satz „S weiß, dass p" ist nur dann wahr, wenn es tatsächlich der Fall ist, dass p. Wahrheit ist demnach eine notwendige Bedingung für Wissen. Diese Bedingung ist (weitgehend) unkontrovers.

Wie der Begriff der Wahrheit zu analysieren ist, ist dagegen umstritten. Schon die Frage, *was* wahr oder falsch sein kann – Sätze, Behauptungen, Überzeugungen, Inhalte – wird unterschiedlich beantwortet. Prinzipiell lassen sich zwei Klassen von Wahrheitstheorien unterscheiden. Den einen zufolge ist der Wahrheitsbegriff kein substanzieller Begriff (deflationistische Auffassungen von Wahrheit). Das Wahrheitsprädikat gilt hier als redundant (Redundanztheorie), als sprachliches Instrument mit rein performativer Funktion oder als Mittel zur Tilgung von Anführungszeichen (Disquotationstheorie). Den anderen Wahrheitstheorien zufolge ist der Wahrheitsbegriff ein substanzieller Begriff. Er wird mit Hilfe von metaphysischen Begriffen (Korrespondenztheorie), erkenntnistheoretischen Begriffen (epistemische Wahrheitstheorien) oder pragmatistisch expliziert. Vertreter epistemischer Theorien halten die Vorstellung von einer prinzipiell unerkennbaren Wahrheit für unsinnig (Antirealismus). Ihrer Ansicht nach ist Wahrheit auf unser (idealisiertes) Erkenntnisvermögen, auf den Konsens der Erkennenden (Konsenstheorie der Wahrheit) oder auf die Kohärenz zwischen Überzeugungen (Kohärenztheorie der Wahrheit) bezogen.

Eine zweite notwendige Bedingung für Wissen scheint das Vorliegen einer entsprechenden Überzeugung zu sein. Welcher Art die Überzeugung genau sein muss, ist nicht leicht zu sagen. Gewissheit (weder persönliche noch sachliche) ist offensichtlich jedoch nicht gefordert. Gegen die Überzeugungsbedingung sprechen prima facie die Beispiele Radfords. Man kann diese Beispiele aber auch angemessen deuten, ohne die Überzeugungsbedingung aufzugeben.

Überzeugungen unterscheiden sich von anderen propositionalen Einstellungen (Wünsche, Befürchtungen etc.) und untereinander. Bei der Unterscheidung verschiedener Überzeugungen sind zwei Aspekte zu berücksichtigen: der Inhalt und die Stärke von Überzeugungen. Inhaltlich können sich Überzeugungen extensional und intensional unterscheiden. Sogar Überzeugungen mit gleichem intensionalen Gehalt können verschieden sein (Hyperintensionalität). Die Stärke von Überzeugungen wird durch subjektive Wahrscheinlichkeiten modelliert. Auf diese Weise lässt sich dann beispielsweise das Vorwortparadox auflösen. Die Tatsache, dass Überzeugungen mit bestimmten Dispositionen verbunden sind, ist von großer Bedeutung für die Analyse der Radford-Beispiele. Die Frage nach der Natur von Überzeugungen ist damit jedoch nicht beantwortet.

Literaturhinweise

Wer sich genauer mit den verschiedenen Wissens-Formulierungen auseinandersetzen möchte, sei auf die hervorragende Studie von White (166) verwiesen (vgl. auch (156a)). Zur Auseinandersetzung mit dem Thema „Wahrheit" vgl. (118), (136), (146a), (152) und (153). Im Literaturverzeichnis findet man weitere Klassiker der Wahrheitstheorie sowie aktuelle Beiträge. Die Radford-Beispiele stammen aus (146). Nützlich zur Einführung in die Sprachphilosophie sind (139), (142) und (164). Dort findet man insbesondere weiterführende Literaturangaben. Als Einführung in die Philosophie des Geistes vgl. (116). Zum Zusammenhang zwischen Sprachphilosophie und Philosophie des Geistes sei (141) empfohlen.

Fragen und Übungen

1. Mit welchen Formulierungen schreiben wir Wissen zu? Welche sind grundlegend, welche nicht? Warum?
2. Warum kann man wissen, dass S weiß, ob p, auch wenn man nicht weiß, ob p? Warum kann man nicht wissen, dass S weiß, dass p, wenn man nicht weiß, dass p?
3. Wie kann ein Bild Erkenntnisse vermitteln? (Vergleichen Sie diesbezüglich einmal Passbilder und abstrakte Kunst.)
4. Überlegen Sie: Warum genau lässt sich „Kennen" nicht immer auf „Wissen-dass" zurückführen? Finden sie Beispiele, bei denen es doch eindeutig geht.
5. Was kann überhaupt wahr oder falsch sein? (Was könnte für und gegen die verschiedenen Optionen sprechen?)
6. Warum ist das Prädikat „ist wahr" offensichtlich nicht ganz unnötig?
7. Mit welchen Problemen hat die Disquotationstheorie der Wahrheit zu kämpfen?
8. Maria: „Was Fritz gleich sagt, ist wahr." – Was muss Fritz gleich sagen, um eine Paradoxie zu erzeugen?
9. Ein größeres Thema: Wittgenstein hat mit seiner Bildtheorie eine Antwort auf die zentralen Fragen der Korrespondenzauffassung von Wahrheit geliefert (vgl. (167)). Informieren Sie sich über seinen Ansatz und diskutieren Sie ihn!
10. Fertigen Sie ein Baumdiagramm an, in dem sie die verschiedenen Wahrheitstheorien einordnen!

11. Inwiefern bestreiten die Anhänger epistemischer Wahrheitstheorien die Objektivität der Wahrheit, inwiefern nicht?

12. Überlegen Sie: Warum macht es die Auseinandersetzung mit dem Skeptiker einfacher, wenn man eine epistemische Wahrheitskonzeption zugrunde legt?

13. Inwiefern schließen Glauben und Wissen sich aus, inwiefern nicht? Vergleichen Sie: Inwiefern ist das Bessere der Feind (der Gegensatz) des Guten, inwiefern nicht?

14. Überlegen Sie sich weitere Beispiele im Sinne Radfords und testen Sie Ihre Intuitionen daran!

15. Was heißt „einen intensionalen Kontext erzeugen“?

16. Nehmen wir an, Fritz glaubt, dass Maria einen Hund hat. Er weiß aber nicht, dass Maria die Tante von Monika ist. Inwiefern kann man trotzdem sagen, dass Fritz glaubt, dass die Tante von Monika einen Hund hat? (Vertiefen Sie das Thema beispielsweise anhand von (130).)

17. Erklären Sie, warum das Paradox der Analyse für die Hyperintensionalität von Überzeugungen spricht!

18. Überlegen Sie: Unter welchen Umständen ist es leicht, exakte Überzeugungsgrade zuzuschreiben?

19. Charakterisieren Sie das Verhältnis zwischen Wissen und Gewissheit!

20. Sind Überzeugungen nichts anderes als bestimmte Dispositionen?

5. Wissen und Rechtfertigung

Überblick

In diesem Kapitel geht es zunächst um die Standardanalyse von Wissen – Wissen als wahre, gerechtfertigte Überzeugung – und um das Hauptproblem, das diese Analyse aufwirft: das Gettier-Problem. Es werden zwei Arten von Rechtfertigung unterschieden und die Verbindung zum Begriff der Rationalität erläutert. Schließlich werden Versuche diskutiert, die Rechtfertigungsbedingung so zu modifizieren, dass sie nicht mehr anfällig für das Gettier-Problem ist. Das erweist sich als schwierig.

5.1 Die Standardanalyse von Wissen und das Gettier-Problem

Das Wahrsager-Beispiel

Gehen wir einmal davon aus, dass die beiden im letzten Kapitel diskutierten Bedingungen, die Wahrheits- und die Überzeugungsbedingung, tatsächlich notwendig für Wissen sind. Sind sie zusammen genommen auch schon hinreichend? Dass das nicht der Fall ist, kann man sich, wie es scheint, an einfachen Beispielen klar machen. Nehmen wir an, Peter glaubt, dass Heidi ihn liebt. Er ist sogar vollkommen überzeugt davon. Der Grund dafür ist jedoch nicht, dass Heidi sich ihm gegenüber irgendwie besonders freundlich benommen hätte. Sie benahm sich sogar eher abweisend. Der einzige Grund, warum Peter glaubt, dass Heidi ihn liebt, ist vielmehr, dass ein Wahrsager ihm das gesagt hat und Peter volles Vertrauen in die Magie hat. Nehmen wir einmal an, dass der Wahrsager tatsächlich ausnahmsweise Recht hat: Heidi liebt Peter wirklich, auch wenn sie es nicht zeigen will. Unter diesen Umständen muss man sagen, dass Peter die wahre Überzeugung hat, dass Heidi ihn liebt. Aber ganz sicher kann man nicht sagen, dass er *weiß*, dass Heidi ihn liebt. Die beiden bisher genannten Bedingungen mögen also notwendig sein; hinreichend sind sie nicht.

Die Standardanalyse von Wissen

Wenn man sich überlegt, warum man Peter unter den geschilderten Umständen kein Wissen zuschreiben möchte, so kommt man sehr schnell auf den Gedanken, dass es ihm an einer Rechtfertigung für seine Überzeugung fehlt. Er stützt die Überzeugung, dass Heidi ihn liebt, auf die Aussage des Wahrsagers. Aber Wahrsager sind notorisch unzuverlässig. Peter hat also keinen guten Grund, an die Liebe Heidis zu glauben. Seine Überzeugung ist nur *zufälligerweise* wahr. Und darum schreiben wir ihm kein Wissen zu. Es liegt deshalb nahe, als dritte notwendige Bedingung für Wissen zu fordern, dass die Person S, um deren Wissen es geht, in der entsprechenden Überzeugung *gerechtfertigt* sein muss. Wir kommen damit zu folgender Wissensdefinition, die man gelegentlich auch als die *Standardanalyse von Wissen* bezeichnet:

Beachte

Definition 1: Person S weiß, dass p, genau dann, wenn es (1) der Fall ist, dass p, wenn (2) S davon überzeugt ist, dass p, und wenn (3) S in dieser Überzeugung gerechtfertigt ist.

Diese Analyse schließt Fälle wie das Wahrsager-Beispiel aus. Haben wir damit auch schon eine Analyse gefunden, die gegen *alle* Gegenbeispiele immun ist? Ist Wissen nichts anderes als wahre, gerechtfertigte Überzeugung?

Wissen bei Platon

Bevor wir dieser Frage weiter nachgehen, sollten wir uns vor Augen führen, dass die Standardanalyse von Wissen sehr nahe an dem zu sein scheint, was bereits Platon als Erläuterung des Wissensbegriffs erwog, vielleicht sogar akzeptierte (vgl. (199), Theätet 201c–202d, Menon 97e–98a und Politeia V 476c–480a, aber Theätet 210a–b). Auch er war der Ansicht, dass Wissen mehr ist als wahre Überzeugung. Seine Gründe für diese Ansicht beruhen allerdings weniger auf Beispielen wie unserem Wahrsager-Beispiel (vgl. aber (199), Theätet 201a–c). Vielmehr stellt er fest, dass wir von einem Menschen, der beispielsweise einen einzelnen mathematischen Satz aufgeschnappt hat, nicht sagen würden, er habe mathematisches Wissen. Erst wenn er in der Lage dazu ist, ausreichende mathematische Erklärungen abzugeben, schreiben wir ihm solches Wissen zu (vgl. (199), Theätet 207e–208a). Weiterhin stellt Platon fest, dass der Wissende, anders als derjenige, der lediglich eine wahre Überzeugung hat, nicht so leicht von seiner entsprechenden Ansicht abgebracht werden kann. Wissen ist „stabiler" und deshalb auch wertvoller als wahre Überzeugung (vgl. (199), Menon 97d–98a). (Die Frage nach dem Wert von Wissen wird in der gegenwärtigen Erkenntnistheorie viel diskutiert. Vgl. (192a), (185a), (200a).) Die Beobachtungen Platons sprechen gegen die Identifikation von Wissen mit wahrer Überzeugung. Die Rechtfertigungsbedingung kann dann als ein Versuch gelten, den Unterschied zwischen beiden zu charakterisieren.

Ob Platon genau dieser Charakterisierung zugestimmt hätte, ist allerdings umstritten. Darüber hinaus müssen wir beachten, dass Platon, wenn er von „episteme" spricht, nicht unbedingt genau dasselbe meint, was wir mit „Wissen" meinen, selbst wenn das Wort „Wissen" die beste Übersetzung für „episteme" ist. Das sieht man allein schon daran, dass Platon beispielsweise der Ansicht war, dass man prinzipiell nichts über die veränderliche Welt wissen kann (vgl. (199), Politeia V 478a–d, VI 484b). Wissen kann es nur von Ideen geben. Platon hat also einen sehr anspruchsvollen Wissensbegriff vor Augen. Wenn wir heute die Natur des Wissens untersuchen, interessieren wir uns dagegen zunächst einmal nicht für ein spezielles „philosophisches" oder „wissenschaftliches" Wissen, sondern für Wissen, wie wir es beanspruchen, wenn wir beispielsweise sagen, dass wir wissen, wie wir heißen. Man könnte auch sagen: Es geht uns nicht um Weisheit oder Kennerschaft, sondern um einfaches Wissen. Insofern würden wir von einem Menschen, der einen einzelnen mathematischen Satz aufgeschnappt hat, durchaus vielleicht sagen, dass er (eben sehr beschränktes) mathematisches Wissen erworben hat - etwa, wenn er gute Gründe hat, seinem Informanten zu trauen -, selbst wenn dieser Mensch von Mathematik im allgemeinen überhaupt nichts versteht. Wissen nicht sehr viele Menschen, dass $E=mc^2$, auch wenn sie von Physik keine Ahnung haben?

Das Gettier-Problem

Die Standardanalyse von Wissen repräsentiert das, was man als die „selbstverständliche" Antwort auf die Frage nach der Natur des Wissens bezeichnen könnte. Fast jeder stimmt dieser Analyse nach kurzem Nachdenken zu. Wie sieht es aber aus, wenn man etwas länger nachdenkt? Ist Wissen tatsächlich nichts anderes als wahre, gerechtfertigte Überzeugung? Dass diese Bedingungen zusammengenommen immer noch nicht hinreichend sind, behauptet Edmund L. Gettier in einem berühmten Aufsatz (vgl. (180)). Er stützt seine Behauptung auf die folgenden beiden Beispiele:

Gettiers Smith-Beispiele

1. Nehmen wir an, Smith und Jones bewerben sich um einen Posten in einer Firma. Smith hat gute Gründe zu glauben, dass Jones den Posten bekommen wird. (Der Chef der Firma hat so etwas angedeutet, Jones ist besser qualifiziert etc.) Weiterhin hat Smith gute Gründe zu glauben, dass Jones zehn Münzen in seiner Tasche hat. (Er hat beispielsweise gesehen, wie Jones zehn Münzen in die Tasche gesteckt hat.) Smith kommt auf dieser Grundlage zu dem Schluss, dass derjenige, der den Posten bekommen wird, zehn Münzen in der Tasche hat. Auch dafür hat er unter den beschriebenen Umständen offensichtlich gute Gründe. Nun ist es aber, ohne dass Smith davon das Geringste ahnt, so, dass letztlich doch er, Smith, den Posten bekommen wird. Zudem hat Smith zufälligerweise ebenfalls zehn Münzen in der Tasche (wovon er aber nichts weiß), so dass tatsächlich derjenige, der den Posten bekommen wird, zehn Münzen in der Tasche hat. Smith hat also alles in allem eine wahre, gerechtfertigte Überzeugung, aber wir würden sicherlich nicht sagen, dass Smith *weiß*, dass derjenige, der den Posten bekommen wird, zehn Münzen in der Tasche hat. Dementsprechend können die genannten drei Bedingungen nicht als hinreichend für Wissen angesehen werden.
2. Den gleichen Punkt macht folgendes Beispiel deutlich. Jetzt hat Smith gute Gründe zu glauben, dass Jones einen Ford besitzt. Er schließt daraus, dass Jones einen Ford besitzt oder Brown in Barcelona ist. (Aus „A" folgt logisch „A oder B".) Tatsächlich ist es wahr, dass Jones einen Ford besitzt oder Brown in Barcelona ist, allerdings nicht, weil Jones einen Ford besitzt

– die Gründe von Smith waren irreführend; Jones besitzt gar keinen Ford –, sondern weil Brown in Barcelona ist. Wieder hat Smith also eine wahre, gerechtfertigte Überzeugung, die nicht als Wissen gelten kann.

Kein Wissen durch Glück im Unglück!

Die beiden Beispiele zeichnen sich dadurch aus, dass jemand durch Glück im Unglück zu einer wahren Überzeugung kommt: Wäre kein Unglück im Spiel, so würden die Gründe der Person diese „aus eigener Kraft" zu einer wahren Überzeugung führen. Wäre kein Glück im Spiel, so würden die Gründe der Person diese zu einer falschen Überzeugung führen (vgl. (171), S. 75, 76, (212)). Wir sprechen nicht von Wissen, weil wir es, wie schon im Wahrsager-Beispiel, mit einer *zufälligerweise* wahren Überzeugung zu tun haben. Als *Gettier-Beispiele* werden wir im Folgenden alle Beispiele bezeichnen, bei denen jemand in dieser Weise durch Glück im Unglück zu einer wahren Überzeugung kommt.

Die beiden Beispiele Gettiers waren der Ausgangspunkt für eine intensive Suche nach einer adäquaten Definition von Wissen. Und liegt es nicht nahe, zu vermuten, dass es eine solche Definition geben muss? Haben wir nicht das Gefühl, ganz nahe dran zu sein? Sind die beiden Beispiele von Gettier nicht einfach seltsame Ausnahmen, „technische Spielereien", die durch eine einfache Korrektur der Definition ausgeschlossen werden können? Wir werden sehen!

5.2 Rechtfertigung und Rationalität

Die Beispiele Gettiers zeigen, dass die Standardanalyse einer Korrektur bedarf. Bevor man sich allerdings daran macht, eine solche Korrektur vorzunehmen, sollte man sich etwas genauer vor Augen führen, was die Standardanalyse eigentlich genau fordert. Wir haben bereits über die Wahrheits- und über die Überzeugungsbedingung nachgedacht. Was aber ist genau unter „Rechtfertigung" zu verstehen?

Persönliche Rechtfertigung

Betrachten wir dazu noch einmal, inwiefern man von Smith sagen kann, er sei darin gerechtfertigt, zu glauben, dass derjenige, der den Posten bekommen wird, zehn Münzen in der Tasche hat. Fest steht, dass Smith nicht *irrational* ist, indem er zu dieser Überzeugung kommt. Er macht nichts falsch oder, wie man auch sagen kann: Er verhält sich *epistemisch verantwortlich*. Das wäre anders, wenn nach Smiths Ansicht gute Gründe gegen die Überzeugung sprechen würden, dass derjenige, der den Posten bekommen wird, zehn Münzen in der Tasche hat. Dann könnten wir ihm Vorwürfe dafür machen, dass er sich diese Überzeugung zu eigen macht. Er würde seinen *epistemischen Pflichten* nicht nachkommen. So aber hat weder er sich selbst noch wir ihm etwas vorzuwerfen. Wir können darum sagen, dass Smith in diesem Beispiel *persönlich gerechtfertigt* ist.

Gründe sind Tatsachen

Von der persönlichen Rechtfertigung ist eine andere Form der Rechtfertigung zu unterscheiden. So muss man zwar sagen, dass *Smith* darin gerechtfertigt ist, zu glauben, dass derjenige, der den Posten bekommen wird, zehn Münzen in der Tasche hat. Man wird jedoch nicht sagen, dass das, was Smith als Rechtfertigung für seine Überzeugung anführt, *diese Überzeugung* tatsächlich rechtfertigt. Zur Klärung dieses Gedankens ist es nützlich, wenn man sich einige wichtige Eigenschaften von Gründen vergegenwärtigt. Ein Grund ist etwas, was für etwas anderes spricht. Wir führen Gründe üblicherweise mit Sätzen der Form „x, weil y“ an, beispielsweise „Fritz spannte den Regenschirm auf, weil es zu regnen begonnen hatte“. Derartige Weil-Sätze sind aber in doppelter Weise *faktiv*, das heißt: Ein Satz der Form „x, weil y“ kann nur wahr sein, wenn sowohl x als auch y Tatsachen bezeichnen. Wenn Fritz den Regenschirm nicht aufgespannt hat, ist unser Beispielsatz falsch; wenn es nicht begonnen hat zu regnen, ebenfalls. Daraus ergibt sich aber eine wichtige Eigenschaft von Gründen: Gründe sind Tatsachen. Etwas, was nicht der Fall ist, kann nämlich nicht (wahrheitsgemäß) in einem Weil-Satz angeführt werden. Diese Einsicht passt zu unserer ersten Erläuterung eines Grundes, denn etwas, was nicht der Fall ist, kann auch nicht dafür sprechen, dass etwas anderes der Fall ist. (Man beachte allerdings, dass diese Auffassung von Gründen nicht unumstritten ist. Warum, wird beispielsweise in (169) beschrieben.)

Sachliche Rechtfertigung

Auf dieser Grundlage wird es aber sofort deutlich, warum Smith nicht über eine adäquate Rechtfertigung für seine Überzeugung verfügt, dass derjenige, der den Posten bekommen wird, zehn Münzen in der Tasche hat. Eine Rechtfertigung hat, wer geeignete Gründe angeben kann. Smith würde aber als Grund für die genannte Überzeugung unter anderem anführen, dass Jones den Posten bekommen wird. Das aber ist nicht wahr. Dass Jones, der zehn Münzen in der Tasche hat, den Posten bekommen wird, kann nicht dafür sprechen, dass derjenige, der den Posten bekommen wird, zehn Münzen in der Tasche hat, denn *Jones wird den Posten nicht bekommen*. Es ist schlicht nicht wahr, dass derjenige, der den Posten bekommen wird, zehn Münzen in der Tasche hat, *weil* Jones den Posten bekommen wird und Jones zehn Münzen in der Tasche hat. Kurz gesagt: Smith hat eben keine guten Gründe für seine Überzeugung, und insofern kann man durchaus sagen, dass Smith keine wahre *gerechtfertigte* Überzeugung hat. Es fehlt ihm, wie wir sagen können, an einer *sachlichen Rechtfertigung*. (Die Unterscheidung zwischen persönlicher und sachlicher Rechtfertigung orientiert sich an der von Kornblith und Fogelin eingeführten Unterscheidung zwischen „epistemic responsibility“ und „adequate grounding“. Vgl. (192), (177).)

Diese Überlegungen zeigen, wie wir die Standardanalyse verstehen müssen, damit die Beispiele Gettiers tatsächlich das Gewünschte zeigen:

Beachte

Definition 1a: Person S weiß, dass p, genau dann, wenn es (1) der Fall ist, dass p, wenn (2) S davon überzeugt ist, dass p, und wenn (3) S *persönlich gerechtfertigt* ist zu glauben, dass p.

Würde die Standardanalyse nämlich eine *sachliche Rechtfertigung* fordern, so könnten wir von den Personen in den beiden Gettier-Beispielen nicht sagen, dass sie über eine wahre, gerechtfertigte Überzeugung verfügen.

Rechtfertigung und Rationalität

Wann genau können wir von jemandem sagen, er sei persönlich gerechtfertigt darin, etwas Bestimmtes zu glauben? Wann wird er seinen epistemischen Verpflichtungen gerecht? Eine erste, nicht sehr erhellende Antwort wäre die: Jemand ist darin gerechtfertigt, eine bestimmte Überzeugung zu erwerben, wenn es für ihn *vernünftig* oder *rational* ist, diese Überzeugung zu erwerben. Diese Antwort ist nicht sehr erhellend, weil die Begriffe der Vernünftigkeit beziehungsweise Rationalität ebenso klärungsbedürftig sind wie der Begriff der Rechtfertigung. Immerhin wird aber deutlich, dass persönliche Rechtfertigung etwas mit der Rationalität der Person zu tun hat.

Rechtfertigung als Konsistenz

Der Begriff der Rationalität ist vielschichtig. Betrachten wir einige Aspekte. Zunächst einmal ist darauf hinzuweisen, dass sowohl im Praktischen – also in Bezug auf unsere Handlungen – als auch im Theoretischen – also in Bezug auf unsere Überzeugungen – von Rationalität gesprochen werden kann. Die Tatsache, dass man zwar Handlungen, nicht aber Überzeugungen wählen kann (vgl. (211)), verhindert keineswegs, dass auch Letztere als rational oder irrational eingestuft werden können (vgl. (201))! Die wichtigste Rationalitätsanforderung in beiden Bereichen ist sicherlich die Forderung nach *Konsistenz*. Was heißt das?

Praktische Konsistenz

Im Bereich der Handlungen verlangt die Konsistenzforderung von uns, dass das, was wir tun, zu dem passt, was wir für richtig halten. So ist es beispielsweise praktisch irrational, morgens im Bett liegen zu bleiben, wenn man der Ansicht ist, dass es alles in allem besser wäre, aufzustehen. Willensschwäche ist eine typische (wenngleich nicht die einzige) Form von praktischer Irrationalität. Ebenso inkonsistent wie der Willensschwache ist aber auch jemand, der nicht die geeigneten Mittel will, um seine Zwecke zu erreichen. Wenn jemand weiß, dass das Abitur eine notwendige Bedingung dafür ist, Pilot werden zu können, und die Person zudem Pilot werden, aber kein Abitur erwerben will, dann ist sie irrational. Entweder sollte sie den Wunsch aufgeben, Pilot zu werden, oder ihre Aversion gegen die Schule überwinden. Auch Zweckrationalität ist eine Form der Konsistenz.

Theoretische Konsistenz

Im Theoretischen verlangt die Konsistenzforderung von uns zunächst einmal *logische Konsistenz*. Wer A glaubt und glaubt, dass B aus A folgt, der darf nicht non-B glauben. Ein logisch konsistentes System von Überzeugungen ist ein System von Überzeugungen, die gleichzeitig wahr sein *können*. In einem inkonsistenten Überzeugungssystem *muss* dagegen mindestens eine falsche Überzeugung enthalten sein. Was die logische Konsistenz dann im Einzelnen von uns verlangt, klärt die Logik (vgl. (207)). Mit der logischen Konsistenz verwandt ist *mathematische Konsistenz*. Jemand der glaubt, dass 256+547=802 ist, glaubt ebenfalls etwas, was nicht wahr sein *kann*. (Mathematische Wahrheiten sind notwendige Wahrheiten.) Insofern ist diese Person inkonsistent und damit irrational, wenn auch nicht in beunruhigendem Maße. (Wenn jemand glaubt, dass 256+547=4 ist, sieht die Sache vielleicht schon anders aus.) Schließlich ist in diesem Zusammenhang auch noch die *begriffliche Konsistenz* zu nennen. Jemand, der glaubt, dass Herbert ein Junggeselle ist, der das Glück hat, eine nette Ehefrau zu haben, glaubt begrifflich Inkonsistentes und ist insofern ebenfalls irrational.

Kann man inkonsistent sein?

Hier zeigt sich allerdings ein Problem der Konsistenzforderung, die im Prinzip alle ihre Varianten betrifft: *Kann* man überhaupt inkonsistent sein? Wie kann man beispielsweise glauben, dass Herbert ein Junggeselle ist, und auch noch glauben, dass er eine nette Ehefrau hat? Vermutlich kann man es nicht, aber im Allgemeinen sind begriffliche Zusammenhänge (wie wir bereits im Hinblick auf das Paradox der Analyse betont haben) und erst recht logische und mathematische Zusammenhänge nicht so offensichtlich wie in diesem Beispiel. Zudem, so hatten wir im letzten Kapitel gesehen, sind Überzeugungen nicht immer „aus einem Guss": Jemand, der *eigentlich* weiß, dass B aus A folgt und dass A, kann eben schon urteilen, dass non-B, so wie derjenige, der es *eigentlich* für das alles in allem Beste hält, aufzustehen, dennoch im Bett liegen bleiben kann (vgl. (174)).

Probabilistische Konsistenz

Eine weitere, wichtige Form von theoretischer Konsistenz ist die *probabilistische Konsistenz*. Nach einer Lesart handelt es sich hier nur um eine Unterart mathematischer Konsistenz: Konsistenz in Bezug auf die Wahrscheinlichkeitsrechnung. Es gibt aber noch eine interessantere Lesart. Der Begriff der Wahrscheinlichkeit spielt nämlich, wie wir im vierten Kapitel bereits gesehen haben (vgl. Kapitel 4.5), auch eine Rolle in Bezug auf die Beschreibung der Stärke einer Überzeugung. Das führt dazu, dass man den Begriff der Konsistenz auf graduelle Überzeugungen ausweiten kann. Betrachten wir folgendes Beispiel (vgl. (176)): Wenn jemand - nennen wir die Person Paul - ziemlich (aber eben nicht vollständig) überzeugt davon ist, dass es einen verregneten Sommer geben wird, und zudem weiß, dass ein verregneter Sommer einen schlechten Weinjahrgang zur Folge hat, aber dennoch ziemlich (aber eben nicht vollständig) überzeugt davon ist, dass der kommende Weinjahrgang hervorragend sein wird, dann ist Paul zwar nicht inkonsistent im Sinn der deduktiven Logik (denn er hat ja keine sich widersprechenden „vollständigen" Überzeugungen). Wohl aber würden wir ihm eine Inkonsistenz in einem weiteren Sinn vorwerfen. Den Grund dafür kann man so ausdrücken: Wenn Paul das glaubt, was er glaubt, dann ist sichergestellt, dass er sich wundern wird: Entweder wird er sich über das Wetter wundern – falls der Sommer schön wird – oder aber er wird sich über die schlechte Qualität des Weines wundern, wo er doch mit einem guten Jahrgang rechnet. Inkonsistent sind seine Überzeugungen, insofern er sich wundern wird, ganz gleich, was passiert.

Man kann die Irrationalität Pauls auch in der Form eines so genannten *Dutch Book-Arguments* aufzeigen: Paul würde mit seinen Überzeugungen eine Wette akzeptieren, bei der er unabhängig vom tatsächlichen Ausgang Geld verlieren würde – eine „dutch book“. Deshalb sollte er diese Überzeugungen nicht haben. Modelliert man Glaubensgrade durch subjektive Wahrscheinlichkeiten, so kann man diese informellen Überlegungen mit Hilfe der Wahrscheinlichkeitstheorie präzisieren. Man erhält so einen formalen Begriff probabilistischer Konsistenz und damit eine ganze Logik gradueller Überzeugungen (vgl. (188), 7. Kapitel). Dabei spielen nicht nur Aspekte der theoretischen Rationalität – probabilistische Konsistenz –, sondern auch Aspekte der praktischen Rationalität – Zweckrationalität, hier in Form von Nutzenmaximierung – eine wichtige Rolle. Im Rahmen der modernen formalen Rationalitätstheorie wird dieser Ansatz im Detail entwickelt (vgl. (189), (195), (202), (204)).

Rationalität jenseits von Konsistenz?

Der Begriff der Rationalität kann jedoch nicht auf die (verschiedenen Varianten von) Konsistenz reduziert werden. Im Bereich des Praktischen stellt sich etwa die Frage, ob wir nicht auch in der Wahl unserer Ziele rational oder irrational sein können. Wenn es so etwas wie moralische Tatsachen gibt, scheint diese Schlussfolgerung unausweichlich zu sein, denn dass wir einen Grund haben, das zu tun, was zu tun richtig ist, scheint sich allein aus begrifflichen Überlegungen zu ergeben. (Man kann kaum so etwas sagen wie: „Es ist zwar alles in allem richtig, Handlung A auszuführen, aber es gibt keinen Grund dafür, Handlung A auszuführen.“) Gründe sind aber gerade Ansprüche an unsere Vernunft; wer sie missachtet, ist immer in irgendeiner Weise irrational (vgl. (175)). Ob es allerdings solche moralische Tatsachen gibt, die wir mit unserer Vernunft erkennen können, ist umstritten (vgl. die Literaturhinweise zu Kapitel 9).

Rationalismus und Empirismus

Rationalisten sind (im Theoretischen wie im Praktischen) der Ansicht, dass die Vernunft allein Erkenntnisse gewinnen kann. Empiristen bestreiten das. So ist etwa Hume der Ansicht, dass die Vernunft uns zwar bei der Wahl der Mittel helfen, aber niemals die Wahl der Ziele bestimmen kann. Es ist, wie er sagt, nicht vernunftwidrig, die Zerstörung der ganzen Welt einem Kratzer am Finger vorzuziehen (vgl. (55), Abschnitt 2.3.3). Ebenso ist er der Ansicht, dass sich im Theoretischen Rationalität auf Konsistenz beschränkt. Die Vernunft ist nicht aus sich heraus in der Lage dazu, beispielsweise allgemeine Gesetze der Natur zu erkennen. Diese Sichtweise Humes führt dann direkt zu seiner Induktionsskepsis (vgl. Kapitel 2.3).

Die Evidenzforderung

Eine weithin anerkannte Forderung der theoretischen Vernunft, die über die bloße Konsistenzforderung hinausgeht, lässt sich folgendermaßen formulieren:

Beachte

Evidenzforderung: Es ist niemals rational für eine Person S, die Überzeugung, dass p, „einfach so" zu erwerben, das heißt ohne dass aus Sicht von S ausreichende Gründe dafür sprechen, dass p.

Man beachte, dass dieser Rationalitätsanforderung zufolge auch derjenige als irrational gilt, der eine Überzeugung erwirbt, die in *keinerlei* Beziehung zu seinen bisherigen Überzeugungen steht, deren Erwerb also weder zu einer logischen, mathematischen, semantischen oder probabilistischen Inkonsistenz führt. Wir haben es hier demnach wirklich mit einer zusätzlichen Bedingung zu tun, die aus der bisher charakterisierten Auffassung von Rationalität nicht folgt.

Weiterhin sind viele Philosophen der Ansicht, dass es nicht genügt, entsprechende Gründe für eine Überzeugung zu haben, um diese rational zu erwerben. Man muss vielmehr auch *durch* diese Gründe zu der Überzeugung kommen. Jemand, der zwar über hinreichende Gründe für die Überzeugung, dass p, verfügt, tatsächlich aber nicht *aufgrund* dieser Gründe, sondern „einfach so" glaubt, dass p, gilt demnach als irrational. Diese Sichtweise wirft allerdings die schwierige Frage auf, was hier unter einem Überzeugungserwerb „durch" beziehungsweise „aufgrund" hinreichender Gründe zu verstehen ist. Einer Auffassung zufolge müssen die hinreichenden Gründe den Überzeugungserwerb *verursachen*. Ob diese These allerdings der rationalen Rolle von Gründen gerecht wird oder auch nur mit ihr zu vereinbaren ist, ist eine Frage, die insbesondere für die Handlungstheorie von zentraler Bedeutung ist und die hier nicht weiter diskutiert werden kann. Begnügen wir uns also mit der obigen Formulierung der Evidenzforderung. Wir werden im achten Kapitel auf die Frage zurückkommen, ob sie tatsächlich angemessen ist.

Wie rational sind wir?

Betrachten wir zum Abschluss dieses Abschnitts noch kurz die Frage, wie rational wir denn tatsächlich sind. Offensichtlich erfüllt niemand die Kriterien idealer Rationalität, die wir bisher diskutiert haben. Das folgt schon daraus, dass kaum jemand von uns wirklich ein (logisch, mathematisch, begrifflich und probabilistisch) konsistentes Überzeugungssystem haben dürfte. Wir ziehen nicht alle Schlussfolgerungen aus dem, was wir glauben. Und so ist es mehr als wahrscheinlich, dass uns Widersprüche, die tatsächlich vorhanden sind, entgehen. Wie groß das tatsächliche Maß an Irrationalität ist, ist allerdings umstritten. Bestimmte psychologische Experimente sprechen auf den ersten Blick für weit verbreitete Irrationalität in allen Bereichen (vgl. (190), (196), (206)). So stellt man beispielsweise fest, dass Testpersonen, denen man einfache Aufgaben stellt – wie etwa die, von einigen deutlich ungleich langen Linien die längste herauszufinden –, nicht mehr die richtige Antwort geben, wenn nur genügend andere Personen zu einem anderen Urteil kommen (oder dies vorgeben). Auch ziehen wir anscheinend manchmal sehr elementare logische Schlüsse nicht. Bekannt ist das Experiment, bei dem Testpersonen Karten mit den Aufschriften „A", „4", „D" und „7" gegebenen werden (vgl. (210)). Die Testpersonen sollen dann sagen, welche Karten sie umdrehen müssen, um die Regel „Wenn auf der einen Seite ein Vokal steht, steht auf der anderen Seite eine gerade Zahl" zu testen. Die meisten nennen die Karten „A" und „4" oder nur „A" - richtig ist „A" und „7". Und unsere Beurteilung von Wahrscheinlichkeiten folgt auch nicht immer den Regeln der Wahrscheinlichkeitstheorie: Nehmen wir an, die Testpersonen wissen von Hans, dass er ein aktiver 68er war. Wenn man dann fragt, ob es wahrscheinlicher ist, dass Hans heute ein Lehrer ist oder dass er ein Lehrer ist, der sich politisch engagiert, so antworten viele, dass Letzteres wahrscheinlicher sei. Aber natürlich ist die Wahrscheinlichkeit von Ereignis A und B nie größer als die von Ereignis A allein.

Wie irrational sind wir?

Man sollte allerdings aus solchen psychologischen Befunden nicht zu schnell auf die Irrationalität der meisten Menschen schließen (vgl. (173)). Vielfach lassen die Experimente nämlich durchaus auch Deutungen zu, die uns weitaus weniger irrational erscheinen lassen. So muss man beispielsweise zwischen dem unterscheiden, was Testpersonen sagen, und dem, was sie wirklich glauben. Es kann ja durchaus (praktisch) vernünftig sein, sich nach außen hin dem Urteil der Mehrheit anzuschließen, insgeheim aber bei seinem Urteil zu bleiben. Und die Fehleinschätzung der Wahrscheinlichkeit beruht ja vielleicht einfach darauf, dass die meisten Testpersonen die Frage so verstanden haben: Ist es wahrscheinlicher, dass Hans heute ein Lehrer ist *und sich nicht politisch engagiert* oder dass er ein Lehrer und politisch engagiert ist. Und dann ist das Erste keineswegs wahrscheinlicher als das Letzte, wenn Hans früher ein aktiver 68er war. Zudem muss man sich natürlich fragen, wie wir denn bezüglich der Tests zu den Ergebnissen kommen, an denen wir die Testpersonen messen: Nur weil die meisten Menschen, zumindest nach einiger Überlegung, zu den richtigen Ergebnissen kommen, haben wir eine Grundlage, auf der wir ihre spontane Reaktion als falsch beurteilen können.

In einem bestimmten Sinn ist es auch überhaupt nicht rational, immer rational zu sein. Der Grund dafür ist, dass Rationalität nicht nur theoretische Rationalität, also Rationalität im Hinblick auf unsere Überzeugungen beinhaltet, sondern auch praktische Rationalität, also Rationalität im Hinblick auf unsere Handlungen. Und es ist sehr plausibel anzunehmen, dass beispielsweise die Zeit, die wir investieren müssten, um unser Überzeugungssystem dem Ideal theoretischer Rationalität anzunähern, schlecht investiert wäre, wenn man bedenkt, dass uns andere Dinge viel wichtiger sind. Im Sinn der klassischen Rationalitätstheorie ist derjenige rational, der seinen Nutzen maximiert, also so viel wie möglich von dem bekommt, was er haben will. Wir wollen normalerweise wahre Überzeugungen haben - und sei es nur, weil diese wiederum nützlich sind, um andere Dinge im Leben zu bekommen -, aber wir verlangen nicht nur wahre Überzeugungen vom Leben. Dementsprechend ist ein bestimmtes Maß an theoretischer Irrationalität aufs Ganze gesehen durchaus rational.

Schließlich muss man sich fragen, ob die beschriebenen Maßstäbe idealer Rationalität prinzipiell angemessen sind, um menschliche Rationalität zu erfassen. Menschen überlegen und entscheiden unter Bedingungen, die in vielerlei Hinsicht nicht ideal sind. Wir verfügen über beschränkte Ressourcen an Zeit, Energie, Verstandeskraft und Informationen. Will man die Frage beantworten, wie rational Menschen wirklich sind, so muss man insbesondere untersuchen, wie effektiv sie mit diesen Beschränkungen umgehen können. Dabei kann sich durchaus zeigen, dass die Anwendung eines heuristischen Überlegungsverfahrens die beste Strategie darstellt, auch wenn dieses unter künstlichen Sonderbedingungen (und solche werden in den beschriebenen Experimenten erzeugt) zu falschen Ergebnissen führt. Hier kann sich dann als ungünstig erweisen, was unter den Umweltbedingungen, an die wir angepasst sind, bestens funktioniert (vgl. (99), 5. Kapitel). Die Frage, was unter den spezifischen Vorgaben menschlicher Beschränktheit als rational gelten kann („bounded rationality"), wird insbesondere auch in den Kognitionswissenschaften intensiv erforscht (vgl. (172), (181), (182), (183), (205), (206)).

5.3 Unanfechtbare Rechtfertigungen

Unanfechtbarkeitstheorien

Die Standardanalyse des Wissensbegriffs wird, wie wir gesehen haben, durch die Beispiele Gettiers widerlegt, wenn man die Rechtfertigungsbedingung als Bedingung der persönlichen Rechtfertigung auffasst. Fordert man jedoch zusätzlich eine sachliche Rechtfertigung, so entgeht man diesen Beispielen. Die entscheidende Frage ist dann allerdings: Unter welchen Umständen verfügt eine Person, die persönlich gerechtfertigt ist, etwas Bestimmtes zu glauben, auch über eine sachlich gerechtfertigte Überzeugung? Anders formuliert: Unter welchen Umständen ist die persönliche Rechtfertigung einer Person nicht mehr im Hinblick auf ihre sachliche Angemessenheit anfechtbar? Diese Frage zu beantworten, ist die Hauptaufgabe der so genannten *Unanfechtbarkeitstheorien* („indefeasibility-theories"). Verschiedene Philosophen (Lehrer (193), Pollock (200), Swain (208) und andere) haben zum Teil äußerst komplexe Theorien dieser Art entwickelt. Betrachten wir einige Grundgedanken (vgl. (177), 2. Kapitel).

Die No false lemma-Bedingung

Geht man von den beiden Beispielen Gettiers aus, so liegt es anscheinend auf der Hand, warum die persönliche Rechtfertigung von Smith sachlich nicht angemessen ist: Smith stützt sich in seiner Rechtfertigung auf *falsche* Überzeugungen! Es ist nicht der Fall, dass Jones den Posten bekommen wird (beziehungsweise dass er einen Ford besitzt). Und deshalb hat Smith nicht wirklich einen guten Grund, zu glauben, dass derjenige, der den Posten bekommen wird, zehn Münzen in der Tasche hat (beziehungsweise dass Jones einen Ford besitzt oder Brown in Barcelona ist), auch wenn es für ihn so aussieht (und er daher nicht als irrational bezeichnet werden kann). Er glaubt nur, einen Grund zu haben, tatsächlich ist seine Überzeugung aber nicht gerechtfertigt. Diese Überlegung bringt uns direkt zu folgender Analyse des Wissensbegriffs:

Beachte

Definition 2: Person S weiß, dass p, genau dann, wenn es (1) der Fall ist, dass p, wenn (2) S davon überzeugt ist, dass p, wenn (3) S persönlich darin gerechtfertigt ist, zu glauben, dass p, und wenn (4) die persönliche Rechtfertigung von S nicht auf falschen Prämissen beruht.

Die vierte Bedingung, die zuerst von Harman vorgeschlagen wurde, bezeichnet man als „*no false lemma condition*“ (vgl. (186), S. 47–49).

Ist diese Definition nun gegen alle Gegenbeispiele immun? Leider nicht. Es gibt zahlreiche Beispiele, die zeigen, dass auch eine persönliche Rechtfertigung, die nicht auf falschen Prämissen beruht, nicht unbedingt zu einer sachlich gerechtfertigten Überzeugung führt. Um das zu sehen, muss man sich nur klarmachen, dass wir zu sachlich gerechtfertigten Überzeugungen nicht nur durch Überlegung kommen. Betrachten wir folgendes Beispiel, das uns im Verlauf unserer Überlegungen noch mehrmals begegnen wird (vgl. (276)):

Das Scheunen-Beispiel

Barney macht mit seinem neuen Auto eine Spazierfahrt durch eine ländliche Gegend. Einmal schaut er nach rechts aus dem Fenster, sieht eine Scheune und kommt dementsprechend zu der wahren Überzeugung, an einer Scheune vorbeigefahren zu sein. Was Barney nicht weiß, ist, dass er an der einzig echten Scheune im ganzen Landkreis vorbeigefahren ist. Ansonsten gibt es in der Gegend nur jede Menge Scheunenattrappen, die allerdings von der Landstraße aus wie echte Scheunen aussehen. Hätte Barney eine dieser vielen Attrappen gesehen, so wäre er ebenfalls zu der (dann jedoch falschen) Überzeugung gekommen, an einer Scheune vorbeigefahren zu sein. Es war also reines Glück, dass Barney tatsächlich eine wahre Überzeugung gewonnen hat. Unter diesen Umständen kann man kaum sagen, dass Barney *weiß*, dass er gerade an einer Scheune vorbeigefahren ist.

Das Beispiel ist für unseren jetzigen Definitionsvorschlag verhängnisvoll, denn Barney hat eine wahre Überzeugung, er macht ganz sicher nichts falsch, ist also persönlich gerechtfertigt, und seine Rechtfertigung beruht auch nicht auf einer falschen Prämisse – man kann sogar sagen, dass sie auf gar keiner Prämisse beruht, sondern auf der Tatsache, dass er seine Sinne richtig gebraucht hat. Die Bedingungen der Definition sind demnach erfüllt, und dennoch würden wir nicht sagen, dass Barney Wissen hat. Also haben wir immer noch keine hinreichende Bedingung für Wissen gefunden. Was fehlt noch?

Die Zusatzinformation-Bedingung

Ein Ergänzungsvorschlag von Peter Klein lautet so (vgl. (191)): Damit Barneys Überzeugung als gerechtfertigt gelten kann, muss nicht nur ausgeschlossen werden, dass die persönliche Rechtfertigung auf falschen Prämissen beruht, dass die persönliche Rechtfertigung also intakt bleiben würde, auch wenn man alle falschen Überzeugungen daraus entfernen würde. Vielmehr muss die persönliche Rechtfertigung auch dann noch intakt bleiben, wenn man sie um wahre Prämissen *ergänzt*. Anders gesagt: Die persönliche Rechtfertigung darf nicht durch zusätzliche Informationen anfechtbar sein.

Im Scheunen-Beispiel ist genau diese Bedingung nicht erfüllt. Barneys persönliche Rechtfertigung würde zusammenbrechen, wenn man ihn von den Scheunenattrappen informieren würde. Jemand, der weiß, dass er sich in einer Gegend voller Scheunenattrappen befindet, ist epistemisch unverantwortlich, wenn er zu der Überzeugung kommt, an einer Scheune vorbeigekommen zu sein, nur weil es von der Landstraße aus so aussah. Der folgende Definitionsversuch schließt also das Scheunen-Beispiel (und ähnliche Beispiele) aus:

Beachte

Definition 3: Person S weiß, dass p, genau dann, wenn es (1) der Fall ist, dass p, wenn (2) S davon überzeugt ist, dass p, wenn (3) S persönlich gerechtfertigt darin ist, zu glauben, dass p und wenn (4) die persönliche Rechtfertigung von S nicht durch zusätzliche Informationen zerstört werden kann.

Die Bedingung, dass die persönliche Rechtfertigung nicht auf falschen Prämissen beruhen darf, musste dabei nicht eigens aufgeführt werden, da sie in der jetzigen vierten Bedingung enthalten ist.

Diese neue vierte Bedingung könnte tatsächlich dazu führen, dass alle Bedingungen zusammen genommen hinreichend für Wissen sind. Leider handelt es sich bei dieser vierten Bedingung jedoch nicht um eine notwendige Bedingung; anders gesagt: Die vorliegende Definition schießt über das Ziel hinaus, weil sie *zu viele* Fälle ausschließt. Betrachten wir dazu das (vorläufig letzte) Beispiel, das Keith Lehrer und Thomas Paxson in die Debatte eingebracht haben (vgl. (193), S. 139):

Lehrers Grabit-Beispiel

Jones sieht, wie ein ihm bekannter Mann namens Tom Grabit in der Bibliothek ein Buch unter den Pullover steckt und damit den Raum verlässt. Er kommt zu der wahren Überzeugung, dass Tom ein Buch gestohlen hat. Nehmen wir weiter an, dass Toms Vater, der Insasse einer Nervenheilanstalt ist, ständig von einem kleptomanisch veranlagten Zwillingsbruder von Tom spricht. Tatsächlich gibt es aber keinen Zwillingsbruder von Tom. Vielmehr hat der Vater, der nicht akzeptieren kann, dass Tom ein Dieb ist, den Zwillingsbruder in seinem Wahnsinn nur erfunden. Unter diesen Umständen würden wir wohl kaum bestreiten, dass Jones weiß, dass Tom das Buch gestohlen hat.

Das Beispiel ist für unseren Definitionsvorschlag ein Problem, weil die Rechtfertigung von Jones durchaus durch zusätzliche Informationen zerstört werden könnte. Wenn man ihm beispielsweise sagen würde, dass Toms Vater häufig von einem kleptomanischen Zwillingsbruder spricht, ihm aber verschweigen würde, dass Toms Vater Insasse einer Nervenheilanstalt ist, dann wäre Jones nicht mehr persönlich gerechtfertigt darin, zu glauben, dass er tatsächlich Tom beim Stehlen ertappt hat. Die Aussage des Vaters würde die Möglichkeit eines Zwillingsbruders nahelegen (weil Jones natürlich weiß, dass Väter sich selten darüber täuschen, ob sie Zwillingssöhne haben oder nicht), und diese Möglichkeit kann Jones nicht ausschließen. Also wäre es epistemisch unverantwortlich von ihm, weiter zu behaupten, dass es Tom war, den er in der Bibliothek erwischt hat. Alles in allem haben wir es bei unserem Beispiel also mit einem Fall zu tun, bei dem eine Bedingung unserer Definition *nicht* erfüllt ist, wir aber dennoch von Wissen sprechen würden – diese Bedingung kann also nicht notwendig sein.

Das Relevanzproblem

Das Beispiel zeigt, dass die persönliche Rechtfertigung nicht gegen *alle* Zusatzinformationen immun sein muss, um für Wissen auszureichen, sondern nur gegen *relevante* Zusatzinformationen, also solche, die nicht *irreführend* sind. Die Information darüber, was Toms Vater sagt, ist irreführend, weil Toms Vater keine verlässliche Informationsquelle ist. Die Tatsache, dass er von einem Zwillingsbruder spricht, spricht nicht wirklich dafür, dass die Überzeugung von Jones falsch sein könnte. Im Unterschied dazu spricht die Information, dass Barney sich in einer Gegend voller Scheunenattrappen befindet, tatsächlich dafür, dass er sich täuschen könnte. Die entsprechende Information ist darum nicht irreführend, sondern relevant.

Man kann diesen Gedanken auch so auf den Punkt bringen: Während es einen guten Grund gibt, an der Überzeugung von Barney zu zweifeln – nämlich den, dass er sich in einer Gegend voller Scheunenattrappen befindet –, gibt es keinen guten Grund, an der Überzeugung von Jones zu zweifeln – jedenfalls ist die Tatsache, dass Toms Vater von einem Zwillingsbruder erzählt, kein guter Grund für einen solchen Zweifel. Damit stellt sich aber die für Unanfechtbarkeitstheorien kritische Frage: Wann liegt ein guter Grund für Zweifel vor und wann nicht?

Das Problem ist hier Folgendes: Natürlich ist das Zeugnis von Toms Vater für denjenigen, der weiß, dass dieser Insasse einer Nervenheilanstalt ist, kein guter Grund zum Zweifel an der Überzeugung von Jones. Aber für denjenigen, der über diese Information nicht verfügt, ist es ein guter Grund. Ebenso ist die Tatsache, dass Barney sich in einer Gegend voller Scheunenattrappen befindet, für denjenigen, der nicht weiß, wo genau Barney aus dem Fenster geschaut hat, ein guter Grund zum Zweifel an seiner Überzeugung. Für denjenigen aber, der weiß, dass Barney eben gerade nicht in der Nähe einer Scheunenattrappe war, als er aus dem Fenster sah, ist diese Information eigentlich kein guter Grund für Zweifel. Die Frage, was ein guter Grund für Zweifel ist und was nicht (und dementsprechend welche Informationen irreführend sind und welche relevant), scheint sich nicht objektiv beantworten zu lassen, sondern immer nur im Hinblick auf einen bestimmten Standpunkt. Wenn das aber so wäre, dann gäbe es auch kein „Faktum des Wissens" mehr: Ob jemand etwas weiß oder nicht, hinge dann davon ab, von welchem Standpunkt aus wir die Frage betrachten. Wir kommen auf diese Sichtweise im achten Kapitel noch ausführlich zu sprechen.

Die Vertreter von Unanfechtbarkeitstheorien halten daran fest, dass es ein Faktum des Wissens gibt, und versuchen, entsprechende Definitionen zu finden, die gegen alle Gegenbeispiele immun sind. Dieses Projekt hat sich jedoch als äußerst schwierig (und wenig erfolgreich) erwiesen (vgl. (203)). Da es hier im Kern darum geht, herauszufinden, welche Zusatzinformationen *relevant* sind, nennen wir diese Schwierigkeit im Folgenden das *Relevanzproblem*. Wie sich zeigen wird, ist dieses Problem nicht nur für Unanfechtbarkeitstheorien schwer zu lösen!

Warum muss man das Relevanzproblem eigentlich lösen? Kann man sich nicht einfach mit folgender Analyse zufrieden geben?

Beachte

Definition 4: Person S weiß, dass p, genau dann, wenn es (1) der Fall ist, dass p, wenn (2) S davon überzeugt ist, dass p, wenn (3) S persönlich gerechtfertigt darin ist, zu glauben, dass p und wenn (4) die persönliche Rechtfertigung von S nicht durch zusätzliche *relevante* Informationen zerstört werden kann.

Oder sogar noch einfacher (vgl. dazu (177), S. 28):

Beachte

Definition 5: Person S weiß, dass p, genau dann, wenn es (1) der Fall ist, dass p, wenn (2) S davon überzeugt ist, dass p, und wenn (3) S *persönlich und sachlich* gerechtfertigt darin ist, zu glauben, dass p.

Hier müssen wir uns auf unser eigentliches Ziel besinnen. Wir wollen nicht *irgendeine* Analyse des Wissensbegriffs finden, sondern eine Analyse, die uns bei der Auseinandersetzung mit der skeptischen Herausforderung hilft. Untersuchen wir also, ob wir diesbezüglich schon weiter gekommen sind!

5.4 Auf einen Blick, Literaturhinweise, Fragen und Übungen

Auf einen Blick

Bestimmte Beispiele zeigen uns, dass nicht jede wahre Überzeugung als Wissen gelten kann. Der Standardanalyse zufolge ist vielmehr nur eine wahre, *gerechtfertigte* Überzeugung Wissen. Diese Analyse wird jedoch durch die Beispiele Gettiers in Bedrängnis gebracht.

Man sollte zwei Lesarten der Rechtfertigungsbedingung unterscheiden: Die *persönliche Rechtfertigung* auf der einen Seite ist eng mit dem Begriff der Rationalität verbunden. Dieser wiederum spielt nicht nur in der theoretischen, sondern auch in der praktischen Philosophie eine wichtige Rolle. In beiden Bereichen sind zwei Formen von Rationalität zu unterscheiden: Einerseits geht es um Rationalität als das Vermögen zur Konsistenz – Willensstärke, Zweckrationalität, logische, mathematische, begriffliche und probabilistische Konsistenz; andererseits geht es um Rationalität als ein darüber hinausgehendes Vermögen. Empiristen bestreiten die Existenz der zweiten Form von Rationalität. Im Bereich der Erkenntnistheorie ist die *Evidenzforderung* von besonderer Bedeutung. Sie verlangt von einem rationalen Subjekt, niemals „einfach so" eine Überzeugung zu erwerben, sondern immer nur aufgrund ausreichender Gründe. Psychologische Forschungen werfen die Frage auf, wie weit wir vom Ideal vollständiger Rationalität normalerweise entfernt sind.

Neben der persönlichen Rechtfertigung gibt es auf der anderen Seite die *sachliche Rechtfertigung* einer Überzeugung. Gettiers Beispiele machen gerade deutlich, dass auch diese für Wissen notwendig ist. Unanfechtbarkeitstheorien beschäftigen sich darum mit der Frage, unter welchen Umständen eine persönliche Rechtfertigung nicht mehr im Hinblick auf ihre sachliche Angemessenheit anfechtbar ist. Dazu genügt es offensichtlich nicht, dass die persönliche Rechtfertigung nicht auf falschen Prämissen beruht (erster Schritt). Andererseits wäre es zu viel verlangt, wenn man forderte, dass die persönliche Rechtfertigung durch keinerlei Zusatzinformationen zerstört werden kann (zweiter Schritt). Tatsächlich muss die persönliche Rechtfertigung nur immun gegen *relevante* Zusatzinformationen sein (dritter Schritt), was jedoch zu der schwer zu beantwortenden Frage führt, wann Zusatzinformationen objektiv als relevant zu gelten haben (*Relevanzproblem*).

Literaturhinweise

Jeder Erkenntnistheoretiker muss den kurzen Text von Gettier (180) gelesen haben. Fogelin (177) gibt eine ausgezeichnete Darstellung und Analyse des Gettier-Problems und der anschließenden Debatte. Zum Thema „Unanfechtbarkeitstheorien" vgl. (186), (191), (193), (200), (208), (209). Wer sich in weitere Feinheiten der „Gettierologie" vertiefen möchte, ziehe (203) zu Rate. Das Thema „Rationalität" wird auf vielen Ebenen bearbeitet (vgl. (194)). Weniger formale Ansätze findet man beispielsweise in (170), (178), (179), (185), (187), (197), (198). Zur formalen Rationalitätstheorie vgl. (188), (189), (195), (202), (204). Untersuchungen aus dem Bereich der Kognitionswissenschaften und an deren Grenze zur Philosophie sind (172), (181), (182), (183), (190), (196), (205), (206), (210).

Fragen und Übungen

1. Betrachten Sie die beiden ursprünglichen Gettier-Beispiele. Inwiefern ist Smith gerechtfertigt, inwiefern nicht?
2. Warum unterscheidet Platon Wissen von wahrer Meinung?
3. Welche Arten von praktischer und theoretischer Konsistenz gibt es?
4. Wenn jemand willensschwach ist, dann tut er nicht, was er selbst für richtig hält. Wie ist das möglich, wenn doch das, was jemand tut, entscheidend für die Zuschreibung der Überzeugung darüber, was zu tun richtig ist, sein soll? (Vgl. auch Kapitel 4.5.)
5. Was zeigen die geschilderten psychologischen Experimente in Bezug auf unsere Irrationalität, was nicht?
6. Halten Sie die Evidenzforderung für plausibel oder nicht? (Wenn ja, warum? Wenn nein, warum nicht?)
7. Überlegen Sie sich jeweils einige Beispiele, die in gleicher Weise wie die geschilderten Beispiele die Definitionen 1 bis 3 zu Fall bringen.
8. Warum enthält die vierte Bedingung aus Definition 3 die vierte Bedingung aus Definition 2?
9. Suchen Sie eine Definition, die nicht mehr für das Grabit-Beispiel anfällig ist!
10. Und jetzt versuchen Sie, ein Beispiel zu finden, das Ihre Definition aus Aufgabe 9 zu Fall bringt!

6. Sind wir gerechtfertigt?

Überblick

In diesem Kapitel wird zunächst genauer geklärt, was der Ausgangspunkt skeptischer Argumente ist. Anschließend geht es um die beiden wichtigsten Ansätze zur Auflösung des Agrippa-Trilemmas: den Fundamentalismus und den Kohärentismus. Beide Ansätze erweisen sich als prima facie plausibel. Sie sind jedoch auch mit grundlegenden Einwänden konfrontiert. Schließlich werden Ansätze diskutiert, die versuchen, den Skeptiker durch apriorische Überlegungen zu widerlegen.

6.1 Der Ansatzpunkt des Skeptikers

Sehen wir einmal vom Relevanzproblem ab, so haben wir im letzten Kapitel eine Wesensdefinition von Wissen gefunden, das heißt eine Liste von einzeln notwendigen und zusammen hinreichenden Bedingungen dafür, dass der Satz „S weiß, dass p" wahr ist. Wir haben also die zweite Grundfrage der Erkenntnistheorie, die Frage nach der Natur des Wissens (vorläufig) geklärt. Folglich können wir uns daran machen, die erste Grundfrage der Erkenntnistheorie, die Frage also, was wir wissen können, zu beantworten. Wie wir im zweiten Kapitel gesehen haben, gewinnt diese Frage ihre Brisanz vor allem in Anbetracht der skeptischen Herausforderung. Mit dieser müssen wir uns demnach vor allem auseinandersetzen.

Welche Bedingung ist problematisch?

Der radikale Skeptiker behauptet, dass wir nichts (oder doch so gut wie nichts) wissen können (vgl. 2. Kapitel). Bezogen auf unsere Analyse des Wissensbegriffs heißt das, dass er offensichtlich der Ansicht ist, dass (mindestens) eine der notwendigen Bedingungen für Wissen niemals erfüllt ist. Welche? Offensichtlich behauptet der Skeptiker nicht, dass wir keine Überzeugungen haben. An der Überzeugungsbedingung scheitern unsere Wissensansprüche demnach nicht. Weiterhin behauptet der Skeptiker auch nicht, dass alle (oder fast alle) unserer Überzeugungen tatsächlich falsch sind. Woher sollte er das auch wissen? Wenn der Skeptiker also vorgibt, zu wissen, dass wir (so gut wie) nichts wissen können, dann gibt er nicht vor, zu wissen, dass wir (so gut wie) immer Unrecht haben. An der Wahrheitsbedingung scheitern unsere Wissensansprüche demnach auch nicht. Bestreitet der Skeptiker, dass unsere persönlichen Rechtfertigungen jemals die Standards der sachlichen Rechtfertigung erfüllen? Auch das scheint nicht der Fall zu sein. Denn wie in Bezug auf die Wahrheitsbedingungen, könnte man den Skeptiker seinerseits fragen, woher er denn weiß, dass unsere persönlichen Rechtfertigungen stets durch relevante zusätzliche Informationen zerstört werden können. Sicherlich, im einen oder anderen Fall weiß ich, dass die persönliche Rechtfertigung einer anderen Person unter dem Druck zusätzlicher Informationen zusammenbrechen würde. (So wussten beispielsweise wir, nicht aber Barney, dass seine Scheunenüberzeugung nicht sachlich gerechtfertigt war.) Aber woher sollte der Skeptiker wissen, dass das in Bezug auf unsere persönlichen Rechtfertigungen *generell* der Fall ist? Dazu müsste er Zugang zu Informationen haben, die wir nicht haben. Aber das hat er nicht. Wir können deshalb davon ausgehen, dass der Skeptiker unser Wissen auch nicht deshalb anzweifelt, weil er die vierte Wissensbedingung als unerfüllt betrachtet. Bleibt nur noch die Bedingung der persönlichen Rechtfertigung. Und tatsächlich ist das der Angriffspunkt der skeptischen Herausforderung.

... in Bezug auf die cartesische Skepsis

Rufen wir uns dazu noch einmal kurz die beiden skeptischen Hauptargumente in Erinnerung. Der cartesische Skeptiker versucht durch die Schilderung skeptischer Hypothesen deutlich zu machen, dass alle unsere Überzeugungen (in einem bestimmten Bereich) ebenso gut falsch wie wahr sein können. Wir haben keinerlei Grund, eher an unseren bisherigen Überzeugungen (bezüglich des entsprechenden Bereichs) festzuhalten als die skeptischen Hypothesen für wahr zu halten, und das liegt nicht daran, dass wir keine *wahren* Überzeugungen haben, welche eine Entscheidung rechtfertigen könnten. Wir haben einfach keine geeigneten *Überzeugungen* zur Verfügung. So ist es beispielsweise naheliegend anzunehmen, dass Überzeugungen über die Außenwelt nur durch andere Überzeugungen über die Außenwelt begründet werden können. Die Hypothese, dass ich von einem bösen Dämon getäuscht werde, zieht aber *alle* meine Überzeugungen über die Außenwelt *auf einmal* in Zweifel, so dass keine Überzeugung mehr übrig bleibt, mit deren Hilfe ich die skeptische Hypothese ausräumen könnte (vgl. (68)). Wenn ich aber überhaupt keine Überzeugung anführen kann, um meine Entscheidung zwischen zwei Alternativen zu begründen, wäre es ganz offensichtlich *epistemisch unverantwortlich*, mich für eine Alternative zu entscheiden, mit anderen Worten: Es fehlt mir die persönliche Rechtfertigung für diese Entscheidung. Also kann ich beispielsweise nichts über die Außenwelt wissen, weil ich in Bezug auf alle Überzeugungen über die Außenwelt nicht persönlich gerechtfertigt bin.

... in Bezug auf die agrippinische Skepsis

Beim Agrippa-Trilemma ist es noch leichter zu sehen, dass hier die persönliche Rechtfertigung angezweifelt wird. Es geht nicht darum, dass unsere persönlichen Rechtfertigungen etwa immer durch Zusatzinformationen zu Fall gebracht werden können. Vielmehr soll das Trilemma deutlich machen, dass es uns niemals gelingt, eine persönliche Rechtfertigung abzuschließen: Entweder wir geraten bei dem Versuch in einen Regress oder wir werden dogmatisch oder wir argumentieren im Zirkel – unserer epistemischen Verantwortung werden wir in allen drei Fällen nicht gerecht. Folglich ist die Bedingung der persönlichen Rechtfertigung niemals erfüllt, also haben wir niemals Wissen. Kann man den beiden skeptischen Argumenten irgendwie entgehen?

6.2 Empirische Fundamente des Wissens?

Einen Ausweg aus dem Agrippa-Trilemma kann man, wie es scheint, nur finden, indem man aufzeigt, dass tatsächlich eine der drei Optionen doch zu gerechtfertigten Überzeugungen führen kann. Nur wenige Philosophen suchen diesen Ausweg bei der ersten Möglichkeit, dem infiniten Regress (vgl. aber (229), (241), (281), S. 136–159). Die Versuche, der agrippinischen Skepsis zu entgehen, konzentrieren sich vielmehr auf die zweite und dritte Alternative: Entweder man versucht zu zeigen, dass ein Abbruch der Rechtfertigung nicht zwangsläufig als „dogmatisch" zu charakterisieren ist, oder man versucht zu zeigen, dass nicht jeder Zirkel ein „teuflischer Zirkel", ein *circulus vitiosus*, ist. Betrachten wir zunächst die Ansätze der ersten Art.

Der Ansatz des Fundamentalisten

Philosophen, die behaupten, dass es bestimmte Überzeugungen gibt – so genannte *Basisüberzeugungen* –, die in undogmatischer Weise Endpunkte der Rechtfertigung sein können, bezeichnet man gewöhnlich als (erkenntnistheoretische) *Fundamentalisten* (vgl. (224)). Die Basisüberzeugungen bilden das Fundament, auf dem all unsere Rechtfertigungen letztlich aufbauen. Darüber gibt es verschiedene Ebenen weiterer Überzeugungen – den „Überbau" –, wobei die Überzeugungen einer Ebene jeweils durch Überzeugungen der darunter liegenden Ebene gerechtfertigt werden. Die Basisüberzeugungen werden nicht mehr durch weitere Überzeugungen begründet, sonst könnten sie nicht Endpunkt der Rechtfertigung sein. Wenn es sich aber andererseits nicht einfach um dogmatische Annahmen handeln soll, müssen sie selbst gerechtfertigt sein. Das kann nur in zweierlei Weise der Fall sein: Entweder die Basisüberzeugungen sind durch etwas anderes als durch grundlegendere Überzeugungen gerechtfertigt oder aber sie sind *selbstrechtfertigend*. Betrachten wir nacheinander die beiden Möglichkeiten.

Rechtfertigung durch Wahrnehmung?

Durch was könnten Überzeugungen gerechtfertigt sein, wenn nicht durch grundlegendere Überzeugungen? Auf diese Frage gibt es eine sehr naheliegende Antwort: Durch die Wahrnehmung! Diese Antwort ist naheliegend, weil wir anscheinend Rechtfertigungen ganz häufig durch den Hinweis auf unsere Wahrnehmung abschließen, ohne dass wir deshalb als dogmatisch gelten. Fragt man uns etwa, woher wir wissen, dass Emma einen Hut aufhatte, so können wir unsere entsprechende Überzeugung in der Regel rechtfertigen, indem wir sagen, dass wir *gesehen* haben, dass Emma einen Hut aufhatte. Auf den ersten Blick haben wir natürlich auch hier eine Überzeugung – die Überzeugung, dass Emma einen Hut aufhatte – unter Hinweis auf eine andere Überzeugung – die Überzeugung, dass wir gesehen haben, dass Emma einen Hut aufhatte – gerechtfertigt. Der Fundamentalist könnte aber sagen, dass unsere Aussage hier nur als Hinweis zu verstehen ist: Nicht die Überzeugung, dass wir gesehen haben, dass Emma einen Hut aufhatte, ist es eigentlich, was uns in der Überzeugung rechtfertigt, dass Emma einen Hut aufhatte. Vielmehr rechtfertigt uns die entsprechende Wahrnehmung selbst in dieser Überzeugung.

Der Vorschlag des Fundamentalisten ist sicherlich attraktiv. Er hätte zur Folge, dass wir etwas gefunden hätten, was einerseits grundlegende Überzeugungen rechtfertigen könnte, andererseits nicht mehr rechtfertigungsbedürftig wäre: die Wahrnehmung. Wahrnehmungen können, so scheint es, in der beschriebenen Art und Weise Überzeugungen rechtfertigen, sie sind aber einer Rechtfertigung nicht bedürftig, denn Wahrnehmungen sind prinzipiell die falsche Art von „Objekten" für Rechtfertigungen. Wahrnehmungen hat man oder man hat sie nicht (ebenso wie Bauchschmerzen). In Bezug auf sie taucht die Frage nach unserer epistemischen Verantwortlichkeit überhaupt nicht auf (ebenso wenig wie die Frage auftaucht, ob es vernünftig ist, Bauchschmerzen zu haben).

Ein Dilemma

Leider ist der Vorschlag jedoch mit einer grundlegenden Schwierigkeit konfrontiert. Wie kann nämlich etwas, was prinzipiell von der falschen Art ist, um gerechtfertigt werden zu können, von der richtigen Art sein, um Überzeugungen zu rechtfertigen? Wir können die Schwierigkeit so genauer charakterisieren: Man kann eine Überzeugung nur mit (tatsächlichen oder zumindest scheinbaren) *Gründen* rechtfertigen. Gründe haben es aber an sich, dass man sie *anführen* kann und dass sie für etwas *sprechen*. Man kann das auch so ausdrücken: Gründe können prinzipiell *Prämissen* in Argumenten sein. Aber genau das können Wahrnehmungen nicht. Man kann sie nicht als Prämisse eines Arguments anführen – Wahrnehmungen hat man oder man hat sie nicht. Und Wahrnehmungen für sich genommen sprechen auch nicht für irgendetwas – ebenso wenig wie Bauchschmerzen. Natürlich kann man die Überzeugung, *dass man eine bestimmte Wahrnehmung hat*, als Prämisse eines Arguments verwenden. Und diese Überzeugung kann, ebenso wie die Überzeugung, dass man Bauchschmerzen hat, für etwas anderes sprechen. Aber es soll uns ja, wie wir oben gesehen haben, gerade nicht eine Überzeugung über unsere Wahrnehmung rechtfertigen, sondern die Wahrnehmung selbst. Wäre es die Überzeugung, die uns rechtfertigen würde, dann würde sofort von neuem die Frage auftauchen, was uns denn in *dieser* Überzeugung rechtfertigt. Eine Überzeugung ist eben von der richtigen Art, um andere Überzeugungen zu rechtfertigen. Aber gerade deshalb ist sie auch von der richtigen Art, um gerechtfertigt zu werden. Und damit ist wiederum nicht mehr ersichtlich, warum sie nicht rechtfertigungsbedürftig sein soll. Der Fundamentalist steht damit vor einem Dilemma: Entweder ist das, was die Basisüberzeugungen rechtfertigt, von der Art einer Überzeugung oder nicht. Ist es von der Art einer Überzeugung, dann kann es zwar möglicherweise die Basisüberzeugungen rechtfertigen. Aber dann ist es auch rechtfertigungsbedürftig, stoppt also den drohenden Regress nicht. Ist es dagegen nicht von der Art einer Überzeugung, dann ist es zwar nicht rechtfertigungsbedürftig. Aber dann ist es eben auch nicht von der richtigen Art, um andere Überzeugungen zu rechtfertigen, und wiederum kann der Regress nicht gestoppt werden. So oder so: Wahrnehmungen können nicht das Fundament unserer Rechtfertigungen sein!

Der „Mythos des Gegebenen"

Die Schwierigkeit des Fundamentalisten besteht darin, dass er nach etwas sucht, was uns schlicht „gegeben" ist (wie etwa unsere Wahrnehmungen), um darauf alle Erkenntnisse aufzubauen. Aber dieses Gegebene ist ein Mythos. (Die Rede vom „Mythos des Gegebenen" („the myth of the given") geht auf Wilfrid Sellars zurück (vgl. (254)).) Es gibt nichts, was zugleich Grundlage sein kann, ohne selbst begründungsbedürftig zu sein. Dennoch ist der Kantische Gedanke, dass die Wahrnehmung eine Art „Tribunal" ist, vor dem sich unsere Überzeugungen behaupten müssen, schwer aufzugeben. So haben verschiedene Philosophen - hier ist vor allem John McDowell zu nennen - versucht, diesen Gedanken zu retten, indem sie der Wahrnehmung wesentliche Eigenschaften von Überzeugungen zusprechen, etwa die Eigenschaft einen „begrifflichen Gehalt" zu haben. Auf diese Weise soll sie dann doch die Rolle eines „ungerechtfertigten Rechtfertigers" spielen können (vgl. (246), (225)). Dass diese Strategie erfolgreich ist, kann man bezweifeln (vgl. (234)). Die Frage nach der begrifflichen (oder nicht-begrifflichen) Natur der Wahrnehmung ist aber auch unabhängig davon von Interesse (vgl. (239), (252)).

Selbstrechtfertigende Basisüberzeugungen?

Wenn der Hinweis auf etwas, was keine Überzeugung ist, zur Fundierung unserer Rechtfertigungen nicht taugt, so liegt es nahe, nach Basisüberzeugungen zu suchen, die in sich selbst gerechtfertigt sind. Hier kommen vor allem zwei Sorten von Überzeugungen in Betracht. Zum einen kann man versuchen, den bereits eingeschlagenen Weg mit etwas anderen Mitteln weiter zu verfolgen: Statt der Wahrnehmungen selbst betrachtet man nun „wahrnehmungsnahe" Überzeugungen als Basis unserer Rechtfertigungen. Zum anderen kann man versuchen, das Fundament an ganz anderer Stelle zu suchen: im Bereich der reinen Vernunft. Auf den zweiten Ansatz werden wir im Kapitel 6.4 zurückkommen. Betrachten wir zunächst die erste Strategie.

Anders als die Wahrnehmungen selbst können Überzeugungen darüber, dass wir bestimmte Wahrnehmungen haben, durchaus als Gründe für andere Überzeugungen fungieren. Die Schwierigkeit, die es zu überwinden gilt, ist allerdings die, dass solche Überzeugungen im Allgemeinen selbst wieder rechtfertigungsbedürftig sind. Nehmen wir etwa die Überzeugung, dass ich gesehen habe, dass Emma einen Hut aufhatte. Offensichtlich kann diese Überzeugung ebenso gut falsch sein wie die Überzeugung, dass Emma einen Hut aufhatte, selbst. Wenn Emma beispielsweise keinen Hut aufhatte, sondern nur ein Kopftuch, das aus der Entfernung lediglich wie ein Hut aussah, dann werde ich vielleicht glauben, gesehen zu haben, dass sie einen Hut aufhatte. In Wahrheit habe ich das aber nicht wirklich gesehen – es sah eben nur so aus, als ob sie einen Hut aufhätte. (Man sagt, „sehen" sei ein *Erfolgsverb*, weil es nicht möglich ist, zu sehen, dass p, wenn es nicht der Fall ist, dass p.) Wenn die Überzeugung, dass ich gesehen habe, dass Emma einen Hut aufhatte, aber ebenso gut falsch sein kann wie die Überzeugung, dass sie einen Hut aufhatte, selbst, dann ist nicht zu sehen, warum jene anders als diese „selbstrechtfertigend" sein soll.

Wie sieht die Sache aber aus, wenn ich nicht die Überzeugung betrachte, dass ich gesehen habe, dass Emma einen Hut aufhatte, sondern die Überzeugung, dass es so aussah, als habe sie einen Hut auf? Kann auch diese Überzeugung genauso gut falsch sein wie unsere ursprüngliche Überzeugung? Anders gesagt: Kann ich mich auch dann genauso gut täuschen, wenn ich nur berichte, wie mir etwas *erscheint*? Sind nicht zumindest solche Überzeugungen über *Sinnesdaten* selbstrechtfertigend? Betrachten wir dazu ein etwas anderes Beispiel (vgl. (217), S. 112, 113). Nehmen wir an, ich berichte: „Es erscheint mir so, als sähe ich Emma mit einem magentafarbenen Hut." Nun zeigt mir jemand eine Farbtafel, und ich stelle fest, dass ich mir falsch gemerkt hatte, wie die Farbe Magenta aussieht. Werde ich daraufhin nicht sagen: „Ich habe mich getäuscht. Tatsächlich erschien es mir so, als sähe ich Emma mit einem sienabraunen Hut." Diese Art von Irrtum ist prinzipiell bei allen Wahrnehmungsberichten möglich. Das heißt aber nichts anderes als dass die entsprechenden Überzeugungen sich nicht grundlegend von anderen irrtumsanfälligen Überzeugungen unterscheiden – warum also sollen sie selbstrechtfertigend sein? Natürlich könnte man meinen, dass die beschriebene Art von Irrtum doch enorm unwahrscheinlich ist. Aber auch hier stellt sich wieder die Frage, woher wir das eigentlich wissen. Offensichtlich nicht allein aus unseren Sinnesdaten!

Könnte man das Problem nicht umgehen, indem man noch „näher" an die Wahrnehmung herangeht, beispielsweise indem man sich auf Berichte der Form „Mir erscheint dies jetzt so" als Fundament der Rechtfertigung zurückgreift? Tatsächlich scheint hier kein Irrtum mehr möglich zu sein, und insofern rechtfertigen diese Überzeugungen sich selbst. Allerdings liegt das dann einfach daran, dass dieser Bericht nichts mehr berichtet. Welchen Inhalt soll ein Satz wie „Mir erscheint dies jetzt so" haben? Hier gibt es vielleicht tatsächlich nichts mehr, womit man Unrecht haben könnte. Aber genau deshalb gibt es hier auch nichts mehr, womit man Recht haben könnte. (Beziehungsweise: Wenn es hier etwas gibt, womit man Recht haben kann, dann gibt es auch eine Irrtumsmöglichkeit.) Ein Satz aber, der von jedem Inhalt befreit ist, kann nicht als Grundlage für weitere Rechtfertigungen dienen. Aus solchen grundlegenden Überzeugungen folgt einfach nichts mehr.

Noch ein Dilemma

Auch hier ist der Fundamentalist mit einem Dilemma konfrontiert, auf das beispielsweise Michael Williams hinweist (vgl. (73), S. 42): Entweder die als grundlegend angenommenen Überzeugungen sind selbst begründungsbedürftig oder nicht. Sind sie selbst begründungsbedürftig - weil sie empirischen Gehalt haben -, dann kann man mit ihnen zwar vielleicht andere Überzeugungen begründen. Sie können dann aber nicht als selbstrechtfertigend und fundamental angesehen werden. Oder aber sie sind nicht selbst begründungsbedürftig - weil sie keinen empirischen Gehalt mehr haben. Dann können sie vielleicht als selbstrechtfertigend und fundamental angesehen werden. Aber dann taugen sie nicht mehr zur Begründung anderer Überzeugungen. Wie Williams betont, gibt es hier sogar einen kontinuierlichen Übergang: Je eher es dem Fundamentalisten gelingt, plausibel zu machen, dass die Überzeugungen, die er als Fundament auszeichnen möchte, nicht begründungsbedürftig sind, desto weniger wird es ihm gelingen, plausibel zu machen, dass auf diesen Überzeugungen etwas aufgebaut werden kann. Und je eher ihm Letzteres gelingt, desto weniger wird ihm Ersteres gelingen.

Dementsprechend scheinen wahrnehmungsnahe Überzeugungen ebenso wenig wie Wahrnehmungen selbst als Fundament unserer Erkenntnis zu taugen. Es ist an dieser Stelle nützlich, sich noch einmal in Erinnerung zu rufen, dass die soeben beschriebenen Schwierigkeiten für den Fundamentalisten nicht etwa deshalb entstehen, weil der Skeptiker *zwingende* Gründe oder Gewissheit verlangen würden. Das tut er nicht. Vielmehr zeigen unsere Überlegungen anscheinend, dass wir *überhaupt keine* Gründe für die Basisüberzeugungen des Fundamentalisten finden können - weder in der Wahrnehmung noch in den Überzeugungen selbst! Es hilft dem Fundamentalisten deshalb nicht, wenn er bescheiden ist und von seiner Basis nicht verlangt, dass sie *unfehlbar*, *unkorrigierbar* oder *unbezweifelbar* ist. Was uns fehlt, ist anscheinend *irgendein* Argument dafür, warum es vernünftig sein soll, Basisüberzeugungen zu erwerben!

Phänomenalismus

Einen sehr radikalen Ausweg aus diesem Problem des Fundamentalisten hat der *Phänomenalist* zu bieten. Seiner Ansicht nach sind Aussagen über die Welt auf Aussagen über unsere Wahrnehmungen zurückführbar. Anders gesagt: Wenn wir scheinbar Aussagen über die Welt machen, wie beispielsweise „Hier steht ein Tisch", dann machen wir in Wahrheit (komplizierte) Aussagen über unsere Sinnesdaten. Der Satz „Hier steht ein Tisch" wäre dann etwa als Aussage über meine momentanen Wahrnehmungen - mir erscheint es jetzt so, als würde ich einen Tisch sehen - sowie über meine zukünftigen und kontrafaktischen Wahrnehmungen (also mittels so genannter *kontrafaktischer Konditionale*) - wäre ich in dieses Zimmer gegangen, oder besser: wäre es mir so erschienen, als wäre ich in dieses Zimmer gegangen, so wäre es mir so erschienen, als hätte ich einen Tisch gesehen - zu analysieren. Es ist klar, dass ein so einfacher Satz wie „Hier steht ein Tisch" auf diese Weise eine *sehr* komplizierte Übersetzung in eine „Sinnesdatensprache" erhalten würde, aber das allein schließt natürlich nicht aus, dass es eine solche Übersetzung geben könnte.

Was wäre aus Sicht der Erkenntnistheorie gewonnen, wenn es eine solche Übersetzung geben könnte? Wäre das der Fall, so könnten Aussagen über unsere Wahrnehmungen direkt (scheinbare) Aussagen über die Welt stützen. Zwar wäre noch immer eine skeptische Herausforderung in Bezug auf induktive Schlüsse zu überwinden - aus wenigen Beobachtungen würde man schließlich viele andere (potenzielle) Beobachtungen erschließen -, aber zweifellos wäre ein Fortschritt in Bezug auf den Außenweltskeptizismus erzielt.

Die phänomenalistische Sichtweise führt man meistens auf George Berkeley zurück (vgl. (222)), aber auch logische Positivisten wie Rudolf Carnap und Alfred J. Ayer sympathisierten (wenigstens zeitweise) mit diesem Ansatz (vgl. (226), (218), (219)). Allerdings erwies es sich aus prinzipiellen Gründen als schwierig, wenn nicht unmöglich, das anvisierte Übersetzungsprogramm durchzuführen. Insbesondere ist unklar, wie die grundlegenden Begriffe - der Begriff des Sinnesdatums und der Begriff des kontrafaktischen Konditionals - unabhängig von einer Rede über (geistunabhängige) Objekte verständlich gemacht werden können. Zudem wurde das grundlegende Argument für die These, dass wir nur zu Sinnesdaten direkten Zugang haben - das *argument from illusion* - grundlegend kritisiert (vgl. (217)). Und die Vorstellung, dass ein einzelner Satz über die Außenwelt für sich genommen empirische Konsequenzen hat (auf die er dann reduziert werden könnte), scheitert an Quines Einsicht, dass jede beliebige einzelne Überzeugung in Einklang mit der Erfahrung gebracht werden kann (vgl. Kapitel 3.2).

Trotz aller Schwierigkeiten ist das fundamentalistische Programm keineswegs aufgegeben worden. In der gegenwärtigen Debatte zeichnet sich vielmehr eine Renaissance dieses Ansatzes ab (vgl. (215), (224), (225), (235), (246), (252), (281)).

6.3 Rechtfertigung durch Kohärenz?

Der Grundgedanke der Kohärenztheorie

Die Schwierigkeiten, mit denen man konfrontiert ist, wenn man zu zeigen versucht, dass nicht jeder Abbruch der Rechtfertigung zum Dogmatismus führen muss, bringen manche Philosophen dazu, ihr Glück an anderer Stelle zu versuchen: Sie möchten plausibel machen, dass eine Rechtfertigung nicht unbedingt scheitert, auch wenn sie letztlich in einer noch näher zu bestimmenden Weise zirkulär wird. Der Grundgedanke dabei ist der Folgende: Während sowohl der Fundamentalist als auch der agrippinische Skeptiker davon ausgehen, dass Rechtfertigungen prinzipiell linear von einer Überzeugung zur nächsten verlaufen, hat der *Kohärentist* ein anderes Bild vor Augen.

Seiner Ansicht nach bilden unsere Überzeugungen ein Netz von sich gegenseitig stützenden Behauptungen – jedenfalls im Idealfall. Eine einzelne Überzeugung gilt dabei nicht als gerechtfertigt, wenn sie auf eine Basisüberzeugung zurückgeführt werden kann. Vielmehr erweisen wir eine Überzeugung als gerechtfertigt, indem wir aufzeigen, dass sie sich in ein *kohärentes* Gesamtsystem einfügen lässt. Eine einzelne Überzeugung wird demnach von *allen* anderen Überzeugungen des Systems gestützt, trägt aber auch selbst zur Kohärenz und damit zur Rechtfertigung des Gesamtsystems bei. Man sieht sofort, dass eine gelungene Rechtfertigung nach Ansicht des Kohärentisten also nicht einfach eine zirkuläre Rechtfertigung ist, auch keine zirkuläre Rechtfertigung, bei der der Kreis einfach nur sehr groß ist. Vielmehr betrachtet der Kohärentist Rechtfertigungen als grundsätzlich *nicht-linear*. Neben dem Bild des Netzes ist dabei auch das Bild des Schlusssteines instruktiv (vgl. (243)): Der Schlussstein eines Gewölbes wird von den tiefer liegenden Steinen gehalten – zugleich hält er aber auch das ganze Gewölbe. Ebenso werden einzelne Überzeugungen von anderen gerechtfertigt, tragen aber auch zu deren Rechtfertigung bei. Der Kohärentist zeichnet so ein grundsätzlich *holistisches* Bild von Rechtfertigungen. Viele Philosophen (unter anderem BonJour, Lehrer und Davidson) vertreten oder vertraten Formen des erkenntnistheoretischen Kohärentismus (vgl. (223), (193), (230)).

Für die kohärentistische Sichtweise kann sicherlich angeführt werden, dass wir keineswegs all unsere Überzeugungen durch eine Rückführung auf die Wahrnehmung und so gut wie gar keine durch Rückführung auf erste Vernunftwahrheiten rechtfertigen. Vielmehr betrachten wir es oft als Beleg für unsere Überzeugungen, wenn diese kohärent zu anderen Überzeugungen passen, die wir oder auch andere bereits haben. Besonders in der Wissenschaft kommt diese Form der Rechtfertigung häufig zum Tragen (vgl. (220)). Weiterhin kann der Kohärentist mühelos an der (wie wir gesehen haben schwer bestreitbaren) These festhalten, dass als Grund für eine Überzeugung immer nur eine andere Überzeugung in Frage kommt. Nach Davidson ist es sogar das, was den kohärentistischen Ansatz überhaupt auszeichnet (vgl. (230), S. 310). Die Wahrnehmung spielt zwar auch nach Ansicht des Kohärentisten eine wichtige Rolle, aber eben keine rechtfertigende, sondern eine rein kausale Rolle: Sie verursacht, dass wir Überzeugungen über die Welt haben, rechtfertigt diese Überzeugungen jedoch nicht. Damit umgeht der Kohärentist gerade die Hauptschwierigkeit, mit der fundamentalistische Ansätze zu kämpfen haben.

Was heißt „kohärent"?

Allerdings ist auch der Kohärentismus mit einer ganzen Reihe von Problemen behaftet. Hier ist zunächst einmal darauf hinzuweisen, dass der Grundbegriff dieses Ansatzes, der Begriff der Kohärenz, klärungsbedürftig ist. Sicherlich schließt Kohärenz *Konsistenz* ein. Aber nach Ansicht aller Kohärentisten ist Kohärenz mehr als das. Die Überzeugungen, die zu einem kohärenten Überzeugungssystem gehören, sollen nicht nur miteinander verträglich sein, sie sollen sich vielmehr gegenseitig stützen, das heißt, sie sollen zueinander in Beziehung stehen: logisch, semantisch oder probabilistisch. Besonderen Wert legen Kohärentisten zumeist darauf, dass die Überzeugungen eines kohärenten Systems zueinander in Erklärungsbeziehungen stehen. Zu klären, was genau unter *Erklärungskohärenz* zu verstehen ist, ist eine der wesentlichen Aufgaben für den Kohärentisten (vgl. (220)).

Auch wenn der Begriff der Kohärenz erklärungsbedürftig ist, muss allerdings betont werden, dass das nicht ein Problem der Kohärenztheoretiker allein ist. Denn auch der Fundamentalist muss ja erklären, wie er von den Basisüberzeugungen, die er auszeichnet, zu „höher liegenden" Überzeugungen kommt. Und dabei werden neben logischen Schlüssen sicherlich auch induktive Schlüsse und abduktive Schlüsse (also Schlüsse auf die beste Erklärung) eine wichtige Rolle spielen. So sieht der Fundamentalist sich hier ganz ähnlichen explikativen Aufgaben gegenüber wie der Kohärentist.

Was hat Kohärenz mit Wahrheit zu tun?

Es gibt aber auch Schwierigkeiten, die spezifisch für den Kohärentismus sind. Das vermutlich grundlegendste Problem lässt sich in folgender Frage auf den Punkt bringen: Was hat die Tatsache, dass ein System von Überzeugungen kohärent ist, mit der Wahrheit all dieser Überzeugungen zu tun? Anders gefragt: Wieso soll die Tatsache, dass ein System von Überzeugungen kohärent ist, für die Wahrheit irgendeiner dieser Überzeugungen sprechen? Und wiederum scheint es so zu sein, dass wir über *keinerlei* Evidenz dafür verfügen, dass unser jeweiliges Überzeugungssystem als Ganzes betrachtet eher aus wahren als aus falschen Überzeugungen besteht. Sicherlich: Wenn eine Überzeugung sich kohärent in ein System *wahrer* Überzeugungen einfügen lässt, dann spricht das für die Wahrheit der eingefügten Überzeugung. Aber was rechtfertigt uns in der Annahme, dass die meisten unserer Überzeugungen tatsächlich wahr sind? Die Antwort des Skeptikers lautet: Nichts! Unser System von Überzeugungen als Ganzes betrachtet akzeptieren wir „einfach so" und verletzen so die Evidenzforderung (vgl. Kapitel 5.2).

Isolationseinwand und Mehrere-Systeme-Einwand

Dieses Problem spiegelt sich in den beiden folgenden miteinander verwandten Einwänden wider (vgl. (224)). Der so genannte *Isolationseinwand* macht geltend, dass die Überzeugungen eines kohärenten Systems völlig von der Welt „isoliert" sein könnten. Es könnte sein, dass die Überzeugungen nur deshalb kohärent zusammen passen, weil sie *alle* (oder fast alle) falsch sind. Was Bertolt Brecht über die Dummheit gesagt hat, gilt eben auch für den Irrtum: Er wird unsichtbar, wenn er genügend große Ausmaße angenommen hat. Man denke nur wiederum an die skeptischen Hypothesen. Könnte es nicht sein, dass wir ein völlig kohärentes System von Überzeugungen besitzen, das leider so gut wie nichts mit der wirklichen Welt zu tun hat? Derselbe Gedanke liegt auch dem *Mehrere-Systeme-Einwand* zugrunde. Hier weist man darauf hin, dass es ja mehrere in sich kohärente Systeme geben könnte, die aber nicht kohärent zu einem Gesamtsystem verbunden werden können. Man kann sich vorstellen, dass diese Systeme sogar offensichtlich inkonsistent sind. Dann können nicht beide Systeme der Wirklichkeit entsprechen. Beide sind aber kohärent. Das heißt, dass die Kohärenz alleine uns offensichtlich keinen Hinweis darauf gibt, welches System denn (zu größeren Teilen oder ganz) wahr ist.

Wie kohärent sind wir?

Hinzu kommen Schwierigkeiten, die sich aus unserer faktischen Beschränktheit ergeben: Schon bei wenigen Überzeugungen fällt es uns sehr schwer, zu überschauen, ob diese konsistent sind. Wie sollen wir dann jemals im Hinblick auf unser gesamtes Überzeugungssystem feststellen, ob es kohärent ist? Selbst ein idealer Computer würde für eine Konsistenzprüfung recht weniger Sätze bereits länger brauchen als das Universum voraussichtlich existieren wird. Es scheint also schon aus Gründen der „computational complexity" unmöglich zu sein, die Kohärenz unseres Überzeugungssystems festzustellen (vgl. (172)). Wenn wir aber nicht herausfinden können, ob eine bestimmte Überzeugung sich kohärent in unser Überzeugungssystem einfügen lässt, dann ist es auch nach den Maßstäben des Kohärentisten unmöglich, irgendeine Überzeugung zu rechtfertigen. So würde der Skeptiker letztlich doch die Oberhand behalten (vgl. (100), Kapitel 4.6).

Eine Variante des Fundamentalismus

Schließlich kann man der Ansicht sein, dass auch der Kohärentismus nur eine Variante des Fundamentalismus ist. Der Kohärentist muss nämlich eine Reihe von „Metaüberzeugungen" als fundamental ansehen: die Überzeugung, dass das eigene Überzeugungssystem kohärent ist, dass es diesen oder jenen Inhalt hat, dass ein kohärentes Überzeugungssystem überwiegend aus wahren Überzeugungen besteht etc. Bezüglich dieser Überzeugungen stellt sich aber wiederum die Frage, ob wir *irgendeinen* Grund dafür haben, sie eher zu akzeptieren als abzulehnen. Die skeptische Antwort lautet: Nein! Der Kohärentist scheitert darum, wie es scheint, auf der Ebene der *Metarechtfertigung*.

6.4 Apriori-Rechtfertigung

Rationalismus

Empiristen suchen das Fundament all unserer Überzeugungen in der Erfahrung. Rationalisten suchen es in der Vernunft. Sie sind der Meinung, dass sich substanzielle Einsichten über die Welt (nicht etwa nur analytische Zusammenhänge) unabhängig von der Erfahrung, also a priori (vgl. Kapitel 3.1) rechtfertigen lassen. Der bekannteste Vertreter eines rationalistischen Fundamentalismus ist sicherlich Descartes. Descartes betrachtet in seinen *Mediationes de prima philosophia* systematisch, welche Überzeugungen angezweifelt werden können, und kommt zu dem Schluss, dass - zunächst einmal - nur eine einzige Einsicht gegen alle Zweifel immun ist: die Einsicht, dass der Zweifelnde, wie umfassend seine Zweifel auch sein mögen, dennoch nicht an der eigenen Existenz zweifeln kann. Weiterhin glaubt Descartes aber auch zweifelsfrei zeigen zu können, dass ein gütiger Gott existiert, der dafür bürgt, dass all das, was der Mensch *klar und deutlich* erfasst, tatsächlich auch den Tatsachen entspricht. Grundlegende Gesetze der Natur lassen sich nach Descartes in dieser Weise erfassen, und somit werden die Fundamente der empirischen Wissenschaft rein apriorisch gerechtfertigt. Descartes war kein bescheidener Fundamentalist. Er hielt seine Basis für unfehlbar, unkorrigierbar und unbezweifelbar.

Der Vorschlag, dass wir unsere Überzeugungen über die Außenwelt, also etwa die Überzeugung, dass ich gerade am Schreibtisch sitze, durch den Verweis auf die Existenz eines gütigen Gottes rechtfertigen sollen, kommt uns heute etwas abenteuerlich vor. Hier scheint das (vergleichsweise) Sichere mit dem (vergleichsweise) Unsicheren gerechtfertigt werden zu sollen. Das Vertrauen, das Descartes in seine Gottesbeweise setzte, können heute die meisten Philosophen jedenfalls nicht mehr aufbringen. Die Vorstellung aber, dass empirische Erkenntnis nicht ohne apriorische Erkenntnis möglich ist, ist keineswegs außer Mode gekommen. Im Gegenteil, die Diskussion um apriorische Erkenntnis ist in vollem Gange (vgl. 3. Kapitel). Wir werden an dieser Stelle jedoch nicht in diese Diskussion einsteigen, sondern zwei Ansätze betrachten, denen zufolge ein vergleichsweise „harmloser" *analytischer* Apriorismus genügt, um den Skeptiker in seine Schranken zu verweisen.

Analytischer Apriorismus

Sowohl der Fundamentalismus als auch der Kohärentismus geraten, wie es scheint, in unüberwindbare Schwierigkeiten. Ausgehend von dem, was wir unter „Rechtfertigung" verstehen, also ausgehend vom Begriff beziehungsweise von der Natur der Rechtfertigung, stellen wir fest, dass wir offensichtlich nicht über ausreichende Rechtfertigungen verfügen. Allerdings ist der Begriff der Rechtfertigung nicht der einzige, den es zu untersuchen gilt, wenn die Frage nach der Möglichkeit von Wissen im Raum steht. Vielleicht folgt ja bereits aus dem Begriff der Wahrheit oder aus dem Begriff der Überzeugung, dass wir in unseren Überzeugungen (zumindest manchmal) gerechtfertigt sind. Mit Theorien, die hier ansetzen, wollen wir uns jetzt beschäftigen.

Wenn man sich fragt, wie eine Analyse des Wahrheitsbegriffs uns bei dem Versuch helfen kann, die meisten unserer Überzeugungen als gerechtfertigt zu erweisen, so wird man sich sehr schnell an die *Kohärenztheorie der Wahrheit* (vgl. Kapitel 4.3) erinnert fühlen. Denn wenn man annimmt, dass Wahrheit letztlich auf die Kohärenz eines Überzeugungssystems zurückzuführen ist, dann kann der Kohärentist sein Grundproblem vielleicht doch noch lösen. Die entscheidende Schwierigkeit der Kohärenztheorie ist ja gerade, dass unklar bleibt, warum die Tatsache, dass ein bestimmtes System von Überzeugungen kohärent ist, *irgendeinen* Hinweis auf die Wahrheit des Systems gibt. Wenn aber Wahrheit letztlich nichts anderes als Überzeugungskohärenz ist, dann verschwindet diese Schwierigkeit offensichtlich. Natürlich bleibt auch hier das Problem, dass Wahrheit nicht mit der Kohärenz unserer tatsächlichen Überzeugungssysteme identifiziert werden kann, denn man möchte sicherlich nicht sagen, dass jedes kohärente Überzeugungssystem auch schon wahr ist.

Man wird darum eher „Kohärenz unter idealen Bedingungen" fordern. Aber immerhin liefert hier die Kohärenz ein *Indiz* für die Wahrheit, insofern Kohärenz unter nicht-idealen Bedingungen einen Hinweis auf Kohärenz unter idealen Bedingungen liefert. Allerdings dürfte es genau so schwer sein, die Kohärenztheorie der Wahrheit zu verteidigen wie den Skeptiker direkt zu widerlegen, so dass wir diesen Weg nicht weiter verfolgen wollen.

Der Ansatz Putnams

Wenn uns die Begriffe der Wahrheit und der Rechtfertigung nicht bei der Auseinandersetzung mit dem Skeptiker helfen können, bleibt eigentlich nur noch der Begriff der Überzeugung übrig. Tatsächlich sehen manche Philosophen hier eine Chance, umfassende skeptische Hypothesen auszuschließen. Betrachten wir zunächst ein Argument, das auf Putnam zurückgeht (vgl. (62)): Putnams Ausgangspunkt ist nicht direkt der Begriff der Überzeugung, sondern der Begriff der Referenz beziehungsweise der Begriff der Bedeutung. (Man könnte auch sagen, dass er von der Frage nach dem *Inhalt* unserer Überzeugungen ausgeht.) Er fragt sich, was der Fall sein muss, damit wir uns mit einem bestimmten Ausdruck auf etwas beziehen können, beziehungsweise was für die Bedeutung des Ausdrucks konstitutiv ist. Was ist beispielsweise entscheidend dafür, worauf wir uns mit dem Wort „Wasser" beziehen beziehungsweise was das Wort „Wasser" bedeutet? Nach Putnams Ansicht ist es entscheidend, in welcher Welt wir leben. Betrachten wir dazu sein bekanntes Gedankenexperiment von der Zwillingserde (vgl. (108)).

Putnams Zwillingserde-Beispiel

Nehmen wir an, es gäbe eine Zwillingserde, auf der alles so ist wie auf unserer Erde, mit einer Ausnahme: Das, was auf der Zwillingserde wie Wasser aussieht, wie Wasser schmeckt, sich wie Wasser anfühlt etc., hat einen anderen chemischen Aufbau als unser Wasser. Es besteht nicht aus H_2O, sondern aus XYZ. Nehmen wir weiter an, weder auf der Erde noch auf der Zwillingserde ist man sich über den chemischen Aufbau der jeweiligen Substanzen im Klaren. Entscheidend ist nun: Beziehen sich die Menschen auf der Erde und die auf der Zwillingserde auf dasselbe, wenn sie das Wort „Wasser" verwenden? Bedeutet das Wort „Wasser" auf der Erde und auf der Zwillingserde dasselbe? Putnams Antwort lautet: Nein! Auch wenn im Geist (beziehungsweise Gehirn) eines Erdbewohners und eines Zwillingserdbewohners exakt das Gleiche vorgeht, wenn sie den Satz äußern „Wasser ist nass", so beziehen sie sich dennoch auf Verschiedenes, und das Wort „Wasser" bedeutet auch nicht dasselbe. Im einen Fall bezieht sich das Wort auf H_2O, im anderen auf XYZ. Dementsprechend variiert auch die Bedeutung. Um Putnams Schlagwort zu zitieren: „Meanings ain't in the head" – die Bedeutung eines Ausdrucks wird nicht (allein) durch das bestimmt, was in uns vorgeht, sondern durch bestimmte kausale Abhängigkeiten von der Welt außerhalb von uns. Eine solche Theorie der Bedeutung bezeichnet man entsprechend als *externalistisch*. (Damit ist auch eine weitere Dimension angesprochen, in der sich Überzeugungen in Bezug auf ihren Inhalt unterscheiden können. Vgl. Kapitel 4.5, (240), (251).)

Putnams anti-skeptisches Argument

Welche Relevanz hat diese Bedeutungstheorie für das Problem des Skeptizismus? Kann sie uns helfen, skeptische Hypothesen, wie etwa die von Putnam in die Diskussion gebrachte Hypothese vom Gehirn im Tank (vgl. Kapitel 2.1), auszuschließen? Nach Putnams Ansicht ist das der Fall. Es ergibt sich nämlich aus dieser Theorie der Bedeutung, dass ich *notwendigerweise* die Unwahrheit sage, wenn ich den Satz „Ich bin ein Gehirn im Tank" äußere! Es gilt ja das Folgende: Entweder bin ich ein Gehirn im Tank oder nicht. Wenn ich kein Gehirn im Tank bin, dann sage ich etwas Falsches, wenn ich behaupte, ein Gehirn im Tank zu sein. Wenn ich aber ein Gehirn im Tank bin, sage ich ebenfalls etwas Falsches. Das liegt daran, dass der Satz „Ich bin ein Gehirn im Tank", wenn er von einem Gehirn im Tank geäußert wird, nicht dasselbe bedeutet, wie wenn er von jemandem geäußert wird, der kein Gehirn im Tank ist. Wenn ein Gehirn im Tank die Wörter „Gehirn" und „Tank" denkt oder äußert, dann beziehen sich diese Wörter auf das, was in entsprechender kausaler Relation zu diesen Wörtern steht, was auch immer das genau ist (vielleicht die Dateien im Computer, die entsprechende Vorstellungen im Gehirn hervorrufen). Jedenfalls beziehen sie sich nicht auf Gehirne und auf Tanks, denn dem Gehirn im Tank fehlt es an kausalem Kontakt zu Gehirnen und Tanks. So wie sich der Mensch auf der Zwillingserde nicht auf Wasser (H_2O), sondern auf Zwillingserdewasser (XYZ) bezieht, bezieht sich das Gehirn im Tank nicht auf („echte") Gehirne, sondern auf Gehirn-im-Tank-Gehirne (also „unechte"). Das Gehirn im Tank ist aber ein „echtes" Gehirn im Tank, kein Gehirn-im-Tank-Gehirn im Gehirn-im-Tank-Tank. Deshalb sagt es etwas Falsches, wenn es sagt, es sei ein Gehirn im Tank. So oder so: Wenn ich den Satz „Ich bin ein Gehirn im Tank" äußere, sage ich etwas Falsches. Also bin ich kein Gehirn im Tank. Die skeptische Hypothese, um die es uns ging, ist demnach ausgeräumt.

Putnam selbst betont, dass es einige Zeit gedauert habe, bis ihn sein eigenes Argument überzeugte. Und tatsächlich ist es nicht ganz leicht, zu durchschauen, wie das Argument letztlich funktioniert (vgl. (248)). Man sollte sich aber klarmachen, dass es (vielleicht von Feinheiten abgesehen) funktioniert, dass es also nur zurückgewiesen werden kann, wenn man eine der Prämissen zurückweist. Und hier scheint nur die externalistische Theorie der Bedeutung in Frage zu kommen. Tatsächlich sehen viele Philosophen hier die Schwachstelle. Williams beispielsweise betont, dass sich eine Theorie der Bedeutung, die zur Folge hat, dass der Skeptiker widerlegt ist, damit selbst ihre Glaubwürdigkeit nimmt (vgl. (337), S. 18). Des einen Philosophen modus ponens - aus A folgt B, nun aber A, also B - ist des anderen Philosophen modus tollens - aus A folgt B, nun aber nicht-B, also nicht-A! Das wird besonders deutlich an folgender Variante von Putnams Argument, die von Warfield stammt (vgl. (258)):

1. Ich denke, Wasser ist nass.
2. Ein Gehirn im Tank kann nicht über Wasser nachdenken.
3. Also bin ich kein Gehirn im Tank.

Die zweite Prämisse hält Warfield für wahr, weil er den semantischen Externalismus für wahr hält. Und die erste Prämisse wird üblicherweise vom Skeptiker überhaupt nicht angezweifelt. (Der Skeptiker gesteht uns zu, dass wir *denken*, dass Wasser nass ist; er bestreitet nur, dass wir das *wissen*!) Natürlich kann man sich fragen, ob wir als semantische Externalisten nicht anzweifeln sollten, dass wir tatsächlich wissen, was wir denken. Das ist eine komplizierte Frage, der wir hier nicht weiter nachgehen können (vgl. die Literaturangaben in (258)). Man stelle sich aber einmal die Frage, was es überhaupt bedeuten soll, sich darüber zu täuschen, was man glaubt.

Der Ansatz Davidsons

Eine etwas andere Form der apriorischen Rechtfertigung unserer Überzeugungen über die Außenwelt versucht Donald Davidson. Sein Ziel ist es, zu zeigen, dass Überzeugungen, die Teil eines kohärenten Systems von Überzeugungen sind, tatsächlich wahr sein müssen – zumindest die meisten von ihnen. (Überzeugungen kann man nicht gut zählen. Gemeint ist hier, dass bei jeder Überzeugung zumindest eine starke Wahrheitsvermutung berechtigt ist.) Davidson versucht also, genau das Problem der Metarechtfertigung zu lösen, an dem der Kohärentist gescheitert ist. Wie die meisten Kohärentisten geht aber auch Davidson davon aus, dass eine Kohärenztheorie der Wahrheit keine angemessene Lösung des Problems ist. (Der Titel des entsprechenden Aufsatzes von Davidson – „A Coherence Theory of Truth and Knowledge“ – ist insofern etwas irreführend.) Wahrheit ist für Davidson vielmehr ein Grundbegriff, der nicht weiter analysiert werden kann oder muss. Er ist nach seiner Ansicht bereits durch Tarskis Konvention T ausreichend charakterisiert, und insofern vertritt Davidson zumindest in rudimentärer Form eine Korrespondenztheorie der Wahrheit (vgl. Kapitel 4.3). Allerdings hält er die Vorstellung für verfehlt, dass die Wahrheit einer Überzeugung in irgendeiner Weise durch die *Konfrontation* einer Überzeugung mit der Wirklichkeit getestet werden könnte. Davidson lehnt deshalb alle fundamentalistischen Rechtfertigungstheorien kategorisch ab. Eine Überzeugung kann vielmehr immer nur durch eine andere Überzeugung gerechtfertigt werden – diese These ist, wie gesagt, nach Ansicht Davidsons die Grundannahme kohärentistischer Theorien der Rechtfertigung. Die Wahrnehmung ist dagegen nur *kausal*, nicht aber rechtfertigend mit entsprechenden Überzeugungen verbunden. Was Davidson zeigen möchte ist also, dass „Korrespondenz ohne Konfrontation“ (sondern allein durch Feststellung von Kohärenz und apriorischen Überlegungen) erkannt werden kann.

Radikale Interpretation

Wie Putnam vertritt Davidson eine externalistische Theorie der Bedeutung. Und auch bei ihm bildet diese die Grundlage zur Widerlegung des Skeptikers. Ausgangspunkt ist wiederum ein Gedankenexperiment: Stellen wir uns vor, wir würden auf einen Menschen treffen, dessen Sprache wir nicht verstehen. Wir haben keine Möglichkeit, jemanden zu finden, der eine Übersetzung geben könnte. Wie können wir die Äußerungen des Fremden entschlüsseln? Vor diesem Problem der *radikalen Interpretation*, wie Davidson es nennt, steht beispielsweise der Ethnologe, der erstmals mit einer fremden Sprache konfrontiert wird. Ein Ansatzpunkt zur Lösung des Problems besteht darin, dass wir normalerweise erkennen können, wenn jemand einer Äußerung zustimmt oder wenn er sie ablehnt. Wenn der Fremde beispielsweise auf einen vorbeihoppelnden Hasen zeigt und unter zustimmender Gestik die Worte „Gavagai" äußert – dieses Beispiel stammt von Quine (vgl. (250), 2. Kapitel) –, dann können wir vermuten, dass „Gavagai" so etwas wie „Da ist ein Hase" bedeuten wird. Diese Deutung können wir dann belegen oder korrigieren, indem wir darauf achten, in welchen Kontexten der Fremde das Wort „Gavagai" sonst noch verwendet. Wenn wir auch mit anderen Äußerungen unseres Gesprächspartners so verfahren, können wir die unbekannte Sprache vielleicht nach und nach entschlüsseln. Das ist natürlich in Wirklichkeit nicht so einfach, denn Sätze wie „Da ist ein Hase", die anlässlich einer Begegnung mit dem Objekt, um das es geht, geäußert werden – so genannte „Gelegenheitssätze" („occasion sentences") – sind eher die Ausnahme in einer Sprache.

Davidsons antiskeptisches Argument und das Prinzip des Wohlwollens

Nach Davidson können wir an diesem Beispiel grundlegende Zusammenhänge zwischen den Begriffen der Überzeugung, der Bedeutung und der Wahrheit ablesen: Wenn wir die Äußerungen des Fremden interpretieren, dann lernen wir *gleichzeitig* seine Überzeugungen und die Bedeutung der Sätze, die er verwendet, um seine Überzeugungen auszudrücken, kennen, und das nur, wenn wir erstens davon ausgehen, dass die Äußerungen des Fremden (zumindest einigermaßen) *kohärent* sind und zweitens dass sie (zumindest überwiegend) *wahr* sind. Diese beiden Annahmen nennt Davidson das *Prinzip des Wohlwollens* („principle of charity"): Wir sollen unsere Mitmenschen als so kohärent und irrtumsfrei wie möglich ansehen. Tatsächlich *können* wir den Fremden gar nicht als jemanden deuten, der überwiegend falsche Überzeugungen hat, denn wenn wir das täten, hätten wir keine Möglichkeit, seine Äußerungen auch nur zu verstehen.

Damit scheint allerdings noch nicht gezeigt zu sein, dass ein überwiegend falsches System von Überzeugungen nicht denkbar ist, denn es könnte ja sein, dass sich der Interpret mit dem Interpretierten auf der Grundlage *beiderseitigen* Irrtums versteht. Wenn beispielsweise der Interpret schlecht sieht und den Hasen für ein Eichhörnchen hält, der Fremde aber dem gleichen Irrtum unterliegt (und dieser Irrtum auch bei anderer Gelegenheit nie ausgeräumt wird), dann könnten sich die beiden bestens verstehen, ohne dass einer von beiden mit der Behauptung „Da ist ein Eichhörnchen" Recht hätte! Nach Davidson ist das tatsächlich möglich, aber wiederum nur im Einzelfall. Es kann nicht sein, dass der Interpret den Fremden auf der Grundlage *allgemeinen* Irrtums versteht. Um das zu beweisen, führt Davidson die Figur des fast allwissenden Interpreten ein. Dieser kennt zwar die Sprache des Fremden nicht (insofern ist er nur fast allwissend), wohl aber alle anderen Tatsachen der Welt. Entscheidend ist nun, dass auch dieser allwissende Interpret dem Fremden (und auch dem nicht allwissenden Interpreten) nur (überwiegend) wahre Überzeugungen zuschreiben kann. Auch für ihn ist das Prinzip des Wohlwollens Voraussetzung für eine mögliche Interpretation. Da wir jetzt aber einen (fast) allwissenden Interpreten betrachten, kann man sagen, dass die Überzeugungen des Fremden (und des nicht allwissenden Interpreten) gemessen an den tatsächlichen Ursachen dieser Überzeugungen überwiegend wahr sind. Hier kommt die externalistische Theorie der Bedeutung ins Spiel: Was die Überzeugungen des Fremden bedeuten, ist durch die tatsächlichen Ursachen dieser Überzeugungen bestimmt. Da der (fast) allwissende Interpret diese Ursachen kennt, ist seine Interpretation maßgeblich. Auch nach ihr sind die Überzeugungen des Fremden überwiegend wahr, also *sind* sie (überwiegend) wahr.

Warum behauptet Davidson nur, dass die Überzeugungen *überwiegend* wahr sein müssen? Hier ist auf zwei Punkte hinzuweisen. Zum einen verlangt die radikale Interpretation nicht, dass wir *alle* Äußerungen des Fremden als wahr ansehen. Es genügt, wenn wir uns *meistens* einigen können. Zum anderen wird es häufig gar nicht möglich sein, das Prinzip des Wohlwollens vollständig anzuwenden. Wir können unsere Mitmenschen häufig nur dann als konsistent deuten, wenn wir ihnen einen Irrtum unterstellen, beziehungsweise nur dann als verlässlich deuten, wenn wir annehmen, dass sie inkohärent (oder sogar inkonsistent) sind. Im Endeffekt müssen wir holistisch vorgehen: Das Prinzip des Wohlwollens verlangt, den Anderen als so kohärent und so fehlerlos wie möglich zu deuten. Dazu müssen wir hin und wieder Inkohärenz und Irrtum unterstellen.

Es handelt sich auch bei Davidsons Skepsiswiderlegung um eine rein apriorische Überlegung, denn er baut dabei auf rein begriffliche Einsichten. Sein Gedankenexperiment der radikalen Interpretation soll uns (ähnlich wie Putnams Beispiel von der Zwillingserde) vor Augen führen, wie wir die Begriffe der Überzeugung, der Bedeutung und der Wahrheit und die Zusammenhänge zwischen ihnen verstehen. Wenn wir uns nur klar machen, wie die Wahrheit einer Überzeugung mit der Bedeutung einer Überzeugung zusammenhängt, dann sehen wir nach Davidson auch, dass es nicht möglich ist, ein überwiegend falsches System von kohärenten Überzeugungen zu haben.

Wie Putnam scheint Davidson allerdings eine Skepsis höherer Stufe zu provozieren: Könnte es nicht sein, dass wir uns grundlegend darüber irren, welche Überzeugungen wir haben? Wiederum ist nicht so klar, ob das überhaupt eine verständliche Frage ist. Aber wiederum ist die Tatsache, dass wir hier noch Fragen haben, ein Indiz dafür, dass auch Davidson vielleicht nicht alle begrifflichen Beziehungen einbezieht, die hier zu betrachten wären.

Die Grenzen von Putnams und Davidsons Antiskepsis

Wie auch immer man die Versuche einer apriorischen Rechtfertigung bewertet, eines ist jedenfalls klar: Sie können uns nur vor einer sehr umfassenden Skepsis bewahren. Weder Putnams noch Davidsons Überlegungen schließen nämlich aus, dass ich *seit Kurzem* ein Gehirn im Tank bin. Die Bedeutung der Wörter, die ich verwende (oder denke), hängt vielleicht mit ihrem kausalen Ursprung zusammen, wie es die externalistische Theorie der Bedeutung besagt. Keinesfalls aber ändert sich die Bedeutung eines Wortes unmittelbar mit jeder (kurzfristigen) Änderung des Umfelds des Sprechers. Wenn mich jemand auf die Zwillingserde „beamt", dann rede ich, zumindest in der ersten Zeit, immer noch über H_2O, nicht über XYZ. Und auch aus der Perspektive des allwissenden Interpreten rede ich weiterhin über Gehirne und Tanks, auch wenn ich kurzfristig in einen Tank verpflanzt wurde. Die Überlegungen von Putnam und Davidson zeigen (bestenfalls), dass ich nicht schon immer oder seit sehr langem ein Gehirn im Tank bin.

6.5 Auf einen Blick, Literaturhinweise, Fragen und Übungen

Auf einen Blick

Der radikale Skeptiker (in unserem Sinn) behauptet, dass wir (so gut wie) nichts wissen können, dass also in Bezug auf (fast) all unser vorgebliches Wissen mindestens eine notwendige Wissensbedingung niemals erfüllt ist. Seine Argumente – solche, die skeptische Hypothesen verwenden, und das Aprippa-Trilemma – sprechen dabei weder dagegen, dass die Überzeugungs- noch dagegen dass die Wahrheitsbedingung erfüllt ist. Und auch die Frage, ob unsere persönlichen Rechtfertigungen sachlich unanfechtbar sind, bleibt offen. Die Argumente zeigen aber, wie es scheint, dass wir (so gut wie) niemals persönlich gerechtfertigt in unseren Überzeugungen sind.

Man hat vor allem auf zwei Weisen versucht, dem Agrippa-Trilemma zu entgehen: Fundamentalisten bestreiten, dass der Abbruch einer Rechtfertigung immer dogmatisch sein muss. Ihrer Ansicht nach gibt es Basisüberzeugungen, die entweder selbstrechtfertigend oder aber durch etwas anderes als durch weitere Überzeugungen gerechtfertigt sind. Auf dem Fundament solcher Überzeugungen können wir unsere Rechtfertigungen aufbauen. Empiristische Fundamentalisten sind der Ansicht, dass die Wahrnehmung selbst oder wahrnehmungsnahe Überzeugungen den drohenden Rechtfertigungsregress stoppen können. Das grundlegende Problem dieser Sichtweise besteht darin, dass anscheindend nur etwas, was selbst begründungsbedürftig ist, begründend sein kann und andererseits nur etwas nicht begründungsbedürftig ist, was selbst nicht begründend sein kann. Auch der Phänomenalismus bietet, wie es scheint, keinen Ausweg aus diesem Dilemma.

Kohärentisten versuchen einen anderen Ausweg aus dem Agrippa-Trilemma zu finden. Sie wollen zeigen, dass nicht jede Rechtfertigung scheitert, die irgendwie zirkulär genannt werden kann. Der Grundgedanke dabei ist, dass Rechtfertigungen ihrer Natur nach nicht linear sondern holistisch strukturiert sind: Eine Überzeugung wird durch die Einbettung in ein kohärentes System von

Überzeugungen gerechtfertigt, trägt dabei jedoch auch zur Rechtfertigung des Systems bei. Das Hauptproblem dieser Sichtweise besteht darin, zu erklären, was Kohärenz mit Wahrheit zu tun hat. Die These, dass ein kohärentes Überzeugungssystem auch (wahrscheinlich) wahr ist, scheint ein der (Meta-) Rechtfertigung nicht mehr zugängliches Fundament der kohärentistischen Sichtweise zu sein. Hinzu kommt, dass wir anscheindend nicht einmal wissen können, ob wir jemals über ein kohärentes Überzeugungssystem verfügen oder nicht.

Rationalistische Fundamentalisten glauben, dass das Fundament unserer Überzeugungen in der Vernunft zu finden ist. Descartes etwa sieht im „Ich denke, also bin ich" ein solches Fundament. Heutige Erkenntnistheoretiker versuchen durch die Klärung des Begriffs der Überzeugung beziehungsweise der Bedeutung eine Antwort auf die skeptische Herausforderung zu finden. Grundlage ist dabei die Beobachtung, dass der Inhalt einer Überzeugung (teilweise) durch kausale Bezüge bestimmt wird. Das führt nach Putnam dazu, dass wir die Falschheit des Satzes „Ich bin ein Gehirn im Tank" a priori erkennen können. Nach Davidson zeigt sich, dass ein kohärentes System von Überzeugungen (überwiegend) wahr sein muss. Beide Ansätze basieren auf diskussionswürdigen Annahmen. Zudem zeigen sie jedenfalls nicht, dass wir nicht seit Kurzem Gehirne im Tank sind beziehungsweise dass unser (kohärentes) Überzeugungssystem nicht seit Kurzem überwiegend falsche Überzeugungen enthält. Insofern scheint die skeptische Herausforderung drängend zu bleiben.

Literaturhinweise

Es wurden und werden sehr verschiedene Varianten fundamentalistischer Theorien vertreten: (213), (215), (218), (224), (225), (227), (235), (236), (238), (244), (246), (252), (253), (281). Auch die Kohärenztheorie wurde in ganz unterschiedlicher Art und Weise ausgearbeitet (vgl. (220), (221), (223), (230), (242), (243), (257), (259)). Häufig werden dabei fundamentalistische Theorien vor allem durch den Verweis auf die Schwächen des Kohärentismus begründet und umgekehrt. Zu Putnam vgl. (62), (108) und (248). Die im vorliegenden Zusammenhang zentralen Texte von Davidson, „A Coherence Theory of Truth and Knowledge" sowie „Epistemology Externalized", findet man in (232). Zur zugrunde liegenden Sprachphilosophie vgl. (231), darin insbesondere „True to the Facts" und „On the Very Idea of a Conceptual Scheme". Letzterer Artikel ist insbesondere auch im Zusammenhang mit den so genannten *transzendentalen Argumenten* von Bedeutung. Vgl. dazu den Eintrag in (25) sowie (256), (237) und (226a).

Fragen und Übungen

1. Bestreitet der Skeptiker, dass die meisten unserer Überzeugungen *wahr* sind?
2. Überlegen Sie schon jetzt einmal: Welche Rolle spielt die Evidenzforderung für die beiden skeptischen Argumente? Ist sie für beide Argumente gleichermaßen wichtig? (Vgl. auch Kapitel 8.6.).
3. Der empiristische Fundamentalist kommt gleich in zwei Dilemmata. In welche?
4. Was versteht man unter dem „Mythos des Gegebenen"?

5. Wie kommt der Fundamentalist wohl von der Basis zum Überbau? Welcher Ansatzpunkt für den Skeptiker bietet sich hier?
6. Informieren Sie sich: Wie lautet das „Argument from Illusion"? (Lesen Sie dazu (217)!)
7. Was spricht gegen den Phänomenalismus?
8. Was versteht man unter Kohärenz? (Und warum muss auch der Fundamentalist diese Frage beantworten?)
9. Inwiefern ist auch der Kohärentist ein Fundamentalist?
10. Was besagt der Isolationseinwand, was der Mehrere-Systeme-Einwand?
11. „Ich denke, also bin ich." – Was heißt hier „also"? (Vgl. dazu (58).)
12. Was denken wohl Gehirne im Tank, wenn sie denken „Ich bin ein Gehirn im Tank"?
13. Was weiß der allwissende Interpret nicht?
14. Welche Rolle spielt der semantische Externalismus in Davidsons Skepsiswiderlegung?

7. Wissen ohne Rechtfertigung

Überblick

Ausgehend von der Unterscheidung zwischen internalistischen und externalistischen Theorien des Wissens werden hier verschiedene Varianten des Externalismus untersucht. Dabei bildet die kausale Theorie des Wissens den Ausgangspunkt. Verschiedene Formen des so genannten Reliabilismus versuchen die Schwächen dieser Theorie zu überwinden. Es zeigt sich jedoch, dass alle externalistischen Theorien letztlich mit sehr ähnlichen Problemen zu kämpfen haben wie die Wissenstheorien, die im fünften Kapitel untersucht wurden. Auch im Hinblick auf die skeptische Herausforderung ergeben sich Schwierigkeiten.

7.1 Internalismus und Externalismus

Ist Rechtfertigung notwendig für Wissen?

In Anbetracht der Schwierigkeiten, in die uns die bisherigen Überlegungen zur Natur des Wissens gebracht haben, liegt es nahe, diese Überlegungen noch einmal zu überdenken. Die Wahrheits- und die Überzeugungsbedingung waren sowohl gut begründet als auch relativ unproblematisch. Sie haben weder zu dem im fünften Kapitel beschriebenen Relevanzproblem noch zu den im sechsten Kapitel behandelten Schwierigkeiten im Umgang mit der skeptischen Herausforderung geführt. Für beide Schwierigkeiten ist vielmehr die Rechtfertigungsbedingung verantwortlich. Das ist sicherlich Grund genug, noch einmal darüber nachzudenken, ob wir nicht doch auf die Rechtfertigungsbedingung verzichten können. Ist Rechtfertigung wirklich *notwendige* Bedingung für Wissen?

Gehen wir noch einmal zurück zu dem Beispiel, das uns zur Annahme der Rechtfertigungsbedingung brachte. Der Wahrsager sagt Peter, dass die schöne Heidi (nach der Peter sich sehnt, mit der auch nur ein Wort zu wechseln er aber noch nie gewagt hat) ihn liebt. Peter ist gutgläubig und nimmt die Weissagung für bare Münze, und tatsächlich will es der glückliche Zufall, dass Heidi ihn wirklich liebt. Wir wollen nicht sagen, dass Peter in diesem Fall *weiß*, dass Heidi ihn liebt. Aber warum nicht? Auf den ersten Blick fehlt es Peter an einer geeigneten Rechtfertigung seiner Überzeugung. Aber die Forderung nach adäquaten Gründen ist nicht die einzige Möglichkeit, um zufälligerweise wahre Überzeugungen als Fälle von Wissen auszuschließen.

Zwei Beispiele

Betrachten wir etwa den folgenden Fall. Wir fragen die zweijährige Susi, deren Ball beim Spiel in einen Busch gefallen ist, wo ihr Ball ist. Sie zeigt auf den Busch und ruft: „Da, Ball!" Würden wir unter diesen Umständen auch nur eine Sekunde zögern, von Susi zu sagen, dass sie weiß, wo ihr Ball ist? Sicher nicht, obwohl es vielleicht noch Jahre dauern wird, bis Susi allein die Frage „Warum glaubst Du das?" verstehen wird. Susi ist demnach sicherlich nicht in der Lage dazu, irgendwelche Gründe für ihre Überzeugung anzuführen. Sie glaubt „einfach so", dass der Ball sich im Busch befindet. Die Rechtfertigungsbedingung ist also, wie es scheint, nicht erfüllt, und doch würden wir Wissen zuschreiben. Rechtfertigung kann also nicht notwendig für Wissen sein.

In die gleiche Kerbe schlägt das folgende Beispiel: Herbert geht zum Schrank und holt die Hundeleine heraus. Sofort fängt der Dackel Waldi an, mit dem Schwanz zu wedeln, er rennt zur Haustür und springt aufgeregt hin und her. Würden wir nicht sagen, dass Waldi weiß, dass ein Spaziergang ansteht? Und doch kann natürlich nicht die Rede davon sein, dass Waldi seinen epistemischen Pflichten gerecht wird, denn Waldi hat keine epistemischen Pflichten. Auch in diesem Fall ist die Rechtfertigungsbedingung demnach nicht erfüllt.

Beispiele wie die von Susi und Waldi sprechen dagegen, Rechtfertigung als notwendige Bedingung für Wissen anzusehen. Es ist nicht das Vorliegen einer Rechtfertigung, welche die kleine Susi und den Hund Waldi, wenn sie denn die richtige Sicht der Dinge haben, zu Wissenden macht. Vielmehr scheint hier die Art und Weise entscheidend zu sein, wie sie zu dieser richtigen Sicht der Dinge kommen. Susi hat *gesehen* wo der Ball hingefallen ist; Waldi hat sich *gemerkt*, dass immer ein Spaziergang ansteht, wenn Herbert die Leine aus dem Schrank holt. Und das genügt anscheinend, um sagen zu können, dass beide jetzt entsprechendes Wissen haben. Diese Überlegung bringt uns zu folgendem Vorschlag für die Analyse des Wissensbegriffs:

Beachte

Person S weiß, dass p, genau dann, wenn es (1) der Fall ist, dass p, wenn (2) S davon überzeugt ist, dass p, und wenn (3) die Überzeugung von S, dass p, in der richtigen Art und Weise entstanden ist.

Die entscheidende Frage, welche diese Analyse aufwirft, ist natürlich, was genau darunter zu verstehen ist, dass eine Überzeugung „in der richtigen Art und Weise entstanden ist". Wir werden auf diese Frage im nächsten Unterkapitel zurückkommen. Jedenfalls ist aber auch mit dieser Analyse des Wissensbegriffs sichergestellt, dass *zufälligerweise* wahre Überzeugungen nicht als Wissen gelten können. Die Überzeugung des gutgläubigen Peter, dass Heidi ihn liebt, ist offensichtlich nicht in der richtigen Art und Weise entstanden.

Externalismus und Internalismus

Philosophen, die Wissensanalysen der beschriebenen Form vertreten, werden häufig als *Externalisten* bezeichnet. Der Grund dafür ist, dass ihrer Ansicht nach das, was eine wahre Überzeugung zu Wissen macht, etwas ist, was dem wissenden Subjekt nicht kognitiv zugänglich sein muss, also „extern“ zu dessen System von Überzeugungen sein kann. So müssen weder Susi noch Waldi irgendwelche Überzeugungen über die Art und Weise haben, wie sie zu ihren jeweiligen wahren Überzeugungen gekommen sind, und doch ist diese nach Ansicht des Externalisten entscheidend dafür, ob diese wahren Überzeugungen als Wissen gelten können oder nicht.

Im Unterschied zum Externalisten ist der *Internalist* der Ansicht, dass das, was die wahre Überzeugung eines Subjekts zu Wissen macht, dem Subjekt zugänglich sein muss. Man kann von einer *rein internalistischen* Wissensanalyse sprechen, wenn *alles*, was eine wahre Überzeugung zu Wissen macht, dem Subjekt zugänglich sein muss. Die Standardanalyse von Wissen ist eine solche rein internalistische Wissensanalyse, denn dieser Analyse zufolge kommt zur Wahrheits- und Überzeugungsbedingung lediglich die Bedingung der persönlichen Rechtfertigung hinzu, und bei dieser geht es gerade allein um die interne Perspektive der gerechtfertigten Person. Da die Standardanalyse jedoch von niemandem (mehr?) vertreten wird, sollte man die Bezeichnung „Internalist“ besser auch auf die Philosophen anwenden, welche der Ansicht sind, dass es unter den Bedingungen, die Wissen von wahren Überzeugungen unterscheiden, überhaupt kognitiv zugängliche Bedingungen *gibt*. All die Philosophen, denen zufolge Wissen persönliche Rechtfertigung beinhaltet, sind demnach Internalisten. Sie sind jedoch keine *reinen* Internalisten, wenn ihrer Ansicht nach neben der dem Subjekt zugänglichen persönlichen Rechtfertigung zusätzliche weitere, dem Subjekt nicht notwendigerweise zugängliche Bedingungen (wie die Bedingung der sachlichen Rechtfertigung) zu erfüllen sind. Die im fünften Kapitel behandelten Unanfechtbarkeits-Ansätze können demnach als internalistische (aber nicht rein internalistische) Wissenstheorien gelten.

Die Bezeichnungen „Internalismus“ und „Externalismus“ sind allerdings mit Vorsicht zu genießen. Es handelt sich um Bezeichnungen, die in verschiedenen Bereichen der Philosophie in vielen verschiedenen Bedeutungen verwendet werden. Selbst innerhalb der Erkenntnistheorie ist die Verwendungsweise leider nicht einheitlich. So sprechen manche Erkenntnistheoretiker beispielsweise auch von internalistischen und externalistischen Auffassungen von *Rechtfertigung*. Einer externalistischen Auffassung von Rechtfertigung zufolge kann man sagen, ein Subjekt sei in seiner Überzeugung gerechtfertigt durch Faktoren, die ihm selbst nicht zugänglich sind, etwa durch die Art und Weise, wie es zu seiner Überzeugung gekommen ist. (Susi und Waldi würden in diesem Sinn also als gerechtfertigt gelten.) Als internalistische Auffassung von Rechtfertigung gilt dann das, was wir als persönliche Rechtfertigung bezeichnet hatten. Verwendet man die Begriffe in dieser Weise, so kann jemand ein „Externalist“ genannt werden, der Rechtfertigung als notwendige Bedingung für Wissen ansieht. Er muss nur eine externalistische Auffassung von Rechtfertigung vertreten. Wir werden jedoch im Folgenden bei der oben beschriebenen Verwendungsweise bleiben beziehungsweise auf diese Bezeichnungen so weit wie möglich verzichten. (In diesem Sinn ist auch die Überschrift dieses Kapitels zu verstehen.)

Ist Rechtfertigung doch notwendig für Wissen?

Bevor wir uns der Frage zuwenden, was nach Ansicht des Externalisten genau an die Stelle der Rechtfertigungsbedingung treten soll, wollen wir noch einmal überlegen, ob die gegen die Rechtfertigungsbedingung angeführten Beispiele wirklich so überzeugend sind, wie sie zunächst scheinen. Tatsächlich würden viele Philosophen bestreiten, dass wir der kleinen Susi und erst recht dem Hund Waldi Wissen zuschreiben können, und zwar gerade deshalb, weil es ihnen an persönlicher Rechtfertigung mangelt. Wenn hier von Wissen die Rede ist, dann bestenfalls in einem eingeschränkten Sinn. „Streng genommen" will man vielleicht weder Susi noch Waldi echtes Wissen zuschreiben.

Aber selbst wenn wir daran festhalten, dass in beiden Fällen die Zuschreibung von Wissen uneingeschränkt angemessen ist, führt uns das noch nicht zwangsläufig zur Aufgabe der Rechtfertigungsbedingung. Denn es könnte ja sein, dass wir bisher den Begriff der persönlichen Rechtfertigung einfach nur zu eng gefasst haben. Zumindest im Fall von Susi möchte man doch vielleicht sagen, dass sie ihren epistemischen Pflichten gerecht geworden ist, auch wenn sie keine Gründe für ihre Überzeugung angeben konnte. Vielleicht ist es doch nicht immer unvernünftig, etwas „einfach so" zu glauben. Vielmehr könnte die Evidenzforderung (vgl. Kapitel 5.2) unangemessen sein. Wir werden auf diesen Punkt im nächsten Kapitel zurückkommen.

BonJours Hellseher-Beispiel

Vor allem aber scheint es Beispiele zu geben, die unmittelbar gegen die externalistische Analyse des Wissensbegriffs sprechen. Die bekanntesten dieser Beispiele stammen von Laurence BonJour (vgl. (223), 3. Kapitel). Betrachten wir den folgenden Fall: Maud ist eine Person, die über eine eigentümliche Gabe verfügt: Sie kann hellsehen. Ihre Hellseherei ist de facto absolut verlässlich. Wann immer Maud durch sie zu einer Überzeugung kommt, ist diese wahr. Allerdings weiß Maud selbst nichts von ihrer erstaunlichen Gabe. Im Gegenteil, sie hält Hellseherei für blanken Unsinn. Stellen wir uns jetzt vor, Maud ist durch ihre Hellseherei zu der Überzeugung gekommen, dass sich der Präsident der USA gerade in New York aufhält, was tatsächlich der Fall ist. Sicherlich würden wir unter diesen Umständen nicht sagen, dass Maud *weiß*, dass der Präsident sich in New York aufhält. Der Grund dafür scheint aber allein die Tatsache zu sein, dass Maud in dieser Überzeugung nicht persönlich gerechtfertigt ist. Sie ist vielmehr irrational, wenn sie eine Überzeugung erwirbt, die ihr „einfach so" zufliegt, zumal wenn sie Hellseherei für Unsinn hält. Aber heißt das nicht, dass eine persönliche Rechtfertigung eben doch notwendig für Wissen ist? Ist also die externalistische Analyse des Wissensbegriffs unzureichend?

Wie nicht anders zu erwarten, ist das Beispiel umstritten. Beruht unser Drang, Maud Wissen abzusprechen, nicht einfach darauf, dass wir zutiefst davon überzeugt sind, dass Hellseherei tatsächlich *nicht* verlässlich ist? Wenn das so wäre, würde es bedeuten, dass wir das Beispiel einfach nicht so annehmen, wie es erzählt ist. Weiterhin muss man sich fragen, ob Maud wirklich eine persönliche Rechtfertigung zum Wissen fehlt oder nicht etwas viel Schwächeres. So wie das Beispiel nämlich beschrieben ist, fehlt es Maud an dem Minimum an Rationalität, das notwendig ist, um jemandem eine Überzeugung zuzuschreiben. Wenn Maud wirklich überzeugt davon ist, dass Hellseherei Unsinn ist, *kann* sie dann überhaupt gleichzeitig eine Überzeugung erwerben, die ihr „einfach so" in den Sinn kommt?

Immerhin macht das Beispiel deutlich, warum viele Philosophen die externalistische Wissensanalyse mit Misstrauen betrachten. Zwar scheint diese einer von Erkenntnistheoretikern gerne betriebenen Überintellektualisierung des Erkenntnisvorgangs entgegen zu steuern - besonders im Fall von durch Wahrnehmung erworbenem Wissen ist die Forderung nach expliziten Gründen nicht sehr plausibel -; ihr droht aber andererseits die Gefahr, den Erkenntnisprozess zu stark von den rationalen Ressourcen des Erkenntnissubjekts abzukoppeln.

7.2 Die kausale Theorie des Wissens

Gründe und Ursachen

Was könnte also an die Stelle der Rechtfertigungsbedingung treten? Warum haben Susi und Waldi Wissen? Und warum weiß Peter nicht, dass Heidi ihn liebt? Wie gesagt: Wir würden wahrscheinlich anführen, dass Peter nur deshalb glaubt, dass Heidi ihn liebt, *weil* er glaubt, was ihm der Wahrsager sagt. Und dieser Weil-Satz legt es dann nahe, die Gründe von Peter weiter zu untersuchen. So kommen wir dann zu den Wissenstheorien, die wir im fünften Kapitel diskutiert haben. Vielleicht lassen wir uns aber auch nur durch den eben genannten Weil-Satz in die Irre führen. Mit Weil-Sätzen führen wir nämlich keineswegs immer *Gründe* an. Häufig geht es vielmehr um *Ursachen*.

Der Unterschied zwischen Gründen und Ursachen beziehungsweise zwischen einer Sorte von Gründen - *rationalen (oder guten) Gründen* - und einer anderen Sorte von Gründen - *Ursachen* - lässt sich leicht an einem Beispiel erläutern. Nehmen wir an, eine Person rutscht auf einer Bananenschale aus. Wir können dann sagen, dass die Person gestürzt ist, *weil* eine Bananenschale auf dem Gehsteig lag. Die Tatsache, dass da eine Bananenschale lag, ist hier offensichtlich die Ursache für den Sturz. Wir können auch sagen, dass der Grund für den Sturz war, dass da eine Bananenschale lag. Aber dann meinen wir keinen rationalen (oder guten) Grund, denn die Tatsache, dass da eine Bananenschale lag, *sprach nicht dafür* zu stürzen; diese Tatsache machte den Sturz nicht *vernünftig*. Vernünftig wäre es gewesen, die Bananenschale nach Möglichkeit zu umgehen. Die Tatsache, dass eine Bananenschale auf dem Gehsteig liegt, ist ein guter Grund, auszuweichen, kein guter Grund, hinzufallen.

Die kausale Theorie des Wissens

Wir hatten gesagt, dass wir Peter kein Wissen zuschreiben, weil er einem Wahrsager glaubt. Diese Aussage muss man jedoch nicht als Kritik an den (rationalen) Gründen von Peter deuten. Vielleicht geht es vielmehr darum, dass die Überzeugung von Peter nicht die richtige *Ursache* hat. Von Wissen würden wir vielleicht sprechen, wenn die Tatsache, dass Heidi Peter liebt, die Ursache für die entsprechende Überzeugung von Peter wäre. Aber genau das ist nicht der Fall. Die Ursache für Peters Überzeugung hat vor allem mit der Profitgier des Wahrsagers zu tun. Dementsprechend wäre folgende Wissensdefinition gegen dieses Beispiel immun:

Beachte

Person S weiß, dass p, genau dann, wenn es (1) der Fall ist, dass p, wenn (2) S davon überzeugt ist, dass p, und wenn (3) die Tatsache, dass p, die Ursache dafür ist, dass S davon überzeugt ist, dass p.

Wissensdefinitionen, die so oder auf ähnliche Weise Ursachen ins Spiel bringen, bezeichnet man als *kausale Theorien des Wissens*. Vor allem Goldman, Armstrong und Dretske haben eine solche Wissenstheorie vertreten (vgl. (275), (261), (272)).

1. Problem: Der Anwendungsbereich

Die kausale Theorie des Wissens wirft allerdings eine Reihe von Schwierigkeiten auf. Eine erste Schwierigkeit besteht darin, dass die Theorie anscheinend nur einen recht eingeschränkten Anwendungsbereich hat. Im Fall von einfachem, durch Wahrnehmung erworbenem Wissen kann man tatsächlich häufig sagen, dass das, was gewusst wird, die Ursache für die entsprechende Überzeugung ist: Die Tatsache, dass ein Tisch vor mir steht, ist beispielsweise die (oder jedenfalls eine wesentliche) Ursache dafür, dass ich glaube, dass ein Tisch vor mir steht. Aber bereits im Fall von allgemeinem Wissen über die Welt ist die Situation nicht mehr so einfach. Kann etwa die Tatsache, dass in einem geschlossenen Stromkreis die Spannung zur Stromstärke proportional ist, die Ursache dafür sein, dass ich eine entsprechende Überzeugung habe? Spätestens im Fall von mathematischem Wissen versagt die Theorie ganz: Die Tatsache, das 2+2=4 ist, kann anscheinend überhaupt nichts verursachen. Insbesondere kann sie nicht die Ursache dafür sein, dass ich überzeugt davon bin, dass 2+2=4 ist. (Man kann das natürlich auch als Problem im Hinblick auf die Natur mathematischen Wissens ansehen. Vgl. (262).) Goldman beispielsweise schränkt die kausale Theorie dementsprechend auch explizit auf durch Wahrnehmung erworbenes Wissen ein.

2. Problem: Der Begriff der Kausalität

Aber selbst im Fall von solchem Wahrnehmungswissen ergeben sich unmittelbar Probleme. So kann ich beispielsweise sehen, dass Peter nicht im Zimmer ist, und auf diese Weise wohl auch zu dem Wissen kommen, dass Peter nicht im Zimmer ist. Kann man aber sagen, dass die Tatsache, dass Peter nicht im Zimmer ist, die Ursache der entsprechenden Überzeugung ist? Können *negative* Tatsachen Ursachen sein? Können Tatsachen überhaupt Ursachen sein? Sind es nicht vielmehr Ereignisse, die als Ursache zu gelten haben? All diese Fragen hängen unmittelbar mit dem Begriff der Kausalität zusammen. Wie sich im Rahmen wissenschaftstheoretischer Untersuchungen zeigt, sind sie alles andere als einfach zu beantworten, und diese Schwierigkeiten übertragen sich auf die kausale Theorie des Wissens. Wir können diesen Fragen hier nicht nachgehen und nehmen deshalb einfach an, dass man sie beruhigt an die Wissenschaftstheorie delegieren kann. Wir können jedoch festhalten, dass der Begriff der Kausalität jedenfalls klärungsbedürftig ist.

3. Problem: Welche kausale Verbindung ist notwendig?

Eine dritte Schwierigkeit für diese Wissensanalyse ergibt sich aus der Möglichkeit von Wissen über zukünftige Ereignisse. Sehen wir nämlich einmal von der skeptischen Herausforderung ab, so können wir zweifellos wissen, dass eine Vase, die ich gerade aus dem Fenster des dritten Stockwerks werfe, in Kürze zerbrechen wird. Das baldige Zerbrechen der Vase kann aber nicht die Ursache für meine Überzeugung sein, dass die Vase gleich zerbrechen wird, denn was auch immer genau eine Ursache ist: sie sollte *vor* ihrer Wirkung liegen. (Von „seltsamen" Fällen, wie sie uns in den so genannten „Nachwahlexperimenten" in der Quantenphysik begegnen, wollen wir jetzt einmal absehen.) Die kausale Theorie des Wissens wird der Möglichkeit von Wissen über die Zukunft, wie es scheint, darum nicht gerecht.

Man kann versuchen, diesem Problem zu entgehen, indem man nicht verlangt, dass die entsprechende Überzeugung, dass p, durch die Tatsache, dass p, selbst verursacht wird, sondern lediglich, dass es eine kausale Verbindung zwischen beiden gibt. So sind etwa sowohl meine Überzeugung, dass die Vase gleich zerbrechen wird, als auch die Tatsache, dass sie gleich zerbrechen wird, gleichermaßen die Folge davon, dass ich die Vase aus dem Fenster werfe. Die gemeinsame Ursache („common cause") schafft hier die gewünschte kausale Verbindung, so dass man wiederum auch nach der kausalen Analyse von Wissen sprechen könnte. Allerdings geraten wir damit in eine andere Schwierigkeit. Verlangt man nämlich nur, dass es *irgendeine* kausale Verbindung zwischen einer Tatsache und der entsprechenden Überzeugung gibt, so wird unsere Wissensanalyse viel zu liberal. Wenn die gegenwärtige Kosmologie nämlich Recht hat, hat es irgendwann einen Urknall gegeben. Und über dieses Ereignis sind dann *alle* Ereignisse mit *allen anderen* kausal verbunden. Sicherlich wollen wir aber dem Wahrsager, der ausnahmsweise mit seiner Vorhersage einmal richtig liegt, nicht schon deshalb Wissen zuschreiben, weil sowohl seine Überzeugung als auch das Vorhergesagte *letztlich* durch den Urknall verursacht wurde und damit kausal miteinander verbunden ist. Offensichtlich ist also nicht jede kausale Verbindung von der richtigen Art, um zu Wissen zu führen. Aber worin besteht die richtige Art? Diese Frage wurde bisher nicht überzeugend beantwortet.

Man kann diese Schwierigkeit - zumindest vorläufig - umgehen, indem man die geforderte Kausalverbindung durch paradigmatische Beispiele erläutert: Die Verbindung muss eben von der gleichen Art sein wie bei einfachem Wahrnehmungswissen oder wie in unserem Beispiel mit der zerbrochenen Vase. *Diese und ähnliche* Kausalverbindungen sind von der richtigen Art, um aus wahren Überzeugungen Wissen zu machen.

4. Problem: Unvollständigkeit

Aber auch unter diesen Vorgaben bleibt eine grundlegende Schwierigkeit bestehen. Diese zeigt sich am uns schon bekannten Scheunen-Beispiel, das ursprünglich sogar in diesem Zusammenhang bekannt wurde (vgl. (276)). Erinnern wir uns: Barney fährt durch die Landschaft voller Scheunenattrappen und sieht die einzige echte Scheune. Er ist daraufhin überzeugt davon, eine Scheune gesehen zu haben, diese Überzeugung ist wahr, und, so können wir jetzt hinzufügen, sicherlich ist die Tatsache, dass da eine Scheune steht, auch die Ursache dafür, dass Barney glaubt, dass da eine Scheune steht. Die Bedingungen der kausalen Wissensanalyse sind demnach erfüllt. Dennoch wollen wir, wie gesagt, Barney kein Wissen zuschreiben. (Er hat ja nur durch Glück (im Unglück) eine wahre Überzeugung erworben.) Das heißt aber, dass die Bedingungen, die in der kausalen Analyse des Wissensbegriffs bisher genannt sind, jedenfalls nicht hinreichend für Wissen sind.

Vor allem dieses vierte Problem führte zu einer grundlegenden Modifikation der Kausaltheorie, zu der wir jetzt kommen.

7.3 Reliabilismus

Die richtige Genese von Überzeugungen

Die Grundidee all der im vorliegenden Kapitel diskutierten Wissensanalysen ist, dass die *Genese*, nicht die Rechtfertigung einer (wahren) Überzeugung entscheidend für deren epistemischen Status ist. Die vier Probleme, mit denen die kausale Theorie des Wissens konfrontiert ist - insbesondere das letzte - legen die Vermutung nahe, dass die „richtige" Verursachung einer Überzeugung nicht das einzige ist, was für die richtige Genese der Überzeugung entscheidend ist. Die Konzentration auf die Verursachung ist offensichtlich eine zu starke Einschränkung. Wie sonst aber könnte man Überzeugungen, die in der für Wissen richtigen Art und Weise entstanden sind, von denen unterscheiden, bei denen das nicht der Fall ist?

Eine Antwort auf diese Frage geben *reliabilistische Theorien des Wissens*, wie sie unter anderem von Goldman, Dretske und Nozick entwickelt wurden (vgl. (276), (277), (278), (273), (290)). Gehen wir noch einmal von unserem

Scheunen-Beispiel aus. Was ist hier an der Genese von Barneys Überzeugung auszusetzen? Das Problem scheint zu sein, dass Barney, jedenfalls in seiner gegenwärtigen Position, Scheunen nicht von Scheunenattrappen unterscheiden kann. Nach Goldman weiß jemand aber nur dann, dass etwas Bestimmtes der Fall ist, wenn er dazu in der Lage ist, den entsprechenden Sachverhalt von anderen relevanten Sachverhalten zu unterscheiden (*Diskriminationsprinzip*) (vgl. (276), S. 124). Genau das kann Barney nicht: Er würde auch dann glauben, eine Scheune gesehen zu haben, wenn er tatsächlich eine Attrappe gesehen hätte.

Der reliabilistische Ansatz

Es gibt verschiedene Möglichkeiten, diese Einsicht in eine externalistische Analyse des Wissensbegriffs einzubringen. Bei einer Möglichkeit macht man Gebrauch vom Begriff der verlässlichen (reliablen) Methode (daher der Name „Reliabilismus"):

Beachte

Person S weiß, dass p, genau dann, wenn es (1) der Fall ist, dass p, wenn (2) S davon überzeugt ist, dass p, und wenn es (3) das Ergebnis der Anwendung einer verlässlichen Methode ist, dass S überzeugt davon ist, dass p.

Diese Definition umfasst, wie man sieht, die kausale Analyse des Wissensbegriffs. Wenn nämlich beispielsweise im Fall einer einfachen Wahrnehmung - dem Standardbeispiel für die kausale Theorie - die Tatsache, dass ein Apfelbaum vor mir steht, meine Überzeugung verursacht, dass ein Apfelbaum vor mir steht, dann ist das gerade *ein* wichtiges Beispiel dafür, wie Überzeugungen auf verlässliche Weise erworben werden können. Man kann also mit der reliabilistischen Definition sicherlich allen Fällen gerecht werden, die durch die kausale Theorie erfasst wurden. Andererseits können auch die Fälle berücksichtigt werden, in denen man nicht ohne Weiteres von direkter Verursachung sprechen kann. Überzeugungen über negative, allgemeine oder mathematische Sachverhalte können nämlich durchaus das Ergebnis der Anwendung von verlässlichen Methoden sein - oder eben auch nicht. Ganz allgemein kann Überlegung (und damit auch rationale Rechtfertigung) als eine verlässliche Methode angesehen und damit in diesen Ansatz integriert werden. Damit verschwindet das Problem der geringen Reichweite der kausalen Theorie.

Was heißt „verlässlich"?

Auch die Probleme, die mit dem Begriff der Kausalität beziehungsweise mit dem Begriff der richtigen kausalen Verbindung zusammenhängen, verschwinden zunächst. Stattdessen muss man sich allerdings fragen, was mit „Verlässlichkeit" gemeint sein soll. Betrachten wir darum den Begriff der Verlässlichkeit etwas genauer. Ein Auto oder sonst ein technisches Gerät nennen wir zuverlässig, wenn man sich darauf verlassen kann, dass es funktioniert. Dementsprechend würde man eine Methode des Überzeugungserwerbs verlässlich nennen, wenn man sich darauf verlassen kann, dass sie zum Erwerb von wahren Überzeugungen führt. Der Reliabilist ist hier allerdings etwas weniger streng. Er bezeichnet eine Methode bereits dann als verlässlich, wenn man sich darauf verlassen kann, dass die Methode *meistens* zum Erwerb von wahren Überzeugungen führt. Anders gesagt: Die Wahrscheinlichkeit, dass wir eine wahre Überzeugung erwerben, muss hinlänglich hoch sein, wenn wir die Methode verwenden. Wie hoch die Wahrscheinlichkeit genau sein muss, hängt nach Ansicht des Reliabilisten vom Einzelfall ab. Der Begriff der Verlässlichkeit soll dabei ebenso anpassungsfähig sein wie der Begriff des Wissens.

1. Problem: Der Begriff der Wahrscheinlichkeit

Diese Erläuterung des Begriffs der Verlässlichkeit macht Gebrauch vom Begriff der Wahrscheinlichkeit. Das ist sicherlich nicht unproblematisch, weil dieser Begriff seinerseits - so wie der Begriff der Kausalität - klärungsbedürftig ist: Können Wahrscheinlichkeiten beispielsweise rein objektiv als Eigenschaften der Welt verstanden werden? Oder sind sie nur Ausdruck unserer subjektiven Einschätzung von Situationen? Solche und ähnliche Fragen sind Gegenstand vieler wissenschaftstheoretischer Untersuchungen. Wie beim Begriff der Kausalität können wir ihnen hier nicht nachgehen, sondern müssen sie an andere Disziplinen der Philosophie delegieren. Auch hier können wir jedoch festhalten, dass der Begriff der Wahrscheinlichkeit (und damit der Begriff der Verlässlichkeit) klärungsbedürftig ist.

2. Problem: Die Gettier-Beispiele

Dass der Reliabilist von einer Methode nicht fordert, sie müsse *immer* zu richtigen Ergebnissen führen, um verlässlich zu sein, ist vor allem deshalb verständlich, weil sonst unmittelbar der (skeptische) Einwand droht, dass es keine verlässlichen Methoden gibt. Allerdings ergibt sich damit wiederum ein Einfallstor für Gettier-Beispiele. Nehmen wir an, jemand verwendet eine anerkanntermaßen verlässliche Methode, um zu einer Überzeugung zu kommen. Nehmen wir nun an, dass leider einer der seltenen Fälle eintritt, in der die Methode versagt. Und jetzt nehmen wir weiter an, dass einer der noch selteneren Fällen eintritt, in der die Person, trotz des Versagens der Methode, zufällig eben doch zu einer wahren Meinung kommt - eine klassische Gettiersituation. Muss so ein Beispiel nicht als Gegenbeispiel gegen die reliabilistische Theorie in ihrer bisherigen Form gewertet werden?

3. Problem: Das Allgemeinheitsproblem

Der Grund dafür, warum wir dieses Problem des Reliabilismus so abstrakt beschreiben mussten und nicht unmittelbar an einem konkreten Beispiel verdeutlichen konnten, hängt mit einer weiteren grundlegenden Schwierigkeit der reliabilistischen Konzeption zusammen. Es ist nämlich leider völlig unklar, was im Einzelfall genau als eine Methode des Überzeugungserwerbs zu gelten hat. Betrachten wir dazu noch einmal das Scheunen-Beispiel. Ausgehend von Goldmans Diskriminationsprinzip war es ja gerade das Ziel unserer reliabilistischen Analyse, diesem Beispiel gerecht zu werden. Auf den ersten Blick gelingt das auch. Barney kann die Scheunen nicht von den Attrappen unterscheiden.

Also ist seine Überzeugung nicht das Ergebnis einer zuverlässigen Methode des Überzeugungserwerbs. Die Existenz der Scheuenattrappen führt dazu, dass Aus-dem-Fenster-seines-Autos-schauen keine verlässliche Methode zur Identifikation von Scheunen ist. Dementsprechend macht die reliabilistische Wissensanalyse verständlich, warum wir hier nicht von Wissen sprechen möchten. Auf den zweiten Blick ergeben sich jedoch Schwierigkeiten. Denn welche Methode hat Barney wirklich angewandt? Zunächst einmal würde man wohl sagen, dass er die Methode Aus-dem-Fenster-schauen verwendet hat, und die ist *in der gegebenen Umgebung* nicht verlässlich. Aber ist die Methode deshalb als nicht verlässlich zu klassifizieren? Schließlich führt sie doch meistens zu richtigen Ergebnissen. Wir müssen deshalb eigentlich sagen, dass Barney die In-der-Nähe-von-vielen-Scheunenattrappen-aus-dem-Fenster-schauen-Methode verwendet hat. Und die führt tatsächlich meistens zu falschen Ergebnissen bezüglich der Frage, ob eine (echte) Scheune zu sehen ist. Warum aber soll man annehmen, dass Barney diese und nicht einfach die Aus-dem-Fenster-schauen-Methode verwendet hat? Und warum soll man nicht sagen, dass er tatsächlich die Bei-der-einzigen-echten-Scheune-in-der-Nähe-von-vielen-Scheunenattrappen-aus-dem-Fenster-schauen-Methode verwendet hat? Diese Methode muss wiederum als verlässlich gelten, so dass die reliabilistische Wissensdefinition durch das Beispiel widerlegt würde. Kurzum: Es bleibt unklar, in welcher Allgemeinheit eine Methode der Überzeugungsbildung charakterisiert werden muss, um in der reliabilistischen Wissensdefinition zum richtigen Ergebnis zu führen. Man spricht hier vom *Allgemeinheitsproblem* (vgl. (267), (171)). Es ist einfach schwer zu sagen, welche Umstände zu der Methode und welche zu den Umständen ihrer Anwendung zu rechnen sind.

Eine Variante des Relevanzproblems

Das Allgemeinheitsproblem sollte uns bekannt vorkommen. Erinnern wir uns dazu an die Schwierigkeit, in die wir gekommen sind, als es darum ging, zu beschreiben, welche Zusatzinformationen eine Rechtfertigung unterminieren und welche nicht (vgl. Kapitel 5.3). Das Problem dort bestand darin, ein objektives Kriterium dafür zu finden, dass eine Tatsache *relevant* für die Entkräftung einer vorliegenden Rechtfertigung ist. Hier sind wir mit der Schwierigkeit konfrontiert, ein objektives Kriterium dafür zu finden, was im konkreten Einzelfall die *relevante* Methode der Überzeugungsbildung ist. Im Kern handelt es sich aber um dasselbe Problem. Man kann nämlich sagen, dass eine Tatsache genau dann relevant für die Entkräftung einer Rechtfertigung ist, wenn diese Tatsache auch Teil der Methodenbeschreibung sein müsste. Ebenso gilt umgekehrt: Was Teil der Methodenbeschreibung ist, ist auch für die Frage nach einer entsprechenden Rechtfertigung zu berücksichtigen. Die Tatsache, dass sich Scheunenattrappen in der Nähe von Barneys Beobachtungsort befinden, entkräftet beispielsweise seine Rechtfertigung. Und dementsprechend muss man Barneys Methode auch als „In-der-Nähe-von-

Scheunenattrappen-aus-dem-Fenster-schauen“ beschreiben. Aufgrund dieser engen Verbindung zwischen Allgemeinheitsproblem und Relevanzproblem werden wir im Weiteren beide Schwierigkeiten unter der Bezeichnung „Relevanzproblem“ zusammenfassen.

7.4 Varianten und Weiterentwicklungen

Zwingende Gründe und relevante Alternativen

Das Relevanzproblem ergibt sich auch für andere reliabilistische Theorien des Wissens. Dretske schlug beispielsweise die folgende Analyse des Wissensbegriffs vor (vgl. (273), S. 3ff.):

Beachte

Person S weiß, dass p, genau dann, wenn es (1) der Fall ist, dass p, wenn (2) S davon überzeugt ist, dass p, und wenn (3) S einen zwingenden Grund R dafür hat, dass p.

Dretske versteht dabei „zwingende Gründe“ selbst in einem externalistischen Sinn, also als etwas, was dem Subjekt selbst nicht kognitiv zugänglich sein muss (aber natürlich kann). Er fordert also wiederum keine Rechtfertigungsbedingung. Die entscheidende Frage bei dieser Analyse ist natürlich, was unter einem zwingenden Grund zu verstehen ist. Dretske beantwortet sie folgendermaßen: Ein zwingender Grund R dafür, dass p, ist etwas, was nicht der Fall wäre, wenn es nicht der Fall wäre, dass p. Barney hat beispielsweise keinen zwingenden Grund dafür, zu glauben, dass da eine Scheune steht, weil er auch dann glauben würde, dass da eine Scheune steht, wenn da tatsächlich keine Scheune, sondern eine der Attrappen stehen würde. Er kann, wie man auch sagen kann, eine *relevante Alternative* (nämlich dass da eine Scheunenattrappe vor ihm steht) nicht ausräumen.

Eine weitere Variante des Relevanzproblems

Das Hauptproblem auch dieser Analyse ist allerdings, ein objektives Kriterium dafür zu finden, unter welchen Umständen jemand einen zwingenden Grund hat und unter welchen Umständen nicht. Eine extreme Deutung würde dazu führen, nur *logisch* zwingende Gründe als zwingende Gründe zu betrachten. Jemand hätte dann einen zwingenden Grund R dafür, dass p, wenn es *logisch* unmöglich wäre, dass zwar R vorliegt, es jedoch nicht der Fall ist, dass p. So gesehen hätte man ein objektives Kriterium dafür, dass ein zwingender Grund vorliegt, allerdings um den Preis, dass es dann so gut wie kein Wissen gäbe, weil wir sicherlich in den seltensten Fällen *logisch* zwingende Gründe für unsere Überzeugungen haben. Aus diesem Grund geht es Dretske auch nicht darum, ob es logisch möglich wäre, dass der Grund, nicht aber das Begründete vorliegt. Es muss vielmehr eine „tatsächlich existierende“ Möglichkeit geben (vgl. (273),

S. 48ff.). Unklar ist jedoch, welche Möglichkeiten dabei genau zu betrachten sind. Warum soll es beispielsweise ausgeschlossen sein, dass wir so argumentieren: Barney hatte zwingende Gründe zu glauben, dass da eine Scheune steht, denn Barney würde *nicht* glauben, dass da eine Scheune steht, wenn keine da stünde, weil er dann an der entsprechenden Stelle *nichts* (nicht etwa eine Attrappe) gesehen hätte. Zur Bewertung von Möglichkeiten müssen wir beurteilen, was passiert wäre, wenn ..., wir müssen also den Wahrheitswert von kontrafaktischen Konditionalen beurteilen. Das Problem ist aber, dass kontrafaktische Konditionale keinen objektiven Wahrheitswert zu haben scheinen. Quine stellt folgende illustrative Frage: Wenn Bizet und Verdi Landsleute gewesen wären, wäre dann Bizet Italiener gewesen oder Verdi Franzose (vgl. (294), § 3)? Diese Frage hat offensichtlich keine objektive Antwort. Es kommt darauf an, wie wir die Sache betrachten. Dementsprechend gibt es anscheinend auch keine objektive Antwort auf die Frage, was Barney gesehen hätte, wenn er keine Scheune gesehen hätte: eine Attrappe oder nichts. Und dementsprechend liegt es auch anscheinend nicht objektiv fest, ob es möglich gewesen wäre, dass Barney den Sinneseindruck gehabt hätte, den er tatsächlich hatte, ohne dass da eine Scheune gestanden hätte. Die Frage, ob Barney einen zwingenden Grund hatte oder nicht, hat demnach keine objektive Antwort. Was wir hier vor uns haben, ist wiederum nichts anderes als das Relevanzproblem in neuer Verkleidung!

Der Wahrheit auf der Spur

Ganz genau die gleiche Schwierigkeit ergibt sich für den Ansatz von Nozick, der von Anfang an versucht, den Wissensbegriff durch den Einsatz von kontrafaktischen Konditionalen zu analysieren (vgl. (290)). (Dass Nozick zur Auswertung dieser Konditionale die so genannte *Mögliche-Welten-Semantik* (vgl. (207), Kapitel 4.5 und 7) verwendet, ändert grundsätzlich nichts an dem Problem. Vgl. (177), S. 72-75.) Nozick schlägt folgende Analyse vor:

Beachte

Person S weiß, dass p, genau dann, wenn es (1) der Fall ist, dass p, wenn (2) S davon überzeugt ist, dass p, wenn (3) S nicht davon überzeugt wäre, dass p, wenn es nicht der Fall wäre, dass p, und wenn (4) S davon überzeugt wäre, dass p, wenn es der Fall wäre, dass p.

Die dritte Bedingung ist dabei gerade dazu da, Fälle wie den von Barney auszuschließen. Sie führt unmittelbar zu demselben Relevanzproblem wie bei Dretske. Die vierte Bedingung ist schon aus sprachlichen Gründen nicht unmittelbar verständlich: Wie sollen wir entscheiden, ob S davon überzeugt *wäre*, dass p, wenn es der Fall *wäre*, dass p, wenn doch schon gefordert wird, dass S davon überzeugt *ist*, dass p, und dass es der Fall *ist*, dass p? Im Rahmen der Nozickschen Theorie soll diese Bedingung aber gerade die Intuition einfangen, die wir von der kausalen Theorie her schon kennen: Die Tatsache, dass p, soll dafür verantwortlich sein, dass S auch glaubt, dass p. Bedingung (3) und (4) zusammen sollen sicherstellen, dass die Überzeugung von S „der Wahrheit auf der Spur ist" („tracks the truth"). Auch bei Nozick kann man die Redeweise von „relevanten Alternativen" anwenden: Jemand ist der Wahrheit in Bezug auf die Frage, ob p, genau dann auf der Spur, wenn er dazu in der Lage ist, relevante Alternativen dazu, dass p, auszuschließen. Sowohl Dretskes als auch Nozicks Theorie bezeichnet man deshalb häufig als *Relevante-Alternativen-Theorien.* Diese Theorien wurden von den beiden Philosophen selbst, aber auch von vielen anderen in geradezu scholastischer Weise ausgearbeitet, verfeinert und abgewandelt. Dass dabei in Bezug auf das grundlegende Relevanzproblem irgendwelche Fortschritte gemacht wurden, kann bezweifelt werden.

Bevor wir uns der Frage zuwenden, welche Konsequenzen sich aus dem externalistischen Ansatz für die Frage nach dem Umfang unseres Wissens ergeben, sind noch zwei erkenntnistheoretische Ansätze anzusprechen, die mehr oder minder explizit an externalistische Überlegungen anknüpfen: (1) die naturalisierte Erkenntnistheorie, (2) die Tugendepistemologie.

Naturalisierte Erkenntnistheorie

(1) Versuche, Erkenntnistheorie auf naturalisierter Grundlage zu betreiben, haben wir bereits im dritten Kapitel kennen gelernt. Während wir dort jedoch nur die entsprechenden methodischen Aspekte besprochen haben, sind hier noch einige Bemerkungen zum Inhalt dieser Theorien zu ergänzen. Vertreter der naturalisierten Erkenntnistheorie legen in der Regel eine reliabilistische Analyse des Wissensbegriffs zugrunde. Warum das so ist, wird leicht verständlich, wenn man sich in Erinnerung ruft, dass der Naturalist Wissen als Phänomen auffasst, das mit den Mitteln der Naturwissenschaften erforscht werden kann. Der Begriff der Rechtfertigung kann hier prima facie keine Rolle spielen. Eine Überzeugung als gerechtfertigt zu bezeichnen, heißt nämlich, sie in einer bestimmten Weise zu *bewerten.* Wäre Rechtfertigung ein Bestandteil von Wissen, so hieße das, dass auch die Aussage „S weiß, dass p" eine wertende Aussage wäre. Nach Ansicht des Naturalisten *beschreibt* die Aussage jedoch einfach einen natürlichen Sachverhalt. Dementsprechend analysiert er Wissen allein durch die aus naturalistischer Sicht unproblematischen Begriffe der Überzeugung, der Wahrheit und der Verlässlichkeit. Die zentrale Frage, die dann nach Ansicht des Naturalisten vor allem unter Einbeziehung verschiedener Naturwissenschaften (Psychologie, Kognitionswissenschaften etc.) beantwortet werden soll, ist dann, wie und in welchen Fällen wir tatsächlich auf verlässliche Weise zu unseren Überzeugungen kommen. So haben beispielsweise psychologische Tests ergeben, dass wir unter bestimmten Bedingungen zu systematischen Fehlern in der Beurteilung logischer und statistischer Zusammenhänge neigen. Wir haben diese Ergebnisse bereits im fünften Kapitel kennen gelernt (vgl. Kapitel 5.2). Kornblith, einer der Hauptvertreter des Naturalismus, versucht allerdings zu zeigen, dass wir trotz dieser Schwächen hervorragend an die Umstände angepasst sind, unter denen wir normalerweise Erkenntnisse gewinnen müssen (vgl. (99)).

Evolutionäre Erkenntnistheorie

Dieser Gedanke wird in der *evolutionären Erkenntnistheorie* ausgebaut (vgl. (263), (266), (295), (299)). Die Erklärung dafür, dass wir im Großen und Ganzen wahre Überzeugungen erwerben, wird dabei in unserer evolutionären Anpassung gesucht. Um ein einfaches (und natürlich stark vereinfachendes) Beispiel zu geben: Ein Lebewesen, das immer wieder vom Baum fällt, weil es den Abstand zwischen zwei Ästen falsch einschätzt, ist sehr schnell zum Aussterben verdammt. Nur wer halbwegs verlässlich in der Erkenntnis seiner Umwelt ist, kann im Überlebenskampf bestehen. Dass diese Überlegung den Skeptiker nicht besonders beeindruckt, hat zwei Gründe: (1) Wir haben es hier mit einer Erklärung und nicht mit einer Rechtfertigung zu tun. (2) Selbst wenn wir es mit einer Rechtfertigung zu tun hätten, wäre es eine schlechte Rechtfertigung, weil die Wahrheit einer empirischen Theorie – der Evolutionstheorie – gerade vorausgesetzt würde. Naturalisten im Allgemeinen und evolutionäre Erkenntnistheoretiker im Besonderen versuchen aber normalerweise auch gar nicht, den Skeptiker zu widerlegen. Dieses Projekt ist ihrer Ansicht nach einfach aussichtslos.

Ein Themenwechsel?

Man hat den naturalistischen Ansätzen vorgeworfen, dass sie nicht wirklich Erkenntnistheorie betreiben, sondern etwas anderes, dass sie also das Thema wechseln. Der Erkenntnistheorie, jedenfalls der traditionellen, geht es diesen Kritikern zufolge gerade um *normative* Fragen. Das erkennt man schon daran, dass deren zentrale Begriffe *wertend* sind: der Begriff der Rechtfertigung, der (theoretischen) Rationalität, der epistemischen Pflicht etc. (Nach Ansicht Kims ist sogar der Begriff der Überzeugung letztlich ein wertender Begriff. Vgl. (283).) Indem der Naturalist die rein beschreibende Perspektive der Naturwissenschaften einnimmt, verbaut er sich somit, wie es scheint, den Weg zur Beantwortung erkenntnistheoretischer Fragen.

Diese Kritik ist allerdings nur dann berechtigt, wenn es sich bei den erkenntnistheoretisch relevanten Begriffen um *irreduzibel* wertende Begriffe handelt, wenn sich diese Begriffe also nicht irgendwie auf Begriffe zurückführen lassen, die auch für den Naturalisten akzeptabel sind. Hier kommen gerade die Begriffe in Frage, mit denen wir es in diesem Kapitel zu tun hatten: Kausalität, Wahrscheinlichkeit, Ableitbarkeit etc. Auf den ersten Blick sieht es sicher nicht so aus, als ließen sich die genannten (nur scheinbar?) wertenden Begriffe irgendwie als nicht-wertende Begriffe verstehen. Wir haben es hier allerdings mit einer Frage zu tun, die über die Grenzen der Erkenntnistheorie hinaus weist, denn das Verhältnis zwischen dem Bereich der Werte und dem der natürlichen Tatsachen ist vor allem in der Ethik, genauer gesagt der Metaethik, zu klären (vgl. Literaturhinweise zu Kapitel 9). Im vorliegenden Zusammenhang können wir nur festhalten, dass der Naturalist hier erhebliche Erklärungsarbeit leisten muss, wenn er zeigen möchte, dass seine Untersuchungen nicht nur interessant, sondern dass sie *erkenntnistheoretisch* interessant sind!

Tugendepistemologie

(2) Ein weiterer Ansatz, der externalistische Intuitionen aufgreift, die Normativität der Erkenntnistheorie aber gerade ins Zentrum rückt, ist die *Tugend-*

epistemologie („virtue epistemology"). Hierbei geht man von einer Wissensanalyse der folgenden Form aus:

Beachte

Person S weiß, dass p, genau dann, wenn es (1) der Fall ist, dass p, wenn (2) S davon überzeugt ist, dass p, und wenn (3) die Überzeugung von S, dass p, in epistemisch tugendhafter Weise erworben wurde.

Vertreter derartiger Wissenstheorien, wie beispielsweise Sosa, Zagzebski und Greco (vgl. (296), (300), (280)), greifen auf den ethischen Tugendbegriff zurück, der (jedenfalls nach einer Deutung) sowohl „internalistische" als auch „externalistische" Elemente enthält: Man ist nicht tugendhaft, wenn man nicht die richtige Einstellung zu seiner Handlung hat (beziehungsweise die richtigen Gründe). Man ist aber auch nicht tugendhaft, wenn man tatsächlich (regelmäßig) nicht das erreicht, was man mit seiner Handlung erreichen wollte. Tugendhaftes Handeln hat darum sowohl interne als auch äußere Erfolgsbedingungen. Und nach Ansicht der Tugend-Erkenntnistheoretiker ergibt sich dadurch eine Parallele zum Problem der Wissensanalyse. Auch die Frage, ob jemand etwas weiß, hängt von „inneren" und „äußeren" Faktoren ab. Und diese Faktoren werden in der Tugendepistemologie mit Hilfe des Begriffs der *epistemischen Tugend* erfasst. Eine epistemische Tugend ist nach Ansicht des Tugendepistemologen ein kognitives Vermögen, das es uns ermöglicht, in verlässlicher Weise wahre Überzeugungen zu erwerben. Sowohl die Fähigkeit zum erfolgreichen Gebrauch unserer Sinne als auch das Vermögen, Kohärenz in die eigenen Überzeugungen zu bringen, können beispielsweise als epistemische Tugenden gelten. Insofern „innere" Faktoren, also insbesondere Faktoren, die auf die epistemische Verantwortlichkeit des Wissenden Bezug nehmen, bei diesem Ansatz eine Rolle spielen, kann er nicht als externalistisch gelten. Insofern aber die „äußeren" Faktoren zumeist durch den Bezug auf den Begriff der Verlässlichkeit erläutert werden, kann man in der Tugendepistemologie auch eine Variante des Reliabilismus sehen. In den letzten Jahren wurde der tugendepistemologische Ansatz intensiv erforscht und in verschiedenen Richtungen ausgearbeitet (vgl. (260), (264), (270), (280), (280a), (288), (293), (296), (300)).

7.5 Sind wir verlässlich?

Wir stellen die Frage nach einer adäquaten Analyse des Wissensbegriffs – wir hatten das die zweite Grundfrage der Erkenntnistheorie genannt – in erster Linie, weil wir den Umfang unseres Wissens bestimmen wollen, das heißt, weil wir sehen wollen, inwieweit wir der skeptischen Herausforderung etwas entgegen zu setzen haben - das war unsere erste Grundfrage. Sehen wir also einmal von den Schwierigkeiten der externalistischen Wissensanalysen ab und betrachten, was Externalisten zu den skeptischen Argumenten zu sagen haben.

Kein Ansatzpunkt für den Skeptiker?

Zunächst einmal muss man sich klarmachen, dass die beiden skeptischen Argumente, mit denen wir es bisher zu tun hatten, keinen unmittelbaren Ansatzpunkt in der Wissensanalyse des Externalisten finden! (Vgl. zum Folgenden Kapitel 6.1). Da es keine Bedingung der persönlichen Rechtfertigung gibt, kommt weder das Agrippa-Trilemma zum Tragen noch hilft dem Skeptiker zunächst einmal der Verweis auf skeptische Hypothesen, der ja auch nur deutlich machen konnte, dass wir (persönlich) ungerechtfertigte Überzeugungen haben - jedenfalls wenn wir diesen Verweis in der im letzten Kapitel erläuterten Weise verstehen. Wenn Wissen nichts anderes ist als wahre Überzeugung, die unter Verwendung einer verlässlichen Methode zustande gekommen ist, dann spricht auf den ersten Blick keines der skeptischen Argumente dagegen, dass wir tatsächlich sehr umfangreiches Wissen besitzen: Dass diese Argumente nicht zeigen, dass wir keine Überzeugungen haben oder dass unsere Überzeugungen tatsächlich falsch sind, haben wir uns bereits überlegt. Die Argumente zeigen aber (jedenfalls auf den ersten Blick) auch nicht, dass die Methoden, die wir de facto zur Überzeugungsbildung verwenden, nicht verlässlich sind. Sicherlich, *wenn* uns ein böser Wissenschaftler mit einem Supercomputer täuscht, dann sind viele unserer Überzeugungen falsch, und unsere Hauptmethode zur Erlangung von Erkenntnissen über die Welt - Wahrnehmen - ist dann keine verlässliche Methode. Aber der Skeptiker kann in seinem Argument natürlich nicht voraussetzten, dass wir von einem bösen Wissenschaftler getäuscht werden. Woher sollte er das denn wissen? Tatsächlich hat der Skeptiker bisher auch nichts dergleichen vorausgesetzt. Allein die *Möglichkeit*, dass wir Gehirne im Tank sein könnten, reichte, um zu zeigen, dass unsere Überzeugungen über die Außenwelt nicht gerechtfertigt sind. Legt man eine externalistische Analyse des Wissensbegriffs zugrunde, so reicht die bloße Möglichkeit scheinbar nicht mehr.

Skepsis auf höherer Stufe?

Auf den ersten Blick empfinden viele diese Überlegung nicht als besonders überzeugend. Ein erster Versuch, dem Unbehagen an dieser Argumentation Ausdruck zu verleihen, sieht so aus: Sicher, nach externalistischer Vorstellung wissen wir vielleicht eine ganze Menge über die Welt. Aber wir wissen ja nicht, dass wir dieses Wissen haben, denn wir können nicht ausschließen, dass uns ein böser Wissenschaftler täuscht, dass also unsere Wahrnehmung keine verlässliche Quelle der Erkenntnis ist. Und bleibt damit die skeptische Herausforderung nicht so beunruhigend wie sie war?

Das WW-Prinzip

Der Externalist kann darauf zweierlei erwidern: Zum einen kann er darauf hinweisen, dass es ein Irrtum ist anzunehmen, dass Wissen immer auch das Wissen, dass man weiß, einschließen muss. Dieses so genannte *WW-Prinzip* ist schon allein deshalb unplausibel, weil es zu einem „Wissensregress" führen würde. Tatsächlich können wir aber nicht wissen, dass wir wissen, dass wir wissen ..., weil wir den Satz, der dieses Wissen ausdrücken würde, aufgrund seiner Länge und Schachtelung schon recht bald nicht mehr verstehen würden. Und was man nicht einmal versteht, kann man auch nicht wissen. Wenn das WW-Prinzip falsch ist, sollte es uns aber vielleicht nicht wundern, dass wir Wissen haben, ohne zu wissen, dass wir dieses Wissen haben. Unser Wissen über die Außenwelt könnte gerade solches Wissen sein.

Zum anderen, und das ist der wichtigere Punkt, kann der Externalist darauf verweisen, dass das, was für unser Wissen erster Stufe gilt, natürlich auch für Wissen höherer Stufe zutrifft. Wenn unsere Überzeugung, dass wir Wissen über die Außenwelt haben, wahr und auf verlässliche Art und Weise zustande gekommen ist, dann handelt es sich auch dabei um Wissen. Der Skeptiker kann also noch nicht einmal behaupten, dass wir nicht wissen, dass wir Wissen über die Außenwelt haben!

Die skeptische Herausforderung für den Externalisten

Dennoch erkennen auch Externalisten die skeptische Herausforderung an und versuchen, ihr direkt etwas entgegen zu setzen. Der Grund dafür ist, dass der Verweis des Skeptikers auf skeptische Hypothesen nicht nur zeigt, dass wir in unseren Überzeugungen etwa über die Außenwelt nicht (persönlich) gerechtfertigt sind. Vielmehr macht er auch deutlich, dass wir viele unserer Überzeugungen nicht auf verlässliche Weise erwerben. Das kann man sich auf verschiedene Weise klar machen: Skeptische Hypothesen zeichnen sich genau dadurch aus, dass wir nicht dazu in der Lage sind, zu unterscheiden, ob sie zutreffen oder nicht. Goldmans Diskriminationsprinzip zufolge können wir darum auch nicht wissen, dass sie nicht zutreffen. Man kann auch sagen, dass wir keine zwingenden Gründe für die Annahme haben, dass keine skeptische Hypothese zutrifft, weil all unsere Evidenzen genau die gleichen wären, auch wenn tatsächlich eine solche Hypothese zuträfe (Dretske). Mit Nozick kann man auch feststellen, dass wir in Bezug auf skeptische Hypothesen der Wahrheit nicht auf der Spur sind (keine „Wahrheits-Tracker" sind). Wie man es auch wendet: Auch nach Ansicht des Externalisten wissen wir nicht, dass wir beispielsweise keine Gehirne im Tank sind. Damit kann der Skeptiker sich aber auf folgendes Argument stützen:

1. Annahme: Ich weiß, dass vor mir ein Tisch steht.
2. Ich weiß, dass daraus, dass vor mir ein Tisch steht, folgt, dass ich kein Gehirn in einem Tank bin.
3. Also weiß ich, dass ich kein Gehirn im Tank bin.
4. Tatsächlich weiß ich aber *nicht*, dass ich kein Gehirn im Tank bin.
5. Also ist die Annahme falsch, dass ich weiß, dass vor mir ein Tisch steht.

Entsprechende Argumente lassen sich für beliebige Überzeugungen über die Außenwelt anführen, so dass der Skeptiker wiederum gezeigt hätte, dass wir kein Wissen über die Außenwelt besitzen – auch nach externalistischen Standards!

Lotterie-Hypothesen und „leichtes Wissen"

Tatsächlich muss der Skeptiker nicht einmal so schwere Geschütze wie die Gehirn-im-Tank-Hypothese auffahren, um mit dem beschriebenen Argument sehr viele unserer Wissensansprüche zu untergraben (vgl. (282)). Dazu genügen bereits viel gewöhnlichere Szenarien. So glaube ich beispielsweise zu wissen, wo ich die nächsten fünf Minuten verbringen werde: am Schreibtisch bei der Arbeit. Aber ich weiß auch, dass ich viele meiner Pläne ändern würde - insbesondere den Plan, die nächsten fünf Minuten zu arbeiten -, wenn ich (etwa durch einen Anruf) gleich erfahren würde, dass ich in der Lotterie gewonnen habe. (Wir nehmen an, dass ein Telefon auf dem Schreibtisch steht und dass ich tatsächlich ein Los besitze.) Wenn ich also weiß, dass ich die nächsten fünf Minuten am Schreibtisch verbringen werde, dann muss ich demnach auch wissen, dass ich nicht gleich einen Anruf erhalten werde, der mich über einen Lotteriegewinn informiert. Aber wie könnte ich das wissen? Wenn ich *wüsste*, dass ich nicht in der Lotterie gewinne, dann wäre es ja Unsinn gewesen, überhaupt ein Los zu kaufen. Aber bei einer Lotterie sagt man sich gerade: „Man weiß nie: Vielleicht gewinne ich diesmal!" Also weiß ich offensichtlich doch nicht, dass ich die nächsten fünf Minuten am Schreibtisch verbringen werde.

Man kann sich leicht ausmalen, dass nicht nur so freudige Ereignisse wie ein Lotteriegewinn den Lauf der Dinge in unvorhergesehener Weise ändern können. Es könnte etwa sein, dass ich in drei Minuten einen Herzinfarkt bekommen und mich deshalb in fünf Minuten nicht an, sondern unter meinem Schreibtisch befinden werde. Besonders wahrscheinlich ist das glücklicherweise nicht. Aber woher sollte ich *wissen*, dass kein Herzinfarkt droht? Allgemein gesprochen besteht das Problem darin, dass aus dem, was wir zu wissen glauben, weil es anscheinend leicht zu wissen ist, eine ganze Menge folgt, was schwer zu wissen ist und was wir deshalb nicht zu wissen glauben. Cohen spricht hier vom „Problem des leichten Wissens" (vgl. (269)). Der Skeptiker kann viele unserer Wissensansprüche also auch mit dem folgenden Argument untergraben:

1. Annahme: Ich weiß, dass ich in den nächsten fünf Minuten arbeiten werde. (Allgemein: Ich besitze „leichtes Wissen".)
2. Ich weiß, dass daraus, dass ich in fünf Minuten arbeiten werde, folgt, dass ich nicht gleich von einem Lotteriegewinn informiert werde. (Allgemein: Ich weiß, dass „leichtes Wissen" „schweres Wissen" impliziert.)
3. Also weiß ich, dass ich nicht gleich von einem Lotteriegewinn informiert werde. (Allgemein: Also besitze ich „schweres Wissen".)
4. Tatsächlich weiß ich aber *nicht*, dass ich nicht gleich von einem Lotteriegewinn informiert werde. (Allgemein: Tatsächlich besitze ich kein „schweres Wissen".)
5. Also ist die Annahme falsch, dass ich weiß, dass ich in den nächsten fünf Minuten arbeiten werde. (Allgemein: Also ist die Annahme falsch, dass ich „leichtes Wissen" besitze.)

Das Geschlossenheitsprinzip

Wie man sieht, hat das Argument genau die gleiche Struktur wie das oben besprochene skeptische Argument, das sich auf skeptische Hypothesen stützt. Verschiedene Externalisten, insbesondere Dretske und Nozick, versuchen Argumente dieser Struktur zu blockieren, indem sie ein wesentliches Prinzip bestreiten, das dabei vorausgesetzt wird: das *Geschlossenheitsprinzip* („closure principle"). Vereinfacht gesagt lautet das Prinzip so:

Beachte

Wenn eine Person S weiß, dass p, und wenn S auch weiß, dass q aus p folgt, dann weiß S auch, dass q.

Dieses Prinzip sieht äußerst plausibel aus. Würde es nicht gelten, wie könnten wir dann unser Wissen jemals durch Überlegung erweitern? Schließen wir dabei nicht einfach immer aus dem, was wir schon wissen, auf das, was (wie wir wissen) aus dem bereits Gewussten folgt?

Es gibt verschiedene Überlegungen, die uns dazu bringen sollten, das Prinzip etwas genauer zu formulieren (vgl. (282), S. 31 ff.). So gilt es beispielsweise nur dann, wenn ich tatsächlich aus p auf q schließe und nicht etwa, trotz meines Wissens um die logische Implikation, einfach rate, dass q. Außerdem ist es nicht ausreichend, um q zu wissen, dass ich *zunächst* weiß, dass p, dieses Wissen dann aber irgendwie verliere (etwa durch Vergesslichkeit) und dann dennoch aus p auf q schließe. Schließlich sollte man das Prinzip sicher dahingehend allgemeiner formulieren, dass viele Schlüsse, die unser Wissen erweitern, nicht nur auf einer, sondern auf mehreren Prämissen beruhen. Man kann sich noch weitere „sophistische" Verfeinerungen überlegen, aber für unsere Zwecke genügt die folgende Formulierung:

Beachte

Geschlossenheitsprinzip: Wenn eine Person S weiß, dass p (beziehungsweise, dass p1 und dass p2 etc.) und S in kompetenter Weise daraus ableitet, dass q, und dadurch zu der Überzeugung kommt, dass q, wobei S weiterhin weiß, dass p (beziehungsweise, dass p1 und dass p2 etc.), dann weiß S, dass q.

Dieses Prinzip bestreiten Dretske und Nozick. Die Motivation dafür liegt auf der Hand: Beide obigen skeptischen Argumente machen wesentlich Gebrauch vom Geschlossenheitsprinzip. Nur wenn man dieses Prinzip zugrunde legt, kommen wir (wenn wir einmal von unseren Verfeinerungen absehen) jeweils von den beiden ersten Prämissen zum Zwischenergebnis (3). Dementsprechend hätte man diese Argumente ausgehebelt, wenn man zeigen könnte, dass das Geschlossenheitsprinzip nicht gilt.

Dretskes Zoo-Beispiel

Sowohl Dretske als auch Nozick weisen bei ihrem Angriff auf das Geschlossenheitsprinzip darauf hin, dass es stets von relevanten Alternativen abhängt, ob ein Wissensanspruch berechtigt ist oder nicht. Nehmen wir folgendes Beispiel Dretskes (vgl. (273), S. 39): Ein Vater geht mit seinem Kind in den Zoo. Vor dem Zebragehege stehend erklärt der Vater, dass es sich hier um Zebras handelt. Wir würden nicht zögern, ihm entsprechendes Wissen zuzuschreiben, weil der Vater sicherlich in der Lage dazu ist, Zebras von Löwen, Papageien und Pferden zu unterscheiden. Stellen wir uns aber jetzt die Frage, ob der Vater auch weiß, dass es sich bei den Tieren vor ihm nicht um Maultiere handelt, die von böswilliger Hand wie Zebras angemalt wurden. Wenn der Vater keine *speziellen* Vorsichtsmaßnahmen getroffen hat, würden wir wohl sagen, dass er das nicht weiß. Dretske ist nun der Ansicht, dass man in diesem Fall also sagen kann, dass der Vater weiß, dass in dem Gehege Zebras sind, dass er nicht weiß, dass in dem Gehege keine angemalten Maulesel sind, und das, obwohl er sicherlich weiß, dass daraus, dass Zebras in dem Gehege sind, folgt, dass keine angemalten Maulesel in dem Gehege sind. Das Geschlossenheitsprinzip scheint verletzt zu sein. Wenn das aber stimmt, könnte man auch sagen, dass wir zwar wissen, dass vor uns ein Tisch steht, dass wir auch wissen, dass daraus folgt, dass wir keine Gehirne im Tank sind, dass wir aber dennoch nicht wissen, dass wir keine Gehirne im Tank sind. Das skeptische Argument wäre blockiert!

Gilt das Geschlossenheitsprinzip trotzdem?

Was ist von Dretskes Überlegung zu halten? Dretske möchte sagen, dass wir unsere Wissensansprüche immer nur vor einem Hintergrund möglicher Alternativen erheben. Wenn der Vater zu wissen behauptet, dass Zebras im Gehege sind, dann möchte er ja nicht sagen, dass er weiß, dass Zebras *und nicht angemalte Maulesel* (oder Ähnliches) im Gehege sind, sondern dass er weiß, dass Zebras *und nicht Löwen, Papageien, Pferde etc.* in dem Gehege sind (vgl. (271)). Dementsprechend wird nach Dretske der ursprüngliche Wissensanspruch auch nicht durch den Verweis auf die Möglichkeit von angemalten Mauleseln untergraben. Fogelin hat allerdings zu Recht darauf hingewiesen, dass der Inhalt dessen, was der Vater (einmal zu Recht, einmal zu Unrecht) zu wissen beansprucht, sich nicht ändert. Was sich ändert, ist lediglich der Anspruch, den wir an die Unterscheidungsfähigkeiten des Vaters stellen. Im Normalfall begnügen wir uns damit, dass der Vater Zebras von anderen Zootieren unterscheiden kann. Aber wenn von angemalten Mauleseln die Rede ist, steigen unsere Ansprüche. Wir verlangen dann, dass der Vater Zebras von solchen „Scheinzebras" unterscheiden kann, und das kann er nicht. Mit dem Geschlossenheitsprinzip hat all das jedoch wenig zu tun, denn solange man nur die Ansprüche konstant hält, kann man problemlos vom Gewussten auf das schließen, von dem man weiß, dass es aus dem Gewussten folgt. Dretskes Überlegung deutet darum darauf hin, dass wir bei der Frage, ob jemand etwas weiß oder nicht, auch berücksichtigen müssen, welche Ansprüche wir in Bezug auf Wissen stellen. Genau das tun die so genannten *kontextualistischen Theorien des Wissens*, die wir im nächsten Kapitel diskutieren werden.

Drei Positionen

Betrachten wir zum Abschluss dieses Kapitels noch einmal unsere dialektische Situation. Man kann offensichtlich nicht drei Dinge zugleich behaupten: (1) dass wir eine Menge wissen, (2) dass das Geschlossenheitsprinzip gilt und (3) dass wir nicht wissen, dass keine skeptische Hypothese realisiert ist. Der Skeptiker hält (2) und (3) für so plausibel, dass er (1) ablehnt. Viele Externalisten halten (1) und (3) für so plausibel, dass sie (2) ablehnen. Schließlich - und das ist im Wesentlichen die Position, die George Edward Moore eingenommen hat (vgl. (289)) - kann man auch (1) und (2) für so plausibel halten, dass man (3) ablehnt. Leider sind alle drei Optionen nicht besonders attraktiv!

7.6 Auf einen Blick, Literaturhinweise, Fragen und Übungen

Auf einen Blick

Es gibt Beispiele, die dagegen sprechen, dass eine (persönliche) Rechtfertigung notwendige Bedingung für Wissen ist. Stattdessen legen diese Beispiele nahe, dass eine wahre Überzeugung bereits dann als Wissen gelten kann, wenn sie in der richtigen Art und Weise entstanden ist. Das Wissenssubjekt muss dazu keinerlei Überzeugungen über die Entstehungsweise haben (Externalismus). Es gibt aber auch Beispiele, die gegen diese Auffassung von Wissen und für die Forderung nach einer (persönlichen) Rechtfertigung (also für den Internalismus) sprechen.

Der kausalen Theorie des Wissens zufolge ist eine wahre Überzeugung dann in der (für Wissen) richtigen Art und Weise entstanden, wenn die Tatsache, dass p, die Ursache dafür ist, dass das Wissenssubjekt glaubt, dass p. Diese Theorie ist allerdings mit verschiedenen Problemen konfrontiert. Sie ist erstens in ihrem Anwendungsbereich recht beschränkt, zweitens ist der hier zentrale Begriff der Kausalität klärungsbedürftig, drittens ist unklar, welcher Art die geforderte kausale Verbindung genau sein muss und viertens zeigt das bekannte Scheunen-Beispiel, dass diese Analyse unvollständig ist.

Der Reliabilist versucht diese Schwächen zu überwinden. Seiner Ansicht nach handelt es sich bei einer wahren Überzeugung um Wissen, wenn sie das Ergebnis der Anwendung einer verlässlichen Methode ist. Auch hier ist allerdings zu klären, was genau mit „verlässlich" gemeint sein soll. Verwendet man den Begriff der Wahrscheinlichkeit zur Erläuterung, so muss dieser Begriff seinerseits geklärt werden (1. Problem). Zudem bleibt unklar, ob der Reliabilist wirklich allen Gettier-Beispielen gerecht werden kann (2. Problem). Vor allem aber entsteht das so genannte *Allgemeinheitsproblem* (3. Problem). Es besteht darin, dass nicht klar ist, in welcher Allgemeinheit die Methode, die beim Erwerb einer Überzeugung verwendet wurde, zu beschreiben ist. Im Kern handelt es sich um eine Variante des im fünften Kapitel beschriebenen Relevanzproblems!

Mit dieser Schwierigkeit sind auch die wichtigsten Varianten und Weiterentwicklungen der reliabilistischen Position konfrontiert: Dretskes und Nozicks Ansatz der relevanten Alternativen, die naturalisierte Erkenntnistheorie und die Tugendepistemologie. Insbesondere Letztere wird allerdings derzeit erst intensiv erforscht.

Wäre eine externalistische Analyse des Wissensbegriffs angemessen, so fänden die beiden im zweiten Kapitel beschriebenen skeptischen Hauptargumente auf den ersten Blick keinen Ansatzpunkt. Das gilt prinzipiell auch für eine Skepsis höherer Stufe. Allerdings zeigt sich bei genauerer Betrachtung, dass man zumindest das Argument, das skeptische Hypothesen ins Spiel bringt, auch gegen den Externalisten wenden kann. Tatsächlich genügen bereits Lotterie-Hypothesen, um einen großen Teil unseres Wissens in Frage zu stellen. Externalisten versuchen der skeptischen Herausforderung gerecht zu werden, indem sie einen wesentlichen Bestandteil dieser skeptischen Argumente, das Geschlossenheitsprinzip, zurückweisen. Es stellt sich jedoch die Frage, ob hier nicht eher eine kontextualistische Deutung des Wissensbegriffs angemessen ist.

Literaturhinweise

Der Streit zwischen Internalisten und Externalisten ist Gegenstand zahlreicher Veröffentlichungen (vgl. etwa (262a), (265), (268), (274), (281), (286), (297), (298)). Zum externalistischen Ansatz Goldmans vgl. (275), (276), (277), (278); zu Dretskes Ansatz vgl. (273), darin vor allem „Epistemic Operators“ sowie „Conclusive Reasons“. Nozicks Theorie findet man in (290). Eine moderne Variante des Externalismus verteidigt Grundmann (281). Der Klassiker der naturalisierten Erkenntnistheorie ist Quines (110); zur neueren Debatte vgl. (100), (284), (285); zu den methodischen Aspekten vgl. Kapitel 3.2. Zur evolutionären Erkenntnistheorie vgl. (263), (266), (295), (299); zur Tugendepistemologie siehe (260), (264), (270), (280), (280a), (288), (293), (296), (300).

Fragen und Übungen

1. Was versteht man in der Erkenntnistheorie unter „Internalismus“, was unter „Externalismus“?
2. Was würde ein Vertreter einer externalistischen Theorie der *Rechtfertigung* behaupten?
3. Warum ist der Anwendungsbereich der kausalen Theorie des Wissens sehr beschränkt?
4. Welche Schwierigkeiten gibt es für die kausale Theorie noch? Inwiefern behebt der Reliabilismus diese Schwierigkeiten, inwiefern nicht?
5. Wenn man Rechtfertigung als eine verlässliche Methode unter anderen ansieht, kann sich auch für den Externalisten das Agrippa-Trilemma ergeben. In welchen Fällen entkommt er, in welchen nicht?
6. Was versteht man unter dem Allgemeinheitsproblem? (Lesen Sie dazu auch (267).)
7. Beschreiben Sie die Ansätze von Dretske und Nozick!
8. Wie hängen die Methode (vgl. Kapitel 3.2) und der Inhalt (vgl. dieses Kapitel) der naturalisierten Erkenntnistheorie miteinander zusammen?
9. Inwiefern ist der Tugenderkenntnistheoretiker ein Externalist, inwiefern nicht?

10. Warum entgeht auch die Tugendepistemologie dem Relevanzproblem nicht?

11. Mit welchen Gründen bestreiten Dretske und Nozick das Geschlossenheitsprinzip?

12. Nehmen wir an, die antiskeptische Strategie des Externalisten führt zum Ziel. Welche andere Form von Skepsis drängt sich dennoch auf? (Hinweis: Überlegen Sie, ob es *vernünftig* wäre, irgendetwas über die Außenwelt zu glauben! Vgl. (274).)

8. Wissen im Kontext

Überblick

In diesem Kapitel wird zunächst die kontextualistische Antwort auf die skeptische Herausforderung diskutiert. Diese hängt, wie sich zeigt, nicht direkt von den Details einer kontextualistischen Analyse des Wissensbegriffs ab. Dennoch haben auch Kontextualisten versucht, die zweite Grundfrage der Erkenntnistheorie, die Frage nach der Natur des Wissens, zu beantworten. Sowohl in Bezug auf die kontextualistische Zurückweisung des Skeptikers als auch im Hinblick auf die zugrunde liegende Wissensanalyse ergeben sich jedoch Probleme. Es soll hier allerdings auch gezeigt werden, wie diese sich in befriedigender Weise lösen lassen: Die Untersuchung der Interessen, die uns bei der Verwendung des Wortes „Wissen" leiten, ergibt einen Ansatzpunkt für die Lösung des Relevanzproblems und den Umgang mit der skeptischen Herausforderung.

8.1 Kontextualistische Antiskepsis

Die Grundthese des Kontextualismus

Unsere bisherigen Versuche, die Natur des Wissens zu ergründen, haben uns zu dem Problem geführt, das ich das „Relevanzproblem" genannt habe. Mit diesem Problem waren sowohl die Ansätze konfrontiert, die den Begriff der Rechtfertigung als zentral ansehen, als auch solche, die Wissen vor allem mit Verlässlichkeit in Verbindung bringen. Nun könnte es natürlich sein, dass die Frage, welche Alternativen ein Subjekt ausräumen können muss, um in gerechtfertigter beziehungsweise in verlässlicher Art und Weise zu seinen Überzeugungen zu kommen, deshalb nicht beantwortet werden kann, weil es keine allgemeingültige Antwort auf diese Frage gibt. Vielleicht hängt es vom jeweiligen Kontext ab, welche Alternativen relevant sind und welche nicht. Dass das tatsächlich der Fall ist, kann als die Grundthese der so genannten *kontextualistischen Theorien des Wissens* gelten.

Ausgangspunkt für diese Theorien ist die Beobachtung, dass wir sehr unterschiedliche Anforderungen an jemanden stellen, dem wir Wissen zuschreiben. Jemandem, den wir nach den Fußballergebnissen fragen, gestehen wir bereits Wissen zu, wenn er sagt, er habe die Ergebnisse in der Zeitung gelesen. Einem Neurophysiologen, der seine Einsichten aus der Zeitung bezieht, würden wir dagegen in der Regel kein Wissen zuschreiben. Wenn es darum geht, ob noch Milch im Kühlschrank ist, halten wir uns für wissend, wenn wir einen unserer Mitbewohner fragen. Wenn es darum geht, wer einen Mord begangen hat, hält der Richter sich vielleicht selbst dann noch für unwissend, wenn er mehrere Zeugen gehört hat. Über welche Gründe jemand verfügen muss beziehungsweise welche Verfahren er angewandt haben muss, um als Wissender zu gelten, hängt offensichtlich von der jeweiligen Situation ab, in der wir uns für Wissen interessieren.

Zwei Arten von Kontext

Der Schlüsselbegriff kontextualistischer Wissenstheorien ist der Begriff des Kontextes. Aber was ist ein Kontext? Hier muss man zunächst einmal zwei grundlegend verschiedene Arten von Kontextfaktoren unterscheiden. Zum einen befindet sich derjenige, dem Wissen zugeschrieben (oder abgesprochen) werden soll – das Subjekt S, auf das wir uns beziehen, wenn wir fragen, ob der Satz „S weiß, dass p" wahr ist – in einer bestimmten Situation. Aspekte dieser Situation kann man als *subjektabhängige Kontextfaktoren* bezeichnen. Zum anderen befindet sich aber auch derjenige, der Wissen zuschreibt – also die Person, welche den Satz „S weiß, dass p" äußert – in einer bestimmten Situation. Aspekte dieser Situation kann man als *zuschreiberabhängige Kontextfaktoren* bezeichnen (vgl. zu dieser Unterscheidung (276), (312), (316)).

Mit einer im engeren Sinn kontextualistischen Wissenstheorie hat man es nur dann zu tun, wenn der Theorie zufolge der Wahrheitswert des Satzes „S weiß, dass p" (auch) von zuschreiberabhängigen Kontextfaktoren, also von der Situation desjenigen, der diesen Satz äußert, abhängt. Wird dagegen behauptet, dass der Wahrheitswert des Satzes „S weiß, dass p" allein von subjektabhängigen Kontextfaktoren abhängt, so sollte man die Theorie am besten überhaupt nicht als „kontextualistisch" bezeichnen, denn das behaupten all die Theorien, die wir bisher kennen gelernt haben, auch. Die Fragen, ob ein Subjekt S eine Überzeugung hat, ob diese Überzeugung wahr ist, ob S persönlich gerechtfertigt ist etc., sind allein unter Verweis auf die Situation von S zu beantworten. All diese Kontextfaktoren haben nichts mit dem Zuschreiber zu tun. Anders gesagt: Der Wahrheitswert des Satzes „S weiß, dass p" hängt überhaupt nicht von der Situation desjenigen ab, der den Satz äußert. Reservieren wir darum die Bezeichnung „kontextualistische Wissenstheorie" für die Theorien, denen zufolge der Wahrheitswert des Satzes „S weiß, dass p" vom Kontext der Wissenszuschreibung abhängt – jedenfalls *auch* von ihm. (Da Dretske keine Zuschreiberfaktoren berücksichtigt, sollte sein Ansatz – entgegen einer verbreiteten Praxis – beispielsweise nicht als kontextualistischer Ansatz bezeichnet werden (vgl. auch (327), S. 71). Die Einordnung des so genannten *subjekt-sensitiven Invariantismus* (vgl. (322a), (326), (335)) ist dagegen problematisch und kann hier nicht diskutiert werden (vgl. (351)).)

Eine Analogie

Wie haben wir uns eine solche Kontextabhängigkeit vorzustellen? Betrachten wir dazu eine bei Kontextualisten beliebte Analogie (vgl. (336)). Wenn der Wanderer sagt, die Lüneburger Heide sei eine flache Landschaft, das Alpenvorland dagegen hügelig, dann sagt er offensichtlich etwas Wahres. Wenn der Hochgeschwindigkeits-Testfahrer sagt, der Salzsee sei eben, die Lüneburger Heide hügelig, sagt er aber ebenfalls etwas Wahres. Der Grund dafür ist einfach, dass die Standards dafür, was als „flach“ gelten kann, mit dem Kontext des Zuschreibers variieren. Was ein Wanderer zu Recht als flach bezeichnet, kann ein Testfahrer zu Recht als uneben bezeichnen. Der Wahrheitswert des Satzes „X ist flach“ ist demnach von zuschreiberabhängigen Kontextfaktoren abhängig. Der Kontextualist geht davon aus, dass der Wahrheitswert des Satzes „S weiß, dass p“ in ähnlicher Weise vom Kontext des Zuschreibers abhängt. Auch hier variieren die Standards, die erfüllt sein müssen, damit zu Recht gesagt werden kann, dass S tatsächlich über Wissen verfügt. Die Frage ist dann natürlich, wovon *genau* der Wahrheitswert des Satzes „S weiß, dass p“ abhängt.

Tatsächlich beschäftigen sich viele Kontextualisten mit dieser Frage nicht sehr ausführlich. Das liegt vor allem daran, dass es ihnen nicht in erster Linie um die Analyse des Wissensbegriffs geht. Auch wir haben die Frage nach der Natur des Wissens ja vor allem deshalb gestellt, weil wir glaubten, nur so die andere Grundfrage der Erkenntnistheorie, die Frage nach dem Umfang unseres Wissens, beantworten zu können. Viele Kontextualisten gehen jedoch davon aus, dass es für die Auseinandersetzung mit dem Skeptiker genügt, wenn man weiß, *dass* die Standards der Wissenszuschreibung vom Kontext des Zuschreibers abhängen. Es kommt nicht darauf an, wie genau sie davon abhängen. Bevor wir zu der kontextualistischen Analyse des Wissensbegriffs zurückkehren, sollten wir uns kurz klar machen, warum viele Kontextualisten das glauben.

Die (partielle) Zurückweisung des Skeptikers

Nehmen wir also an, die Frage, welche Standards jemand erfüllen muss, um als Wissender zu gelten, würde von der Situation des Wissenszuschreibers abhängen. Welche Möglichkeiten würden sich damit in Bezug auf die skeptische Herausforderung ergeben? Der Kontextualist kann hier Folgendes sagen: Zwar hat der Skeptiker Recht, wenn er behauptet, dass wir so gut wie nichts wissen. Das liegt aber nur daran, dass er diese Behauptung in einem Kontext aufstellt, in dem die Anforderungen für Wissen extrem hoch sind: im Kontext einer erkenntnistheoretischen Untersuchung. Wenn wir dagegen im Alltag umfangreiches Wissen beanspruchen, dann können wir ebenfalls Recht haben, denn diese Wissensansprüche werden in einem Kontext erhoben, in dem die Anforderungen an Wissen sehr viel gemäßigter sind. Der Skeptiker hat also Unrecht, wenn er glaubt, zeigen zu können, dass unsere alltäglichen Wissensansprüche nicht aufrecht zu erhalten sind. Der Kontextualist kann somit zwei Probleme auf einmal erledigen: Er muss einerseits nicht versuchen, die skeptischen Argumente zu widerlegen. Vielmehr kann er zugestehen, dass diese Argumente völlig korrekt sind und dass sie zeigen, dass wir kein (oder so gut wie kein) Wissen besitzen. Andererseits kann er unserer tief sitzenden Überzeugung gerecht werden, dass wir durchaus im Alltag häufig zu Recht beanspruchen, etwas zu wissen. Wenn der Wahrheitswert des Satzes „S weiß, dass p" vom Kontext abhängt, in dem er geäußert wird, kann er vom Skeptiker (im erkenntnistheoretischen Kontext) wahrheitsgemäß geleugnet, zugleich aber vom Mann auf der Straße (im alltäglichen Kontext) wahrheitsgemäß behauptet werden. Wie genau der Kontext die Wissensstandards bestimmt, spielt dabei keine Rolle. Entscheidend ist, dass der erkenntnistheoretische Kontext sich nur hinlänglich vom alltäglichen Kontext unterscheidet, um die These plausibel erscheinen zu lassen, dass wir normalerweise eben nicht das zu besitzen beanspruchen, was der Skeptiker uns abspricht. Solche Skepsiswiderlegungen, oder besser: Skepsis-Domestizierungen, finden wir bei fast allen Kontextualisten, unter anderem bei Stewart Cohen, Keith DeRose und David Lewis (vgl. (311), (317), (318a), (329)).

Auch wenn die genaue Analyse des Wissensbegriffs, wie es scheint, für diese Art der Auseinandersetzung mit der skeptischen Herausforderung nicht entscheidend ist, haben verschiedene Kontextualisten versucht, eine solche Analyse zu liefern. Im nächsten Abschnitt werden wir diese etwas genauer betrachten, bevor wir uns mit den Schwierigkeiten der kontextualistischen Position auseinandersetzen.

8.2 Kontextualistische Wissensanalyse

Zwei grundlegende Intuitionen

Unabhängig davon, ob die detaillierte Analyse des Wissensbegriffs für die Widerlegung oder zumindest Entschärfung des Skeptizismus notwendig ist oder nicht, können wir auch fragen, ob der Kontextualist eine adäquate Antwort auf die Frage nach der Natur des Wissens zu bieten hat. Eine der am weitesten ausgearbeiteten kontextualistischen Theorien zur Analyse des Wissensbegriffs vertritt David Lewis (vgl. (329)). Mit ihr wollen wir uns etwas genauer beschäftigen: Nach Ansicht von Lewis muss jede Theorie des Wissens zwei grundlegenden Überzeugungen gerecht werden. Zum einen glauben wir, dass wir eine ganze Menge wissen, anders gesagt: dass der Skeptiker letztlich Unrecht hat. Zum anderen glauben wir aber auch, dass derjenige, der etwas weiß, alle Fehlermöglichkeiten ausräumen können muss. Der Fallibilismus, die These also, dass jede unserer Überzeugungen falsch sein könnte, ist demnach mit unseren Wissensansprüchen nicht vereinbar. Die Schwierigkeit ist offensichtlich die, dass der Skeptiker uns Fehlermöglichkeiten anbietet – die skeptischen Hypothesen –, die wir nicht ausräumen können. Also müssen wir entweder doch einräumen, dass der Skeptiker Recht hat, oder aber wir müssen annehmen, dass man eben doch Wissen haben kann, auch wenn man nicht alle Fehlermöglichkeiten ausräumen kann.

Lewis löst das Problem auf folgende Weise: Zunächst stellt er fest, dass Allaussagen sich typischerweise nicht wirklich auf alle entsprechenden Objekte beziehen, sondern nur auf alle Objekte in einer bestimmten Untergruppe.

Wenn jemand beispielsweise sagt „Alle Gläser sind leer. Die nächste Runde ist fällig!", dann bezieht er sich nicht auf alle Gläser der Welt. Vielmehr ergibt sich aus dem Kontext der Äußerung, dass er sich auf die Gläser seiner Trinkkumpane bezieht, also etwa auf alle Gläser, die auf dem Tisch stehen. Dementsprechend gibt Lewis die folgende Analyse von Wissen:

Eine Person S weiß genau dann, dass p, wenn ihre Evidenzen alle Möglichkeiten ausschließen, in denen non-p – Psst! – ausgenommen die Möglichkeiten, die wir legitimerweise ignorieren.

Nach wie vor müssen alle Fehlermöglichkeiten ausgeschlossen werden – damit versucht Lewis der Intuition gerecht zu werden, dass ein Fallibilismus mit Wissen nicht vereinbar ist. Dennoch bleiben manche Fehlermöglichkeiten außen vor – damit schafft Lewis den Ansatzpunkt für eine Zurückweisung des Skeptikers. Natürlich darf auf die ausgenommenen Fehlermöglichkeiten nur hinter vorgehaltener Hand (Psst!), *sotto voce*, hingewiesen werden, wenn nicht doch wieder ein einfacher Fallibilismus vertreten werden soll.

Legitimes Ignorieren

Es ist nun zu klären, welche Fehlermöglichkeiten legitimerweise ignoriert werden können. Lewis beantwortet diese Frage durch die Angabe einer Reihe von Regeln. Die erste Regel, die „Regel der Wirklichkeit", lautet:

1. Es ist niemals legitim, das, was tatsächlich der Fall ist, die Wirklichkeit also, zu ignorieren.

Diese Regel stellt sicher, dass man auch nach der Wissensanalyse von Lewis niemals wissen kann, was nicht der Fall ist. Man kann nicht wissen, dass p, wenn in Wirklichkeit non-p der Fall ist. Der Regel zufolge dürfen wir nämlich nicht ignorieren, dass non-p, wenn es tatsächlich der Fall ist, dass non-p. Da das Subjekt in diesem Fall auch über keine Evidenzen verfügen kann, die non-p ausschließen, kann es obiger Analyse zufolge nicht wissen, dass p. Auf diese Weise zeichnet Lewis also einen subjektabhängigen Faktor als relevant für den Wahrheitswert des Satzes „S weiß, dass p" aus, der in praktisch allen Wissensdefinitionen auftaucht: Es muss tatsächlich der Fall sein, dass p.

Erstaunlicherweise gibt Lewis keine Bedingung an, die sicherstellt, dass das Subjekt S auch glauben muss, dass p. Er verzichtet also auf die übliche zweite Wissensbedingung. Da wir die Überzeugungsbedingung bereits ausführlich diskutiert haben (vgl. Kapitel 4.4), übergehen wir diese Feinheit hier. Die zweite Regel, die Lewis gibt, die „Regel der Überzeugung", kann als Ersatz der üblichen Rechtfertigungsbedingung interpretiert werden:

2. Alles, was das Subjekt glaubt oder glauben sollte, darf nicht ignoriert werden.

Auf diese Weise ist sichergestellt, dass irrationale Überzeugungen eines Subjekts niemals Wissen konstituieren.

Entscheidend ist vor allem die dritte Regel, die „Regel der Ähnlichkeit":

3. Alternativen, die einer Alternative, die nicht ignoriert werden darf (beispielsweise die der Wirklichkeit selbst), in auffallender Weise ähneln, dürfen nicht ignoriert werden.

Diese Bedingung soll dazu dienen, das Gettier-Problem zu lösen. In den Gettier-Beispielen gibt es nach Lewis immer eine Alternative, die der Wirklichkeit auffallend ähnlich ist, bei der es aber nicht der Fall ist, dass p, und die durch die Evidenzen des Subjekts nicht ausgeräumt werden kann. (Im Scheunen-Beispiel ist etwa die Möglichkeit, dass Barney eine Scheunenattrappe sieht, in dieser Weise auffallend ähnlich und wird durch die Evidenzen des Subjekts, also Barneys, nicht ausgeräumt.) Die Regel der Ähnlichkeit verlangt, dass diese Alternativen nicht ignoriert werden. Dementsprechend führt diese Regel dazu, dass dem Subjekt in einer Gettier-Situation kein Wissen zugeschrieben werden kann.

Das Problem mit dieser Regel ist allerdings, dass sie dem Skeptiker unmittelbar die Tür öffnet. Skeptische Hypothesen haben es nämlich gerade an sich, der Wirklichkeit zumindest im Hinblick auf die Evidenzen des Subjekts zu entsprechen. Und ist das nicht Grund genug, sie als *auffallend ähnlich* anzusehen? Lewis sieht hier nur einen Ausweg: Skeptische Hypothesen müssen bei dieser Regel *ad hoc* ausgeschlossen werden. Das ist natürlich eine äußerst problematische Annahme, denn letztlich möchte Lewis den Skeptiker ja in seine Schranken verweisen - er möchte ja unserer Überzeugung gerecht werden, dass wir eine ganze Menge wissen. Hier sieht es aber so aus, als würde er die skeptische Herausforderung einfach *völlig ohne Grund* zurückweisen. Wir werden auf das Problem noch zurückkommen.

Von den restlichen fünf Regeln, die Lewis anführt, genügt es im gegenwärtigen Zusammenhang, eine letzte zu diskutieren, die „Regel der Aufmerksamkeit“:

4. Alternativen, auf die der Wissenszuschreiber aufmerksam geworden ist, dürfen nicht ignoriert werden.

Diese Regel macht die Theorie von Lewis erst zu einer im engeren Sinn kontextualistischen Theorie, denn sie besagt, dass die Alternativen, auf die *der Zuschreiber* aufmerksam geworden ist, nicht ignoriert werden dürfen. Worauf der Zuschreiber seine Aufmerksamkeit richtet, gehört aber eindeutig zu den zuschreiberabhängigen Kontextfaktoren. Der Wahrheitswert des Satzes „S weiß, dass p“ kann damit variieren, je nach dem, in welchem Kontext er geäußert wird.

Lewis gegen den Skeptiker

Von dieser Theorie des Wissens ausgehend können wir noch einmal kurz die antiskeptische Strategie des Kontextualisten nachvollziehen: Der Skeptiker behauptet, dass wir (so gut wie) nichts wissen. Diese Behauptung stützt er beispielsweise auf die Möglichkeit einer universellen Täuschung, etwa durch einen bösen Dämon. Nach Ansicht von Lewis lenkt der Skeptiker unsere Aufmerksamkeit auf solche Täuschungsmöglichkeiten, indem er sie erwähnt, und ist das erst einmal gelungen, dürfen wir diese Möglichkeiten nicht mehr ignorieren. Da aber unsere Evidenzen solche Möglichkeiten auch nicht ausschließen, müssen wir dem Skeptiker Recht geben: Wir haben tatsächlich kein Wissen. Andererseits stehen uns in alltäglichen Kontexten skeptische Hypothesen nicht vor Augen. Die Regel der Aufmerksamkeit verlangt also nicht, diese Hypothesen in Betracht zu ziehen. Da auch keine andere Regel, die Lewis angibt, verbietet, diese Hypothesen zu ignorieren, können wir in diesem Kontext zu Recht behaupten, eine ganze Menge zu wissen. Die Theorie von Lewis erlaubt also die „Domestizierung" der skeptischen These in eben der Weise, die oben bereits beschrieben wurde.

Andere kontextualistische Wissensanalysen

Neben Lewis haben auch andere Kontextualisten Analysen des Wissensbegriffs vorgeschlagen. So versucht beispielsweise Cohen, die Kontextabhängigkeit von „Wissen" durch den Vergleich mit indexikalischen Ausdrücken (wie „hier", „jetzt" etc.) zu erhellen. Auch hier sind zuschreiberabhängige Faktoren für die Bestimmung des Kontextes entscheidend (vgl. (310)). Und nach DeRose liegt Wissen immer dann vor, wenn die tatsächliche Stärke der epistemischen Position eines Subjektes - diese wird durch subjektabhängige Faktoren bestimmt - besser ist als die geforderte Stärke der epistemischen Position - diese wird durch zuschreiberabhängige Fakoren bestimmt (vgl. (316)). Da diese Ansätze im Wesentlichen dieselben Stärken und Schwächen aufweisen wie der Ansatz von Lewis, beschränken wir uns hier auf Letzteren.

8.3 Probleme des Kontextualismus

Natürlich hat auch der Kontextualismus seine Schwächen. Diese betreffen teilweise die speziellen Ausführungen der Grundthese, wie wir sie bei verschiedenen Autoren finden, teilweise jedoch die Grundthese selbst.

1. Problem: Die skeptische Herausforderung

Eine erste Schwierigkeit ergibt sich bereits im Hinblick auf das, was Kontextualisten allgemein als Stärke ihres Ansatzes ansehen: ihre Auseinandersetzung mit dem Skeptiker. Gelingt es dem Kontextualisten tatsächlich, eine befriedigende Antwort auf die skeptische Herausforderung zu geben? Betrachten wir noch einmal die Theorie von Lewis. Nach dessen Ansicht werden skeptische Hypothesen dadurch relevant, dass wir unsere Aufmerksamkeit auf sie richten. Sobald uns jemand auf die Möglichkeit hinweist, dass wir ein Gehirn im Tank oder das Opfer eines täuschenden Dämons sein könnten, wissen wir dementsprechend (so gut wie) nichts mehr, weil dann diese Alternativen relevant werden, die wir nicht ausräumen können. Wenn wir aber nicht mehr an diese Alternativen denken, bekommen wir unser Wissen zurück. Ist das plausibel? Ist es nicht vielmehr so, dass der Skeptiker uns einen *Grund* für Zweifel an vielen Überzeugungen gibt, indem er uns auf die skeptischen Szenarien hinweist? Und untergräbt er dadurch nicht einfach unsere Rechtfertigung, auch wenn wir seinen Grund *ignorieren*? Sagt der Kontextualist dem Skeptiker nicht letztlich etwas wie: „Ja, solange ich meine Aufmerksamkeit auf die Gründe richte, die Du anführst, untergraben sie meine Rechtfertigung. Aber wenn ich nicht mehr an Deine Gründe denke, ist wieder alles in Ordnung!" Demgegenüber sind viele der Ansicht, dass Gründe *immer* relevant sind, wenn es um die Rechtfertigung einer Überzeugung geht. Da alle Kontextualisten der Ansicht sind, dass der epistemische Kontext skeptische Szenarien erst relevant macht, geraten auch alle in diese Schwierigkeit.

Natürlich ist es vernünftig anzunehmen, dass wir nicht immer die gleichen Maßstäbe anlegen, wenn wir das Wissen einer Person beurteilen. Wenn viel davon abhängt, dass jemand Recht hat, werden wir auch geringste Täuschungsmöglichkeiten ernst nehmen. (Manche Philosophen vertreten in Einklang damit die These, dass Wissen eine Sache des Grades ist. Vgl. (306).) Aber der Kontext, in dem skeptische Szenarien relevant werden, zeichnet sich nicht dadurch aus, dass wir hier besonders hohe Anforderungen stellen. Skeptische Szenarien können ja nicht mit dem Hinweis darauf abgetan werden, dass ihre Realisierung enorm unwahrscheinlich ist, so dass wir sie vernünftigerweise ignorieren können, wenn nicht so viel davon abhängt, dass wir Recht haben. Wie hoch ist denn die Wahrscheinlichkeit, dass mich ein böser Dämon täuscht? Wie wir bereits im zweiten Kapitel gesehen haben, ist der Skeptiker nicht jemand, der darauf hinweist, dass wir keine unfehlbaren Gründe für viele unserer Überzeugungen haben, sondern dass wir *überhaupt keine* Gründe für viele unserer Überzeugungen haben. Dementsprechend kann man nicht sagen, dass der Skeptiker besonders streng mit uns ist, wenn er uns Wissen abspricht!

So gesehen scheint es einfach irrational zu sein, skeptische Szenarien zu ignorieren. Nun könnte man natürlich die Ansicht vertreten, dass diese Form der Irrationalität tatsächlich Teil unseres Wissensbegriffs ist. Vielleicht hat Wissen einfach weniger mit Rationalität zu tun als wir ursprünglich dachten. Wenn wir das Wort „Wissen" tatsächlich so verwenden, wie der Kontextualist es behauptet, dann findet der Skeptiker keinen Ansatzpunkt mehr für eine kontextübergreifende Wissensskepsis. Ob der Kontextualist eine angemessene Analyse des Wissensbegriffs gibt, werden wir noch genauer betrachten. Aber selbst wenn das der Fall sein sollte, ist doch das skeptische Problem damit nicht aus der Welt geschafft, denn dann würde die skeptische Herausforderung sich sofort vom Wissen auf die gerechtfertigten Überzeugungen verlagern: Es könnte dann zwar sein, dass wir im Alltag das haben, was wir (im Alltag) mit dem Wort „Wissen" bezeichnen – die skeptischen Argumente machen dann aber dennoch deutlich, dass all unser Wissen aus ungerechtfertigen Überzeugungen besteht. Und das ist doch nach wie vor Herausforderung genug!

Der Kontextualist könnte versuchen, diesen Einwand durch eine kontextualistische Theorie der Rechtfertigung zu entkräften. Wenn unser Begriff der Rechtfertigung in gerade derselben Weise vom Kontext abhängig ist wie es nach Ansicht des Kontextualisten der Begriff des Wissens ist, dann könnte es eben auch sein, dass wir im Alltag das haben, was wir (im Alltag) eine „gerechtfertigte Überzeugung" nennen (vgl. (301)). Das Problem an diesem Ausweg ist, dass sich der Begriff der Rechtfertigung kaum vollständig vom Begriff der Rationalität lösen lässt. Und wir halten es ganz sicher nicht für rational, eine Überzeugung beizubehalten, wenn wir wissen, dass es gute Gründe für Zweifel an dieser Überzeugung gibt, die nicht ausgeräumt werden können, sondern bloß (für eine gewisse Zeit) ignoriert werden. Wir werden auf die Frage zurückkommen, was der Kontextualist hier erwidern kann (vgl. Kapitel 8.6).

2. Problem: Das Relevanzproblem

Selbst wenn die antiskeptische Strategie des Kontextualisten überzeugend wäre, müsste man doch auch fragen, ob die Wissensanalyse, auf der sie beruht, adäquat ist. Und wie bei allen Wissensanalysen ist hier natürlich zunächst einmal danach zu fragen, wie das Gettier-Problem behandelt wird. Betrachten wir dazu wiederum zunächst die Wissensanalyse von Lewis.

Lewis möchte Gettier-Beispiele durch den Verweis auf seine Ähnlichkeitsregel ausschließen: In allen Gettier-Situationen gibt es Alternativen, die der Wirklichkeit ähnlich sind und die dementsprechend nicht ignoriert werden dürfen, wenn es um die korrekte Wissenszuschreibung geht. Da das jeweilige Wissenssubjekt diese ähnlichen Alternativen nicht ausschließen kann, hat es dieser Wissensanalyse zufolge kein Wissen; und das ist auch, was wir sagen wollen. Problematisch an der Ähnlichkeitsbedingung ist allerdings, wie wir bereits gesehen haben, dass Lewis die skeptischen Hypothesen hier ad hoc aus der Betrachtung ausschließen muss. Skeptische Hypothesen sind der Wirklichkeit in entscheidender Hinsicht ähnlich. Der Ähnlichkeitsregel zufolge dürften wir diese Alternativen also niemals ignorieren – ein umfassender Erfolg des Skeptikers wäre die Konsequenz. Aber ein Ausschluss der skeptischen Hypothesen ohne jegliches Argument ist offensichtlich unbefriedigend.

Stewart Cohen weist darauf hin, dass die Theorie von Lewis durchaus die Ressourcen hat, um mit diesem Problem umzugehen (vgl. zum Folgenden (312)). Man muss dazu nur die Regel der Ähnlichkeit so auffassen, dass sie nicht auf subjektabhängige, sondern auf zuschreiberabhängige Kontextfaktoren abstellt: Wenn man nicht verlangt, dass alle *de facto* ähnlichen Alternativen beachtet werden sollen, sondern nur, dass die Alternativen zu beachten sind, die für den Wissenszuschreiber *auffallend* ähnlich sind, dann muss man die skeptischen Hypothesen nicht mehr ad hoc ausschließen. Diese sind für die meisten Zuschreiber nämlich nicht auffallend ähnlich. (Nur dem Erkenntnistheoretiker fallen sie auf.) Die Regel der Ähnlichkeit könnte so verstanden eine ähnliche Funktion übernehmen, wie sie bei Lewis die Regel der Aufmerksamkeit erfüllt: Auch sie würde die kontextualistische Strategie gegen den Skeptiker ermöglichen.

Cohens Dilemma

Allerdings hat diese Lesart der Ähnlichkeitsregel laut Cohen zur Folge, dass keine Regel mehr vorhanden ist, die in adäquater Weise Gettier-Beispiele ausschließt. Bei diesen Beispielen kommt es nämlich, zumindest dem ersten Anschein nach, nicht darauf an, ob ein Zuschreiber die entsprechenden Alternativen als auffallend ansieht oder nicht. Vielmehr kann scheinbar *kein* Zuschreiber einem Subjekt, das sich in einer Gettier-Situation befindet, wahrerweise Wissen zuschreiben, ganz genau so, wie ja auch kein Zuschreiber einem Subjekt, das etwas Falsches glaubt, wahrerweise Wissen zuschreiben kann. Das heißt, man braucht eine Regel, die allein auf *subjektabhängige* Kontextfaktoren Bezug nimmt, um Gettier-Beispiele auszuschließen. Eine auf zuschreiberabhängige Kontextfaktoren Bezug nehmende Ähnlichkeitsregel taugt dazu nicht. Diese Überlegung spricht dafür, die Ähnlichkeitsregel doch, wie Lewis das offensichtlich primär intendiert, rein subjektabhängig zu deuten. Das Problem der ad hoc-Zurückweisung des Skeptikers bleibt dann allerdings bestehen. Cohen zufolge befindet sich Lewis daher in einem Dilemma: Entweder die Ähnlichkeitsregel taugt zur Auseinandersetzung mit dem Skeptiker, dann taugt sie nicht zum Ausschluss von Gettier-Beispielen; oder sie taugt vielleicht zum Ausschluss von Gettier-Beispielen, dann taugt sie nicht zur Auseinandersetzung mit dem Skeptiker.

Diese Schwierigkeit besteht zwar zunächst nur für den Ansatz von Lewis. Sie macht aber ein grundlegendes Problem aller kontextualistischen Wissensanalysen deutlich: Auch diese Theorien scheinen darauf angewiesen zu sein, eine Wissensbedingung anzugeben, die alle Gettier-artigen Fälle ausschließt und die allein auf subjektabhängige Kontextfaktoren Bezug nimmt. Aber gerade das ist die Aufgabe, die uns schon zweimal zum Relevanzproblem geführt hat! (Man beachte, dass die Ähnlichkeitsregel, selbst wenn sie rein subjektabhängig verstanden wird, kein sehr elaboriertes Mittel ist, um Gettier-Beispiele auszuschließen. Das Relevanzproblem löst sie jedenfalls in keiner Weise!) Wenn Cohen mit seiner Überlegung Recht hat, ist damit gezeigt, dass *kein* kontextualistischer Ansatz wirklich zu einem Fortschritt bei der Wissensanalyse führt. Wir werden auf die Frage zurückkommen, ob Cohen Recht hat.

3. Problem: Das „Faktum des Wissens"

Die dritte und vielleicht grundlegendste Schwierigkeit für den Kontextualisten besteht darin, dass seine Analyse zu einigen unplausiblen Folgerungen im Hinblick auf die Verwendung des Wortes „Wissen" führt. Nikola Kompa weist beispielsweise auf Folgendes hin (vgl. dazu (327), S. 93 und S. 99): Alle Kontextualisten müssen akzeptieren, dass Sätze der folgenden Form wahr sein können:

> „Fritz sagt etwas Wahres, wenn er sagt „Klaus weiß nicht, dass p", aber Klaus weiß, dass p."

Sätze dieser Art können der kontextualistischen Analyse zufolge wahr sein, wenn Fritz sich in einem anderen Kontext äußert als derjenige, der den ganzen Satz sagt. Entgegen der kontextualistischen Analyse halten wir solche Sätze jedoch für widersprüchlich. Also scheint die Analyse nicht korrekt zu sein. Kompa spricht hier von der „unliebsamen Konsequenz" des Kontextualismus. (Andere Philosophen weisen auf ähnliche linguistische Befunde hin (vgl. z.B. (315), aber (321)); einige subtilere - und strittigere - Beobachtungen diskutiert Hawthorne (282). Vgl. auch (302), (304).)

Diese Schwierigkeiten sind Ausdruck eines tief sitzenden Unbehagens, das wir bei der kontextualistischen Theorie empfinden: Wir glauben einfach nicht, dass der Wahrheitswert einer Wissenszuschreibung in der geschilderten Weise von zuschreiberabhängigen Kontextfaktoren abhängt. Wie wäre es sonst auch zu erklären, dass wir diese Kontextabhängigkeit bisher nie bemerkt haben? Warum haben Generationen von Philosophen nach einer nicht-kontextualistischen Analyse des Wissensbegriffs gesucht? Bei anderen kontextabhängigen Sätzen ist uns die Kontextabhängigkeit ja ziemlich klar. Jeder weiß, dass etwas, was in einem Kontext als flach gelten kann, in einem anderen Kontext zu Recht als „uneben" bezeichnet wird. Warum sind wir aber stur der Ansicht, dass die Beantwortung der Frage, ob eine Person etwas weiß oder nicht, nichts damit zu tun hat, *wer* diese Frage beantwortet? Warum glauben wir, dass es eine „objektive" Tatsache des Wissens - ein „Faktum des Wissens" - gibt, während wir nicht glauben, dass es eine „objektive" Tatsache des Flachseins gibt? Auf diese Frage haben die Kontextualisten bisher kaum eine adäquate Antwort gefunden, was natürlich teilweise damit zu erklären ist, dass die Analyse des Wissensbegriffs für sie bisher nicht im Mittelpunkt des Interesses stand. Aber gibt es eine adäquate Antwort auf diese Frage?

Wenn man sich die drei Schwierigkeiten des Kontextualismus so vor Augen führt, kann man leicht den Eindruck gewinnen, dass dieser Ansatz an allen Fronten versagt: Die kontextualistische Auseinandersetzung mit dem Skeptiker bleibt unbefriedigend; das Relevanzproblem ist so ungelöst wie für alle anderen Ansätze auch. Schlimmer sogar: Mit dem dritten Problem handelt man sich als Kontextualist eine Schwierigkeit ein, mit der andere Ansätze nicht zu kämpfen haben.

8.4 Interesse an Wissen

Ein neuer Ansatzpunkt

Um die Schwierigkeiten des Kontextualisten auflösen zu können, sollte man meines Erachtens noch einmal einen Schritt zurückgehen zur Frage nach der angemessenen erkenntnistheoretischen Methode. Wir hatten im dritten Kapitel gesehen, dass die Suche nach einer Analyse des Wissensbegriffs in Form einer Liste einzeln notwendiger und zusammen hinreichender Bedingungen nur eine von mehreren Möglichkeiten ist. Und angesichts der zahlreichen erfolglosen Versuche, eine solche Analyse zu finden, sollte man sich vielleicht Gedanken über Alternativen machen. Man muss sich dabei nur sehr wenig vom ursprünglichen Ziel entfernen, um bereits eine ganze Reihe neuer Möglichkeiten zu haben. Mein eigener Ansatz besteht dabei darin, die Annahme aufzugeben, dass es *eine* Analyse des Wissensbegriffs für *alle* Anwendungssituationen gibt. Man sollte vielmehr damit rechnen, dass es verschiedene Varianten des Wissensbegriffs geben könnte, anders gesagt, dass wir mit dem Wort „Wissen" nicht in allen Situationen ganz genau dasselbe meinen. Es könnte dann sein, dass wir mehrere Definitionen finden müssen, um allen Verwendungsweisen des Wortes „Wissen" gerecht zu werden.

Natürlich stellt sich dann sofort die Frage, wie wir vorgehen sollen, um solche Definitionen zu finden. Die übliche Vorgehensweise, also die „Vorschlag-und-Gegenbeispiel-Methode", die wir bisher, insbesondere im fünften Kapitel, verwendet haben, ist jedenfalls nicht mehr ausreichend. Denn wenn man davon ausgeht, dass es verschiedene Bedeutungsvarianten von „Wissen" gibt, ist nicht mehr klar, ob ein Gegenbeispiel als Widerlegung der entsprechenden Definition oder als Anzeichen für eine Bedeutungsvariante zu werten ist. Wir brauchen also einen anderen Ansatz.

Wörter als Werkzeuge

Diesen Ansatz findet man in einer Einsicht, die vor allem von Wittgenstein und in der so genannten „Philosophie der Normalsprache", der „ordinary language philosophy", wie sie insbesondere von John L. Austin und Gilbert Ryle entwickelt wurde, betont wird: Wörter sind Werkzeuge; sie dienen uns zu bestimmten Zwecken, und ihre Bedeutung wird von diesen Zwecken bestimmt. Folglich können wir klären, was ein Wort bedeutet, wenn wir uns vor Augen führen, welche Zwecke wir mit der Verwendung des Wortes verfolgen. Stellen wir fest, dass wir mit einem Wort sehr verschiedene Zwecke verfolgen, so können wir davon ausgehen, dass auch verschiedene Analysen angebracht sein können. Sollte es Bedeutungsvarianten des Wortes „Wissen" geben, so können wir sie also finden, wenn wir untersuchen, zu welchen Zwecken wir das Wort „Wissen" einsetzen. Gegenüber der üblichen Vorgehensweise hat eine solche Untersuchung einen anderen Schwerpunkt. Während Erstere vor allem einzelne außergewöhnliche Spezialfälle ins Visier nimmt, geht es hier darum, zunächst einmal den Normalfall einer Wissenszuschreibung besser zu verstehen. Es sind also nicht solche Fälle entscheidend, bei denen wir *nur von Wissen sprechen würden, wenn man uns danach fragen würde*. Entscheidend sind die Fälle, in denen wir uns *von alleine* dafür interessieren, ob ein Fall von Wissen vorliegt. An ihnen lesen wir ab, was uns an Wissen interessiert. So wie man auch in der Wissenschaft eine Theorie entwickelt, indem man zuerst die paradigmatischen Fälle studiert, so sollte auch bei der Analyse von Wissen der Normalfall am Anfang stehen. Erst in einem zweiten Schritt sollte man dann solche Beispiele betrachten, mit denen man gewöhnlich nicht konfrontiert wird, also etwa Wahrsager- und Gettier-Beispiele. Man kann an diesen Beispielen interessante Einsichten über Wissen gewinnen, wenn man erst ein klares Verständnis der Normalfälle gewonnen hat. Aber man sollte diese Fälle nicht zum Ausgangspunkt unseres Verständnisses von Wissen machen.

Das Interesse des Unwissenden und des Wissenden

Gehen wir also einmal der Frage nach, welche Zwecke wir mit dem Wort „Wissen" verfolgen. Welche Interessen leiten uns bei der Verwendung dieses Wortes? Mit Oswald Hanfling und David S. Clarke unterscheide ich zwei grundlegend verschiedene Situationen, in denen wir uns für Wissen interessieren (vgl. (324), (308)). Zum einen fragen wir in Situationen nach Wissen, in denen wir selbst auf der Suche nach entsprechenden Informationen sind, in denen uns also das *Interesse des Unwissenden* leitet. So fragen wir beispielsweise „Weiß jemand, wie spät es ist?" wenn wir selbst gerne wüssten, wie spät es ist. Zum anderen fragen wir in Situationen nach Wissen, in denen wir selbst bereits über das entsprechende Wissen verfügen (oder doch zu verfügen glauben). Hier sind wir vom *Interesse des Wissenden* geleitet. Wenn der Richter den Angeklagten beispielsweise fragt, ob er von der Verschwörung wusste, um die Frage der Mitschuld zu klären, so geht er selbst davon aus, zu wissen, dass es eine Verschwörung gab. Oder wenn der untreue Ehemann sich fragt, ob seine Frau von der Geliebten weiß, dann weiß er selbst natürlich bereits, dass er eine Geliebte hat. Wir haben es mit zwei Klassen von „Wissenssituationen" zu tun: Mit der Klasse der Situationen, die durch das Interesse des Unwissenden bestimmt sind, und mit der Klasse der Situationen, die durch das Interesse des Wissenden bestimmt sind.

Wissen und gute Informanten: Die perspektivische Variante von Wissen

In beiden Klassen von Situationen, die sich im Übrigen nochmals in aufschlussreicher Weise weiter unterteilen lassen, verwenden wir das Wort „Wissen". Aber es geht uns jeweils nicht um genau dasselbe. Wenn wir als Unwissende nach Wissen fragen, sind wir auf der Suche nach *guten Informanten*. Der Wissende ist in diesem Fall für uns der gute Informant. Vor allem Edward Craig hat auf diese Funktion des Wortes „Wissen", gute Informanten auszuzeichnen, hingewiesen (vgl. (313), (314)). Wir sagen hier von jemandem, er wisse, dass p, genau dann, wenn wir glauben, dass er uns darüber informieren kann, dass p. Welche Analyse des Wissensbegriffs legt diese Einsicht nahe?

Ein guter Informant muss zunächst einmal die Wahrheit sagen. Niemand kann uns darüber informieren, dass p, wenn es nicht der Fall ist, dass p. Weiterhin muss der Informant (zumindest im Normalfall) eine entsprechende Überzeugung haben: Wie sollte er uns darüber informieren können, dass p, wenn er nicht einmal selbst glaubt, dass p? Drittens schließlich muss ein guter Informant dazu in der Lage sein, Zweifel, die wir gegebenenfalls an der Wahrheit seiner Überzeugung haben, auszuräumen. Ein Informant, dem man nicht glaubt, kann uns nicht informieren; er ist kein Informant. Also muss ein guter

Informant in der Lage dazu sein, die Zweifel auszuräumen, die der Informationssucher in Betracht zieht. Ausgehend von dieser Überlegung gelangen wir also zu folgender Analyse des Wissensbegriffs:

Beachte

Person S weiß, dass p, genau dann, wenn es (1) der Fall ist, dass p, wenn (2) S davon überzeugt ist, dass p, und wenn (3) S in der Lage dazu ist, relevante Zweifel auszuräumen.
Relevant in Bezug auf eine Wissenszuschreibung sind die Zweifel, die der Wissenszuschreiber in Betracht zieht.

Da hier die Perspektive des Wissenszuschreibers eine entscheidende Rolle spielt, spreche ich von der *perspektivischen Variante von Wissen*. Offensichtlich handelt es sich hierbei um eine kontextualistische Wissensanalyse, da ein zuschreiberabhängiger Kontextfaktor – welche Zweifel der Wissenszuschreiber in Betracht zieht – für den Wahrheitswert der Wissenszuschreibung entscheidend ist. Die perspektivische Variante von Wissen ergibt sich unmittelbar aus der Analyse des Interesses, das uns in vielen Situationen leitet, in denen wir das Wort „Wissen“ anwenden. Welche Zweifel der Wissenszuschreiber in diesen Situationen in Betracht zieht (das heißt, welche Fehlermöglichkeiten er ernst nimmt) hängt im Wesentlichen von zwei Faktoren ab: zum einen von seinem *Sicherheitsbedürfnis* – wenn viel von der entsprechenden Information abhängt, wird er auch geringste Zweifelsgründe ernst nehmen –, zum anderen von seinem *sonstigen Wissen* – wenn er über bestimmte Täuschungsmöglichkeiten informiert ist, wird er sie auch in Betracht ziehen.

Wissen und Informationsempfänger: Die objektive Variante von Wissen

Die Situationen, die durch das Interesse des Unwissenden bestimmt sind, sind jedoch nicht die einzigen, in denen das Wort „Wissen“ Verwendung findet. Es gibt auch die durch das Interesse des Wissenden bestimmten Situationen. Hier geht es uns nicht darum, gute Informanten ausfindig zu machen. Vielmehr wollen wir wissen, ob die jeweilige Person, um deren Wissen es geht, sich bestimmter Tatsachen bewusst ist oder nicht, ob sie also ein potenzieller *Informationsempfänger* ist. Die Gründe dafür, warum uns das interessiert, sind vielfältig (und dementsprechend viele Untergruppen dieser Situationen gibt es): Es geht uns darum, die Handlungen von Personen zu rechtfertigen (wie im Fall der Richterfrage), zu erfahren, ob es uns gelungen ist, Informationen zu verbergen (wie im Fall des untreuen Ehemannes) etc. Die entscheidende Frage ist: Verlangen diese Situationen nach einer eigenen Analyse des Wissensbegriffs? Meines Erachtens lautet die Antwort: Ja! In diesen Situationen spielt nämlich die Fähigkeit der entsprechenden Person, Zweifel auszuräumen, überhaupt keine Rolle. Alles, was uns hier interessiert, ist die Frage, ob sich die Person einer bestimmten Tatsache bewusst ist oder nicht. So kann der Ehemann beispielsweise bestimmt nicht sagen, seine Frau wisse nichts von der Geliebten, wenn diese sich der Tatsache bewusst ist, dass der Ehemann eine Geliebte hat, nur weil sie nicht in der Lage dazu ist (etwa gegenüber Dritten), Zweifel an dieser Überzeugung auszuräumen (vgl. (324)). Dementsprechend bietet sich hier eher die folgende Analyse des Wissensbegriffs an (vgl. auch (332), (333)):

Beachte

Person S weiß, dass p, genau dann, wenn es (1) der Fall ist, dass p (es also eine Tatsache ist, dass p), und wenn (2) S davon überzeugt ist, dass p (S sich also dieser Tatsache bewusst ist).

Diese Analyse nenne ich die *objektive Variante von Wissen*, weil hier die Perspektive des Wissenszuschreibers gerade keine Rolle spielt. Es handelt sich *nicht* um eine kontextualistische Analyse. Faktoren, die zum Kontext des Wissenszuschreibers gehören, kommen in dieser Definition nicht vor. Ob S weiß, dass p, hängt allein von S (genauer gesagt: der Überzeugung von S) und von der Welt (genauer gesagt: der Wahrheit der Überzeugung von S) ab. Während es darum geht, etwas *von* einer Person zu erfahren, wenn wir die perspektivische Variante von Wissen im Sinn haben, geht es hier darum, etwas *über* eine Person zu erfahren, nämlich ob sie eine wahre Überzeugung hat oder nicht. Während es im einen Fall um *Informanten* geht, geht es im anderen Fall um *Informationsempfänger.*

Natürlich ist sowohl die Aufteilung des Wissensbegriffs in zwei Varianten als auch die Beschreibung der einzelnen Varianten Einwänden ausgesetzt. So kann man beispielsweise fragen, ob der Kontextualismus, der durch die perspektivische Variante ins Spiel kommt, der richtige Kontextualismus ist und ob bei der objektiven Variante nicht doch stillschweigend angenommene weitere Bedingungen aufzuführen wären. Diese Einwände habe ich an anderer Stelle ausführlich diskutiert (vgl. (319), 2. Teil). Im vorliegenden Rahmen möchte ich diese Diskussion nicht wiederholen, sondern vielmehr kurz auf die Möglichkeiten eingehen, welche die vorgeschlagene *Zweivariantentheorie* für die Behandlung der Grundfragen der Erkenntnistheorie im Allgemeinen und die Überwindung der kontextualistischen Schwierigkeiten im Speziellen bietet.

8.5 Das Relevanzproblem und das „Faktum des Wissens"

Die Frage nach der Natur des Wissens – die zweite Grundfrage der Erkenntnistheorie – hat uns bereits auf zwei Wegen zum Relevanzproblem geführt (vgl. 5. und 7. Kapitel). Dieses Problem ergibt sich aus der Untersuchung der Gettier-Beispiele. Betrachten wir darum einmal, wie diese Beispiele aus der Sicht der Zweivariantentheorie zu deuten sind.

Wie beurteilen wir philosophische Beispiele?

In der Philosophie betrachten wir Beispiele losgelöst vom gewöhnlichen Kontext. Wir haben weder die Interessen des Unwissenden noch die des Wissenden. Da der Begriff des Wissens uns jedoch nur aus den Situationen vertraut ist, in denen wir solche Interessen haben, leiten uns auch bei der interesselosen Betrachtung der Beispiele die Intuitionen, die wir anhand der gewöhnlichen Situationen ausgebildet haben. Das heißt, wenn wir entscheiden sollen, ob wir es bei einem Beispiel mit einem Fall von Wissen zu tun haben oder nicht, dann reagieren wir *in Analogie zu den gewöhnlichen Situationen*. Mit anderen Worten: Auch wenn wir im Rahmen einer philosophischen Überlegung Beispiele betrachten, sind wir gezwungen, eine vertraute Perspektive einzunehmen, damit wir sie überhaupt beurteilen können. Auch die Personen in den philosophischen Beispielen beurteilen wir darum letztlich als Informanten oder als Informationsempfänger, wenn wir ihnen Wissen zuschreiben oder absprechen. *Welche* Perspektive wir einnehmen, hängt davon ab, welche Perspektive uns durch die Beispiele nahe gelegt wird, das heißt, in Analogie zu welchen gewöhnlichen Situationen sich die Beispiele am leichtesten bringen lassen. Der Schlüssel zum Verständnis der Gettier-Beispiele ist meines Erachtens die Einsicht, dass wir diese Beispiele in Analogie zu den Situationen beurteilen, die durch das Interesse des Unwissenden bestimmt sind:

Die Gettier-Beispiele zeichnen sich dadurch aus, dass in ihnen ausführlich auf Fehlermöglichkeiten hingewiesen wird. Auf diese Weise legen uns die Beispiele nahe, bestimmte Zweifel in Betracht zu ziehen und damit die Perspektive eines Unwissenden einzunehmen. Wir schreiben dann kein Wissen zu, weil die Personen in den Beispielen nicht im Besitz von Gründen sind, die dazu geeignet wären, die Zweifel auszuräumen, die die Beispiele uns nahe legen. Wüssten wir nicht schon, dass die Personen richtige Überzeugungen haben, so könnten sie uns nicht informieren, zumindest dann nicht, wenn uns alle anderen in den Beispielen geschilderten Umstände bewusst wären, weil wir dann tatsächlich Zweifel hätten, die die Personen nicht ausräumen könnten. Wir reagieren auf die Beispiele also genau so, als wüssten wir noch nicht, dass die Personen *richtige* Überzeugungen haben. Wir beurteilen sie als potenzielle Informanten. In den Gettier-Beispielen sprechen wir darum von Wissen in seiner perspektivischen Variante: Die Personen haben richtige Überzeugungen, sie sind aber nicht im Besitz von Gründen, die dazu geeignet sind, die Zweifel auszuräumen, die in Betracht zu ziehen die Beispiele uns nahe legen.

Noch einmal das Scheunen-Beispiel

Betrachten wir auf der Grundlage dieses Erklärungsansatzes jetzt noch einmal die wichtigsten Schritte, die zum Scheitern der üblichen Vorgehensweise geführt haben. Erinnern wir uns an das Scheunen-Beispiel. Dass wir dazu neigen, Barney kein Wissen zuzuschreiben, ist leicht verständlich, wenn wir uns vor Augen führen, wie wir reagieren würden, falls wir nicht wüssten, dass er tatsächlich eine echte Scheune gesehen hat. Man muss sich nur den einen Satz „Und tatsächlich hat Barney eine echte Scheune gesehen" aus der Beschreibung des Beispiels wegdenken, um die Analogie zu einer durch das Interesse des Unwissenden bestimmten Situation zu sehen. Das Beispiel legt uns offensichtlich die Möglichkeit nahe, dass Barney eine Scheunenattrappe gesehen haben könnte. Und wir sagen, dass er nicht weiß, dass er eine echte Scheune gesehen hat, weil er diese Möglichkeit nicht ausschließen kann. Wir beurteilen Barney also als potenziellen Informanten für jemanden, der im Zweifel darüber ist, ob an der Stelle, an der Barney aus dem Fenster gesehen hat, eine Scheune oder eine Scheunenattrappe steht. Aus der Perspektive eines solchen Zweiflers betrachtet weiß Barney nicht, dass dort eine Scheune steht, weil er kein guter Informant ist: Der Zweifler könnte die entsprechende (richtige) Behauptung von Barney nicht akzeptieren.

Noch einmal das Grabit-Beispiel

Folgt man der üblichen Vorgehensweise, so kommt man dazu, dass Barney tatsächlich nur dann Wissen hat, wenn seine Rechtfertigung auch intakt bleiben würde, wenn man ihm zusätzliche Informationen gäbe. Dagegen spricht aber, wie wir gesehen haben (vgl. Kapitel 5.3), das Grabit-Beispiel. Zur Erinnerung: Hans sieht, wie Tom Grabit ein Buch stiehlt. Er weiß aber nicht, dass Toms Vater behauptet, Tom habe einen kriminellen Zwillingsbruder. Und er weiß auch nicht, dass der Vater Insasse einer Nervenheilanstalt ist, in die ihn der Gram über *Toms* Abwege gebracht hat – den angeblichen Zwillingsbruder hat er nur erfunden.

In dieser Situation sind wir dazu geneigt, Hans Wissen zuzusprechen, obwohl die isolierte Information über die Behauptung des Vaters seine Rechtfertigung untergraben würde. Warum? Auch dieses Beispiel wird verständlich, wenn wir wieder die Analogie zu einer gewöhnlichen Unwissenden-Situation beachten. Nehmen wir also an, wir wüssten noch nicht, dass Hans tatsächlich Tom gesehen hat. Wir hätten zunächst vielleicht Zweifel an der Überzeugung von Hans (weil wir an das Gute im Menschen glauben), die er ausräumen kann, weil er Tom gesehen hat. Anders als im Fall von Barney legt das Beispiel uns keine weiteren Zweifel nahe. Warum sollte die Überzeugung von Hans nicht der Wahrheit entsprechen? In diesem Beispiel haben wir letztlich keinen guten Grund, an die Existenz eines Zwillingsbruders zu glauben, und ohne guten Grund ziehen wir diese Fehlermöglichkeit nicht in Betracht. (Es sei denn, unser Sicherheitsbedürfnis ist enorm hoch.) Damit wir Hans Wissen zuschreiben, muss er also nicht in jedem Fall dazu in der Lage sein, die Möglichkeit eines Zwillingsbruders auszuschließen, sondern nur dann, wenn wir entsprechende Zweifel tatsächlich hegen (beziehungsweise in Betracht ziehen). Das legt das Beispiel uns aber nicht nahe. Wir sehen keinen Grund dafür, an der Wahrheit seiner Überzeugung zu zweifeln, und dementsprechend schreiben wir Hans auch Wissen zu. Besser gesagt: Wir sehen zwar einen Grund zum Zweifeln (nämlich, dass der Vater von einem Zwillingsbruder spricht), aber wir haben einen besseren Grund, nicht zu zweifeln (nämlich, dass er Insasse einer Heilanstalt ist und seine Äußerungen daher nicht relevant sind).

Das Beispiel ist für die übliche Vorgehensweise deshalb so problematisch, weil es den Anschein erweckt, als müsste man zwischen Informationen, die einen Wissensanspruch untergraben, und solchen, die das nicht tun, unterscheiden. Während das Vorhandensein von Scheunenattrappen ein Grund dafür ist, Barney kein Wissen zuzuschreiben, führt die Behauptung des kranken Vaters nicht dazu, dass wir sagen, Hans wisse nicht, dass Tom das Buch gestohlen hat. Es hat sich jedoch als unmöglich erwiesen, ein Kriterium anzugeben, mit dessen Hilfe man die gewünschte Unterscheidung treffen kann – genau darin bestand unser Relevanzproblem! Aber ist die Suche nach einem solchen Kriterium durch das Beispiel überhaupt ausreichend motiviert? Ist es nicht auch möglich, das Beispiel so aufzufassen, dass Hans doch nicht weiß, dass Tom das Buch gestohlen hat? Hier ist auf ein wichtiges Phänomen hinzuweisen, auf das Fogelin aufmerksam gemacht hat (vgl. (177), S. 37ff.):

Fogelins Variante des Grabit-Beispiels

Nehmen wir an, wir wissen *zunächst* nur, dass Hans davon überzeugt ist, Tom beim Stehlen ertappt zu haben, und dass Toms Vater sich über einen diebischen Zwillingsbruder beklagt. In dieser Situation schreiben wir Hans kein Wissen zu, weil er nicht ausschließen kann, dass er einen Zwillingsbruder von Tom gesehen hat. Nehmen wir weiterhin an, wir würden *dann* Nachforschungen anstellen, um die Frage zu klären, ob Tom oder sein Zwillingsbruder das Buch gestohlen hat, und bei dieser Gelegenheit würden wir herausfinden, dass Toms Vater Insasse einer Nervenheilanstalt ist und Tom überhaupt keinen Zwillingsbruder hat. Würden wir dann doch sagen, dass Hans die ganze Zeit über gewusst hat, dass Tom das Buch gestohlen hat? Ich denke man kann Fogelin darin zustimmen, dass unter diesen Umständen unsere Intuition, Wissen zuzuschreiben, ins Wanken gerät. Immerhin mussten wir in unserer Nachforschung bestimmte Alternativen ausschließen, um entsprechendes Wissen zu erlangen. Warum sollten wir also Hans Wissen zugestehen, obwohl er diese Alternativen nicht ausräumen kann?

Wenn wir uns die Geschichte so vorstellen, dann würden wir also auch *nachdem* sich herausgestellt hat, dass Tom keinen Zwillingsbruder hat, nicht mehr ohne Weiteres sagen, Hans habe die ganze Zeit gewusst, dass Tom das Buch gestohlen hat. Der entscheidende Punkt ist, dass *Hans* nicht ausschließen kann, dass ein Zwillingsbruder am Werk war. Zwar sind *wir* jetzt in der Lage dazu, diese Fehlermöglichkeit zu eliminieren, aber Hans hatte diesbezüglich einfach Glück. Insofern neigt man dann doch dazu, Hans *kein* Wissen zuzusprechen. Fogelin macht folgende Unterscheidung: Wenn wir uns vorstellen, dass wir von Anfang an wissen, dass der Vater von Tom kein relevanter Zeuge ist, dann neigen wir dazu, Hans Wissen zuzuschreiben – diese Intuition hatten wir zunächst. Wenn wir uns aber vorstellen, dass wir die entscheidenden Informationen erst nach und nach erhalten, neigen wir dazu, Hans kein Wissen zuzuschreiben.

Die Variation des Beispiels legt nahe, dass Hans auch in dem Fall nicht unbedingt Wissen hat, in dem der Vater in der Nervenheilanstalt seine Aussage macht, weil sein Zeugnis auch dann dazu führt, dass die Ansprüche an die Rechtfertigung von Hans steigen. Nach Fogelins Ansicht haben sich die Philosophen von diesem Beispiel in die Irre führen lassen, weil sie davon ausgingen, dass es sich hier um ein eindeutiges Beispiel von Wissen handelt. Aber Fogelin gibt keine Erklärung dafür, warum unsere Reaktion abhängig davon ist, in welcher Reihenfolge wir die entsprechenden Informationen bekommen. Wenn das Zeugnis des Vaters die Ansprüche an die Rechtfertigung von Hans erhöht, dann sollte es das doch tun, egal, ob ich von der Nervenheilanstalt sofort oder erst nach eigenen Recherchen erfahre. Sollte man also konsequent davon ausgehen, dass die Intuition, die uns Wissen zuschreiben lässt, nicht genuin ist? Wer lässt sich hier in die Irre führen: die Philosophen, die unsere Wissenszuschreibung ernst nehmen, oder die, die unsere Nichtwissenszuschreibung ernst nehmen?

Wissen: Eine Sache der Perspektive!

Meiner Ansicht nach lassen sich beide Parteien in die Irre führen, indem sie davon ausgehen, dass eine der beiden Möglichkeiten die richtige sein muss, dass also Hans in der beschriebenen Situation entweder weiß oder nicht weiß, dass Tom das Buch gestohlen hat. Die richtige Deutung der Schwierigkeit scheint mir vielmehr die zu sein, dass Hans aus einer Perspektive betrachtet Wissen hat, aus einer anderen nicht. Das Beispiel in seiner ursprünglichen Form legt uns den Zweifel an der Überzeugung von Hans nicht nahe, weil wir sofort erfahren, dass das Zeugnis des Vaters wertlos ist. Hans könnte also für uns ein guter Informant sein. Das Beispiel in Fogelins Variante legt uns dagegen den Zweifel an der Überzeugung von Hans nahe, weil wir uns in jemanden hineinversetzen sollen, der tatsächlich zuerst zweifelt, ob Hans nicht einen Zwillingsbruder von Tom gesehen hat. Aus seiner Sicht fehlen Hans die Gründe, um diesen Zweifel auszuräumen. Hans ist darum für ihn kein guter Informant. Es sind hier also zwei unterschiedliche Perspektiven im Spiel. Wenn wir das Beispiel aus der einen Perspektive betrachten, dann hat Hans kein Wissen, aus der anderen dagegen schon. Je nachdem, wie man das Beispiel erzählt, legt man die eine oder andere Perspektive nahe, und entsprechend urteilen wir.

Aber welche Perspektive ist die richtige? Das ist meiner Ansicht nach eine Frage ohne Antwort. Ich sehe keinen Grund dafür, eine der beiden Perspektiven auszuzeichnen. Dementsprechend hat es meiner Ansicht nach hier auch keinen Sinn, zu fragen, ob Hans *tatsächlich* weiß, dass Tom das Buch gestohlen hat. Einerseits weiß er es, andererseits nicht. Und das ist natürlich genau die Sichtweise, die auch dem Kontextualisten nahe liegt.

Wenn wir den Begriff des Wissens im Alltag mit dem Interesse des Unwissenden verwenden, macht uns die Perspektivität natürlich nichts aus, weil klar ist, welche Perspektive wir einzunehmen haben: unsere eigene. Es geht ja gerade darum, einen Informanten *für uns* auszuzeichnen. Wenn man solche Beispiele aber losgelöst von der tatsächlichen Suche nach einem Informanten betrachtet, dann hängt alles davon ab, welche Perspektive die Beispiele uns nahe legen. Nur wenn wir den objektiven Wissensbegriff zugrunde legen würden, könnten wir zu einer Entscheidung kommen, ob es sich bei den Beispielen tatsächlich um Fälle von Wissen handelt oder nicht. Objektiv betrachtet sind aber *alle* Gettier-Beispiele Fälle von Wissen.

Unsere Reaktion auf Gettier-Beispiele ist um so eindeutiger, je eindeutiger uns eine bestimmte Perspektive nahe gelegt wird, das heißt, je offensichtlicher die Analogie zu einer gewöhnlichen Unwissenden-Situation ist. Wenn diese nicht so offensichtlich ist, sind wir unschlüssig, was wir sagen sollen. So geht es uns beispielsweise bei folgendem Beispiel von Harman (vgl. (325)):

Harmans Attentat-Beispiel

Eine Person (Jane) liest in der Zeitung, dass ein politischer Führer erschossen wurde. Der Bericht wurde von einem Journalisten geschrieben, der Zeuge des Attentats war. Um aber einen Aufruhr zu verhindern, entscheidet sich die politische Führung dazu, den Anschlag zu vertuschen. Sie verbreitet Meldungen, denen zufolge der Politiker wohlauf ist und die Kugel einen Leibwächter getroffen hat. Jane erfährt aber zufällig nichts von diesen Meldungen und behält darum die wahre Überzeugung, dass der Politiker ermordet wurde. Weiß sie, dass er tot ist?

Das Beispiel wird in der Literatur als ein Beispiel von Nichtwissen behandelt. Aber diese Deutung ist alles andere als zwingend. Harman selbst schreibt, dass er systematisch die Reaktion von verschiedenen Personen auf das Beispiel getestet habe. Nur 40–50 % der Befragten sagen, dass Jane kein Wissen hat, 10 % sagen, dass sie weiß, und der Rest ist sich nicht sicher. Dass wir bei diesem Beispiel keine eindeutige Reaktion zeigen, liegt meines Erachtens daran, dass nicht deutlich ist, welche Perspektive wir einnehmen sollen. Würden wir zu den Personen gehören, die die Falschmeldungen zur Kenntnis genommen haben, dann könnten wir von Jane nicht erfahren, ob der politische Führer erschossen wurde oder nicht, weil wir ihr keinen Glauben schenken würden. Wir hätten Zweifel, die sie nicht ausräumen könnte. Nehmen wir diese Perspektive ein, so schreiben wir Jane kein Wissen zu. Würden wir dagegen von Anfang an wissen, dass die Zeitung, in der Jane gelesen hat, nicht in die Verschleierungstaktik der politischen Führung mit einbezogen war, so würden wir nicht an der Überzeugung von Jane zweifeln. Aus dieser Perspektive heraus neigen wir eher dazu, ihr doch Wissen zuzubilligen. In diesem Beispiel können wir unsere Reaktion darum beliebig beeinflussen: Wenn wir uns darauf konzentrieren, dass es viele Fehlinformationen gab, bekommen wir das Gefühl, dass Jane kein Wissen hat. Wenn wir uns darauf konzentrieren, dass sie tatsächlich die einzige Zeitung mit dem Augenzeugenbericht erwischt hat, bekommen wir das Gefühl, dass sie trotz allem von dem Attentat weiß. Wiederum zwingt uns das Beispiel nicht zur einen oder anderen Reaktion. Und da es, anders als viele andere Gettier-Beispiele, nicht so eindeutig eine Perspektive nahe legt, wissen wir nicht recht, was wir sagen sollen.

Die Lösung des Relevanzproblems

Auf der Grundlage der perspektivischen Variante von Wissen werden die Gettier-Beispiele also verständlich. Entscheidend für die Wissenszuschreibung ist in diesen Beispielen nicht, ob es Gründe zum Zweifeln *gibt* - solche findet man fast immer -, oder ob diesen Gründen bessere Gründe entgegenstehen - auch solche gibt es immer, weil die Zweifelsgründe ja letztlich nicht dazu führen, dass die Personen in den Beispielen wirklich falsche Überzeugungen haben. Entscheidend ist vielmehr, ob wir bestimmte Zweifel *in Betracht ziehen*. Unsere Reaktion hängt darum davon ab, welche Zweifel (und damit welche Perspektive) uns die Beispiele nahe legen. Einige Beispiele drängen uns eine bestimmte Perspektive sehr stark auf, bei anderen können wir mühelos von einer zur anderen Perspektive wechseln. Dementsprechend haben wir bei einigen Beispielen klare Intuitionen, bei anderen wissen wir nicht recht, was wir sagen sollen. Auf diese Weise bestätigt sich der Verdacht, der oben ausgesprochen wurde: Was Wissen ist, kann man schwer an den Gettier-Beispielen ablesen. Vielmehr wird unsere Reaktion auf diese Beispiele verständlich, wenn man die gewöhnlichen Fälle, in denen wir von Wissen sprechen, verstanden hat. Es ist nicht erstaunlich, dass eine extensive Untersuchung der Gettier-Beispiele nicht der geeignete Ausgangspunkt für eine Analyse von Wissen ist. Unser Verständnis davon, was wir mit „Wissen“ meinen, wird durch diese Beispiele eher verwirrt als geklärt, weil unsere Reaktion auf die Beispiele davon abhängt, in Analogie zu welchen gewöhnlichen Fällen wir sie beurteilen. Das wiederum hängt davon ab, welche Perspektiven die Beispiele uns nahe legen.

Gehen wir von diesen Überlegungen noch einmal zurück zu der Schwierigkeit, die sich aus Cohens Argumentation für den Kontextualisten ergibt (vgl. Kapitel 8.3). Cohen ist der Ansicht, dass es eine rein subjektabhängige Bedingung geben muss, welche Gettier-Beispiele ausschließt. Dass Personen, die in typische Gettier-Situationen geraten, kein Wissen haben, hat Cohen zufolge ebenso wenig etwas mit dem Wissenszuschreiber zu tun, wie die Tatsache, dass Personen, die etwas Falsches glauben, kein entsprechendes Wissen haben. Wenn das so ist, stellt sich das Relevanzproblem in seiner vollen Schärfe: Auch der Kontextualist muss, wie es scheint, eine rein subjektabhängige Bedingung finden, die allen Gettier-Beispielen gerecht wird. Unsere Überlegungen zum Gettier-Problem machen jedoch deutlich, dass es wirklich nur so scheint (vgl. auch (322)). Tatsächlich *kann* es keine rein subjektabhängige Bedingung geben, die Gettier-Beispiele ausschließt. Um das Relevanzproblem zu lösen, muss man sich klar machen, dass die Frage, ob bei diesen Beispielen Wissen vorliegt oder nicht, aus verschiedenen Zuschreiberperspektiven unterschiedlich beurteilt werden muss. Es ist gerade die perspektivische Variante von Wissen, also die kontextualistische Variante, die eine Lösung des Relevanzproblems und damit eine adäquate Behandlung von Gettier-Beispielen ermöglicht. Man beachte allerdings, dass wir zur perspektivischen Variante von Wissen nicht gekommen sind, weil wir eine Lösung des Relevanzproblems gesucht haben. Vielmehr zeigt sich diese Variante demjenigen, der unvoreingenommen betrachtet, welche Interessen wir an Wissen haben.

Das „Faktum des Wissens"

Die Analyse der Interessen an Wissen liefert uns nicht nur eine Lösung des Relevanzproblems. Auch die dritte der oben geschilderten Schwierigkeiten des Kontextualisten lässt sich auf dieser Grundlage in den Griff bekommen. Zunächst einmal können wir dazu festhalten, dass sich die „unliebsamen Sätze" für alle kontextabhängigen Ausdrücke seltsam anhören. Sätze der Form

> Peter: „Fritz sagt etwas Wahres, wenn er sagt: ‚Die Lüneburger Heide ist flach', aber die Lüneburger Heide ist nicht flach."

sehen zunächst einmal auch nicht so aus, als könnten sie wahr sein. Erst eine entsprechende Erklärung - Peter ist Hochgeschwindigkeits-Testfahrer etc. - macht diese Möglichkeit verständlich. Die Frage ist darum auch im Hinblick auf die „unliebsamen Sätze" des Kontextualisten nicht, ob diese sich so anhören, als könnten sie nicht wahr sein. Entscheidend ist vielmehr, ob wir auch in diesem Fall eine entsprechende Erklärung finden können, welche diese Möglichkeit verständlich macht. Aber genau eine solche Erklärung haben wir oben im Hinblick auf unser Grabit-Beispiel gegeben: Aus der Perspektive einer Person, die gerade eine entsprechende Untersuchung angestellt hat, ist eine Alternative relevant - die Alternative nämlich, dass ein Zwillingsbruder von Tom das Buch gestohlen hat -, die nicht relevant ist aus der Perspektive einer Person, die auf einmal im Besitz aller entscheidenden Informationen ist. Wenn Peter die eine und Fritz die andere Person ist, dann haben wir damit gerade einen Fall beschrieben, in dem ein entsprechender „unliebsamer Satz" wahr sein kann:

> Peter: „Fritz sagt etwas Wahres, wenn er sagt: ‚Hans weiß nicht, dass Tom das Buch gestohlen hat', aber Hans weiß, dass Tom das Buch gestohlen hat."

Wir können allerdings einräumen, dass damit nur ein Teil der Seltsamkeit der „unliebsamen Sätze" erklärt ist. Wir glauben, so hatten wir gesagt, einfach fest, es müsse ein „Faktum des Wissens" geben, anders gesagt: die Wahrheit einer Wissenszuschreibung dürfe nicht von der Situation des Wissenszuschreibers abhängen. Wieso glauben wir, dass die Frage, ob jemand etwas weiß oder nicht, allein von Faktoren abhängt, die sich auf diese Person beziehen, sowie auf die Beschaffenheit der Welt? Die Zweivariantentheorie hat eine Antwort auf solche Fragen: Wir haben all diese Ansichten über den Wissensbegriff, weil Wissen *in seiner objektiven Variante* all diese Anforderungen tatsächlich erfüllt. Es hängt hier tatsächlich nur von der Überzeugung einer Person und von der Beschaffenheit der Welt ab, ob die Person etwas weiß oder nicht. Faktoren, die sich auf die Situation des Wissenszuschreibers beziehen, spielen hier tatsächlich keine Rolle, was auch entscheidend für die Interessen ist, die wir verfolgen, wenn wir von Wissen in seiner objektiven Variante sprechen. Und wir sprechen sehr häufig von Wissen in dieser Variante, weshalb es nicht verwundert, dass diese Variante unsere Intuitionen über die Natur des Wissensbegriffs entscheidend prägt.

Wenn man beachtet, dass der Begriff des Wissens zwei Varianten aufweist, wird verständlich, warum die Analyse gemäß der üblichen Vorgehensweise nicht zum Ziel kommen konnte. Der objektiven Variante von Wissen gemäß erwarten wir, dass sich eine Analyse finden *muss*, derzufolge das Vorliegen von Wissen unabhängig von der speziellen Perspektive desjenigen ist, der Wissen zuschreibt. (Das ist vielleicht der Haupteinwand gegen die perspektivische Variante von Wissen.) Der perspektivischen Variante von Wissen entsprechend erwarten wir, dass das Vorliegen von Wissen etwas mit dem Besitz von Gründen (beziehungsweise mit Verlässlichkeit) zu tun haben *muss*. Möchte man aber bestimmen, *welche* Gründe man für Wissen haben muss (beziehungsweise inwiefern man verlässlich sein muss), so kommt man nicht daran vorbei, die spezielle Perspektive desjenigen mit einzubeziehen, der Wissen zuschreibt, weil es von den von ihm in Betracht gezogenen Zweifeln abhängt, welche Gründe man haben muss (beziehungsweise inwiefern man verlässlich sein muss). Man *kann* also nicht unabhängig von der speziellen Perspektive des Wissenszuschreibers bestimmen, welche Gründe (beziehungsweise welche Verlässlichkeit) für Wissen notwendig sind. Das ist gerade das Relevanzproblem. Bestimmte Verwendungsweisen von „Wissen" zwingen uns also dazu, bei der Analyse von der speziellen Perspektive des Wissenszuschreibers abzusehen, andere zwingen uns dazu, sie einzubeziehen. Man kann hier vom *Dilemma der üblichen Vorgehensweise* sprechen. Dieses Dilemma ist der Grund dafür, warum wir nicht zu *einer* Definition von Wissen kommen können, die *alle* Anwendungen bestimmt. Die übliche Vorgehensweise scheitert, weil sie der berechtigten Vorstellung, dass es eine objektive Tatsache ist, ob jemand etwas weiß oder nicht, und der ebenfalls berechtigten Vorstellung, dass Wissen etwas mit Gründen zu tun hat, mit *einer* Definition gerecht werden will. Man sieht jetzt auch, warum die Gegner der objektiven Variante von Wissen ebenso Recht haben wie die Gegner der perspektivischen Variante: Keine Variante ist die ganze Wahrheit über die Natur des Wissens – sondern die halbe.

8.6 Vernünftige und unvernünftige Zweifel

Noch einmal die skeptische Herausforderung

Wir haben jetzt gesehen, welche Möglichkeiten die Zweivariantentheorie zur Behandlung der zweiten und dritten Schwierigkeit des Kontextualisten bietet. Wie sieht es im Hinblick auf die erste Schwierigkeit aus? Wie also wird die Zweivariantentheorie mit der skeptischen Herausforderung fertig? Wie wir gesehen haben, tritt uns diese im Wesentlichen in zwei Formen entgegen: in der Form der cartesischen und in der Form der agrippinischen Skepsis. Betrachten wir zunächst Letztere.

Offensichtlich ergibt sich das Trilemma, das im Mittelpunkt der agrippinischen Skepsis steht, nur, wenn man die perspektivische Variante von Wissen vor Augen hat. Die objektive Variante von Wissen, also Wissen als wahre Überzeugung, bietet dagegen keinen Ansatzpunkt für das Trilemma. Im Sinn der perspektivischen Variante von Wissen weiß eine Person S nur dann, dass p, wenn sie dazu in der Lage ist, die Zweifel, welche der Wissenszuschreiber in Betracht zieht, auszuräumen. Hier *kann* sich tatsächlich ein Regress ergeben, und zwar dann, wenn der Wissenszuschreiber auch in Bezug auf die Gründe, die S für ihre Überzeugung, dass p, anführt, wiederum Zweifel in Betracht zieht und dann wiederum in Bezug auf die Gründe für die Gründe und so weiter. Die Folge ist, dass die Person S aus der Perspektive eines solchen Wissenszuschreibers, der immer von neuem Gründe fordert, tatsächlich kein Wissen hat. Aus dieser *und nur aus dieser* Perspektive betrachtet weiß S nicht, dass p. Aus der Perspektive einer Person, die nicht immer weiter Zweifel in Betracht zieht, kann S dagegen durchaus wissen, dass p, eben dann, wenn sie die wahre Überzeugung hat, dass p, und wenn sie dazu in der Lage ist, alle Zweifel, die der Wissenszuschreiber im Laufe der Rechtfertigung in Betracht zieht, auszuräumen. Wenn es nur endlich viele Zweifel auszuräumen gilt, ist das eine Aufgabe, die sich prinzipiell bewältigen lässt. Der Regress endet in dem Moment, wo keine Zweifel mehr in Betracht gezogen werden. Die perspektivische Variante von Wissen fällt dann mit der objektiven zusammen: Es geht dann nur noch darum, ob eine wahre Überzeugung vorliegt oder nicht.

Natürlich stellt sich auf dieser Grundlage die Frage, ob es nicht *vernünftig* ist, immer weiter zu zweifeln. Wäre das der Fall, so würde uns die Zweivariantentheorie des Wissens im Hinblick auf die skeptische Herausforderung nicht viel weiterhelfen, denn was hätten wir schon davon, sagen zu können, dass wir aus einer *unvernünftigen* Perspektive betrachtet eine Menge Wissen beanspruchen können? Die Entscheidung über die Tragweite des Skeptizismus fällt also mit der Beantwortung der Frage, welche Zweifel vernünftig sind und welche nicht.

Williams Kontextualismus

Betrachten wir dazu eine interessante Sonderform des Kontextualismus, die Michael Williams entwickelt hat (vgl. (337), (23)). Nach Ansicht von Williams spiegelt der Skeptiker uns nur vor, seine Argumente würden auf völlig unproblematischen und „natürlichen" Annahmen über die Natur des Wissens und der Rechtfertigung aufbauen. Tatsächlich, so behauptet Williams, gewinnen die skeptischen Argumente ihre Plausibilität erst aufgrund von ganz bestimmten theoretischen Annahmen, die man ohne Weiteres zurückweisen kann. Betrachten wir daraufhin noch einmal die beiden Hauptargumente.

Um das Agrippa-Trilemma in Gang zu bringen, muss der Skeptiker zwei wesentliche Annahmen machen:

1. Er muss davon ausgehen, dass Wissen persönliche Rechtfertigung voraussetzt, oder in der Terminologie, die wir im siebten Kapitel kennengelernt haben: Er muss eine internalistische Auffassung von Wissen vertreten.
2. Er muss weiterhin aber auch davon ausgehen, dass persönliche Rechtfertigung nur durch das Geben von Gründen oder zumindest von Überzeugungen, die aus der internen Perspektive als Gründe erscheinen, erworben werden kann. Das ist gerade die Evidenzforderung, die wir im fünften Kapitel kennengelernt haben.

„Default and Challenge"

Man entgeht dem Agrippa-Trilemma, sobald man eine dieser beiden Annahmen bestreitet. Wie wir im letzten Kapitel gesehen haben, bestreitet der Externalist gerade die erste Annahme und entgeht so dem Trilemma. Es ist aber auch möglich, die zweite Annahme zu bestreiten. Man kann nämlich eine Person tatsächlich auch dann als gerechtfertigt ansehen, wenn sie alle *begründeten Zweifel* an ihrer Überzeugung ausräumen kann. Sie muss nicht von sich aus in der Lage dazu sein, immer weitere Gründe zu geben. Vielmehr muss sie Angriffen auf ihren Status des Gerechtfertigtseins begegnen können, wenn diese ihrerseits angemessen begründet sind. Während bei der Evidenzforderung gilt „nicht gerechtfertigt bis zum Beweis des Gegenteils", gilt hier „gerechtfertigt bis zum Beweis des Gegenteils". Das nennt Williams (einen Ausdruck von Brandom übernehmend) eine „default and challenge structure". (Ob tatsächlich jede unangefochtene Überzeugung prima facie als gerechtfertigt gelten sollte, wäre weiter zu untersuchen. Hier könnte beispielsweise eine externalistische *Beschreibung* gerechtfertigter Überzeugungen wertvoll sein.) Es ist klar, dass diese Analyse des Rechtfertigungsbegriffs, derzufolge die Evidenzforderung nicht aufrechterhalten werden kann, dem Agrippa-Trilemma den Boden entzieht. Ein Abbruch der Rechtfertigung ist auf dieser Grundlage nicht mehr zwangsläufig dogmatisch und irrational. Der Skeptiker sieht sich vielmehr seinerseits in der Pflicht, immer weitere Gründe für seine Zweifel anzuführen. Und zunächst einmal spricht nichts dafür, dass er das kann. Solange wir also die Zweifel ausräumen können, die er begründeterweise hat, können wir als gerechtfertigt in unseren Überzeugungen gelten.

Vernünftige Zweifel sind demnach begründete Zweifel. Wer „einfach so" nach Gründen für eine Überzeugung fragt, bringt dagegen keine vernünftigen Zweifel zum Ausdruck. Völlig unbegründete Zweifel *verstehen* wir nicht einmal richtig. Wenn beispielsweise jemand, der vor mir steht, zu mir sagt, er sei im Zweifel darüber, ob ich wirklich zwei Arme habe, dann weiß ich zunächst einmal überhaupt nicht, was er mir sagen möchte. *Was* beunruhigt diese Person? *Warum* zweifelt diese Person daran, dass ich zwei Arme habe? Wenn ich als Antwort auf solche Fragen nur gesagt bekomme: „Ich zweifle eben - rechtfertige Dich!", dann werde ich diesen Einwurf einfach übergehen. Jedenfalls hat die Person keine vernünftigen Zweifel zum Ausdruck gebracht. Besonders Wittgenstein hat darauf aufmerksam gemacht, dass die Praxis des Zweifelns und Gründegebens nicht voraussetzungsfrei ist (vgl. (338), aber auch Austin (43)). Nur in bestimmten Kontexten hat es überhaupt einen Sinn zu zweifeln. Man kann einfach nicht immer sinnvollerweise fragen: „Woher weißt Du das?" Selbst wenn man nicht so weit gehen möchte wie Wittgenstein, der davon ausgeht, dass bestimmte Zweifel wirklich im strengen Sinn *unverständlich*, also schon sprachlich unsinnig sind, so wird man doch jedenfalls nicht sagen wollen, dass jeder Zweifel vernünftig ist. Zweifel müssen eben, um vernünftig zu sein, selbst begründet sein.

Epistemologischer Realismus

Wenn das Agrippa-Trilemma in dieser Weise zurückgewiesen wird, stellt sich natürlich mit Nachdruck die Frage, wie wir gegen die cartesische Skepsis argumentieren sollen. Denn hier scheint der Skeptiker doch mit seinen skeptischen Hypothesen einen sehr universellen Grund für Zweifel in der Hand zu haben. Nach Ansicht von Williams beruht jedoch auch die cartesische Skepsis auf einer nicht begründeten theoretischen Annahme, die er als „epistemologischen Realismus" bezeichnet. Diese Annahme, die der Skeptiker Williams zufolge mit dem Fundamentalisten teilt, besteht im Wesentlichen in der These, dass all unsere Überzeugungen in natürliche epistemologische Arten unterteilt werden können: Überzeugungen über Sinnesdaten, Überzeugungen über die Außenwelt, Überzeugungen über Fremdpsychisches, Überzeugungen über die Zukunft usw. Nach Williams kann die fundamentalistische Sichtweise (die sich der Skeptiker zu eigen macht) durch den Slogan „content determines status" charakterisiert werden: Welchen epistemischen Status eine Überzeugung hat, welcher epistemologischen Klasse sie also angehört, wird durch die Art ihres Inhalts bestimmt. Zwischen diesen epistemologischen Klassen sollen dann nach Ansicht des Fundamentalisten und des Skeptikers epistemische Abhängigkeiten bestehen: Überzeugungen über Sinnesdaten etwa sind grundlegender als Überzeugungen über die Außenwelt, Überzeugungen über die Körperbewegungen anderer Menschen sind grundlegender als Überzeugungen über deren Geist etc. Mit seinen skeptischen Hypothesen zeigt der Skeptiker nun, dass Überzeugungen einer bestimmten Klasse, etwa die Überzeugungen über die Außenwelt, nicht durch Überzeugungen einer epistemologisch grundlegenderen Klasse, also hier etwa Überzeugungen über Sinnesdaten, begründet werden können. Und daraus schließt er, dass beispielsweise die Überzeugungen über die Außenwelt *unbegründet* sind und damit niemals Wissen konstituieren können. Was aber, so fragt Williams, berechtigt den Skeptiker überhaupt dazu, diese Klasseneinteilung vorzunehmen? Tatsächlich haben die Überzeugungen über die Außenwelt nicht mehr miteinander zu tun als beispielsweise alle Überzeugungen über Dinge, die Mittwochs passiert sind. Nun könnte man ja durchaus behaupten, dass Überzeugungen über Dinge, die Mittwochs passiert sind, niemals alleine durch Überzeugungen über Dinge, die Dienstags passiert sind, begründet werden können. Würde daraus etwa folgen, dass alle Überzeugungen über Dinge, die Mittwochs passiert sind, unbegründet sind? Offensichtlich nicht. Der Skeptiker ist also darauf angewiesen, bei seinem Argument auf natürliche epistemologische Arten zurückzugreifen. Aber genau diese gibt es nach Williams nicht. Es ist nicht der Inhalt einer Überzeugung, der festlegt, ob sie als grundlegend anzusehen ist oder nicht. Vielmehr ist das gerade eine Frage des Kontextes: Ein und dieselbe Überzeugung kann in einem Zusammenhang grundlegend sein, in einem anderen begründungsbedürftig. Dass ich meine Hände vor mir sehe, kann ein guter Grund dafür sein, zu glauben, dass meine Hände da sind. Es kann aber auch ein guter Grund dafür sein, zu glauben, dass meine Augen in Ordnung sind (vgl. (338), § 125). Nicht der Inhalt meiner Überzeugung, sondern der Kontext bestimmt, was für was ein Grund ist und was nicht. Dementsprechend hat es nach Williams einfach keinen Sinn, wenn man Überzeugungen je nach ihrem Inhalt bestimmten epistemologischen Klassen zuordnet und dann das Verhältnis dieser Klassen zueinander betrachtet. Genau das tun aber sowohl der Skeptiker als auch der Fundamentalist. Auch der cartesische Skeptiker macht also in seinem Argument von einer theoretischen Annahme Gebrauch, die man durchaus bestreiten kann.

Die Frage, welche Faktoren den Kontext einer Wissenszuschreibung bestimmen, beantwortet Williams in sehr differenzierter Weise (vgl. (23), S. 159ff.). Ein wesentlicher Faktor ergibt sich nach Williams unter anderem daraus, welches Projekt gerade verfolgt wird. Im Rahmen einer geschichtswissenschaftlichen Studie beispielsweise ist die Alternative, dass die Erde erst vor drei Minuten samt allen Zeugnissen der Vergangenheit entstanden ist, nicht relevant, weil derjenige, der diese Alternative anführt, völlig das Thema wechselt. Er betreibt nicht etwa in besonders genauer und gründlicher Weise Geschichtswissenschaft. Vielmehr wird er zum Erkenntnistheoretiker. Im Projekt „Erkenntnistheorie" können die skeptischen Alternativen relevant werden, allerdings wiederum nur, wenn

Liefert der Skeptiker Gründe für Zweifel?

Das wenigstens ist die Ansicht von Williams. Man kann sich allerdings fragen, ob die Argumente des cartesischen Skeptikers tatsächlich so „theorieverseucht" sind, wie Williams das sieht. Basieren diese Argumente wirklich auf einem epistemologischen Realismus? Schließlich zieht der cartesische Skeptiker ja beispielsweise nicht *alle* Überzeugungen über die Außenwelt in Zweifel, wenn er auf die Möglichkeit des Gehirns im Tank hinweist. Dass es Tanks, Gehirne und Computer gibt und diese jeweils etwa so funktionieren, wie wir uns das vorstellen, wird durch diesen Hinweis *nicht* in Frage gestellt. Die Klasse von Überzeugungen, die der Skeptiker „unangetastet" lässt, ist damit aber vom Standpunkt des epistemologischen Realisten aus betrachtet inhomogen. Ist also der Verweis auf skeptische Hypothesen doch ein guter Grund für sehr universelle Zweifel? Wir können diese Frage hier nicht abschließend klären. Es ist jedoch wichtig, sich klar zu machen, dass der Skeptiker jetzt tatsächlich in der Position ist, Gründe für seine Zweifel anführen zu müssen. Und dazu ist der Verweis auf skeptische Hypothesen ursprünglich nicht gedacht und vielleicht auch nicht geeignet. Das kann man sich klar machen, indem man sich vor Augen führt, was wir normalerweise als Gründe für Zweifel akzeptieren (vgl. (319), S. 196ff., (320)):

Mehr und weniger gute Gründe für Zweifel

Nehmen wir an, ich sehe aus einiger Entfernung eine Frau in der Stadt, die ich zu kennen glaube. Ich komme zu der Überzeugung, sagen wir, Claudia gesehen zu haben. Nun bekomme ich gesagt, dass Claudia eine Zwillingsschwester hat. Offensichtlich habe ich jetzt einen guten Grund, an meiner Überzeugung zu zweifeln. Zumindest aus der Entfernung hätte ich Claudia nicht von ihrer Zwillingsschwester unterscheiden können. Nach allem, was ich weiß, kann es also genauso gut sein, dass ich die Zwillingsschwester gesehen habe, wie dass ich Claudia gesehen habe. Mein Grund für Zweifel besteht darin, dass es eine Möglichkeit gibt, die, wenn sie realisiert war, meine Überzeugung falsch sein lässt. Da diese Möglichkeit nach allem, was ich weiß, mit 50% Wahrscheinlichkeit realisiert war, habe ich sogar einen *guten* Grund für Zweifel.

Einen weniger guten Grund hätte ich sicherlich, wenn ich nicht gesagt bekomme, dass Claudia eine Zwillingsschwester hat, sondern die Möglichkeit einer Zwillingsschwester einfach so in Betracht ziehe. Ein bestimmter, nicht sehr hoher, Prozentsatz der Bevölkerung hat Zwillingsgeschwister. Da ich (so nehmen wir an) nicht viel über Claudia weiß, ist es durchaus möglich, wenngleich nicht sehr wahrscheinlich, dass sie eine Zwillingsschwester hat. So gesehen gibt es einen Grund zum Zweifel an meiner ursprünglichen Überzeugung, auch wenn dieser nicht besonders stark ist - schließlich ist die Wahrscheinlichkeit dafür, dass ich mit meiner Überzeugung falsch liege, verschwindend gering. Man kann sich darüber streiten, ob man in einem solchen Fall davon sprechen möchte, dass ich weiß, wen ich gesehen habe. Stellt man sehr hohe Ansprüche an den Wissensbegriff, verlangt man gar absolute Gewissheit, dann schließt die kleinste Fehlermöglichkeit Wissen aus. Auch wenn ich tatsächlich Claudia gesehen habe und das auch glaube, könnte man dann nicht sagen, dass ich weiß, dass ich Claudia gesehen habe. Allerdings ist unser gewöhnlicher Wissensbegriff sicher nicht so anspruchsvoll (vgl. Kapitel 4.4). Auch wenn ein Fehler nicht völlig ausgeschlossen ist, wird man sagen, dass ich weiß, wen ich gesehen habe, vorausgesetzt natürlich, dass ich nicht wirklich falsch liege. Unser gewöhnlicher Wissensbegriff ist ein *fallibilistischer* Wissensbegriff.

Die entscheidende Frage ist nun, ob skeptische Hypothesen gleichfalls Gründe, oder gar gute Gründe für Zweifel an all unseren Überzeugungen, sagen wir: über die Außenwelt, liefern. Um das zu beurteilen, betrachte man noch ein letztes Beispiel. Nehmen wir wieder an, ich glaube Claudia gesehen zu haben. Jetzt fragt man mich, ob es nicht sein könnte, dass ich das Opfer einer Großstadt-Fata-Morgana geworden bin. Natürlich werde ich erst einmal nachfragen, was das denn sein soll, eine „Großstadt-Fata-Morgana", aber diese Frage wird mir nicht beantwortet. Habe ich jetzt einen Grund für Zweifel an meiner Überzeugung, Claudia gesehen zu haben? Offensichtlich nicht. Anders als in den ersten beiden Fällen, wurde mir hier nicht wirklich eine Alternative vorgestellt, die, wenn sie realisiert war, meine Überzeugung falsch machen würden. Es ist einfach nicht klar, worin die Alternative bestehen soll. Sicherlich, das Wort „Fata Morgana" signalisiert eine Täuschungsmöglichkeit. Aber es bleibt völlig unklar, wie diese im vorliegenden Fall realisiert sein könnte. Es gibt eben in Großstädten keine entsprechenden Luftspiegelungen.

Vergleichen wir jetzt die skeptischen Hypothesen mit unseren drei Beispielen, so zeigt sich meines Erachtens, dass diese, dem ersten Anschein zum Trotz, keine Gründe für Zweifel liefern können. Der Skeptiker kann nämlich nicht behaupten, dass seine Alternativen mit großer, ja nicht einmal dass sie mit geringer Wahrscheinlichkeit realisiert sind. (Woher sollte er das wissen?) Vielmehr ist auch hier nicht klar, worin die Alternativen genau bestehen sollen. Was ist denn ein böser Dämon? Wie täuscht er uns? Allein der Hinweis auf die *logische* Möglichkeit, dass wir uns in all unseren *empirischen* Überzeugungen täuschen können, reicht jedenfalls nicht aus, um Gründe für universelle Zweifel zu liefern. (Diese Möglichkeit ergibt sich einfach aus der Natur empirischer Überzeugungen.) Wenn man überhaupt keinen Grund hat, zwischen zwei Alternativen zu entscheiden, dann ist es unvernünftig, sich für eine Alternative zu entscheiden. Wenn man aber nur eine echte Alternative hat, dann ist es nicht unvernünftig, sich für diese Alternative zu entscheiden, auch wenn man nicht noch einmal einen Grund für diese Entscheidung angeben kann. Und es ist keine ausgemachte Sache, dass der Skeptiker wirklich eine konsistente Alternative zu unserem System von Überzeugungen anzubieten hat!

Es ist wenig erstaunlich, dass man sich normalerweise recht wenig Mühe mit der Beschreibung skeptischer Alternativen macht. Es geht nämlich allein darum, bestimmte Bereiche des Wissens auf einmal in den Blick zu bringen, um dann behaupten zu können, dass wir für all die Überzeugungen aus dem entsprechenden Bereich auf einmal keine Gründe mehr haben (vgl. 2. Kapitel). So dient die Hypothese vom Gehirn im Tank beispielsweise dazu, eine Menge von Überzeugungen herauszugreifen, die anscheinend nicht weiter begründbar ist: nämlich all die Überzeugungen, über die man ein Gehirn im Tank täuschen könnte. Der Skeptiker kann dann behaupten, dass wir für diese Überzeugungen, wenn man sie auf einmal betrachtet, keine Gründe mehr angeben können. So gesehen dienen skeptische Hypothesen nicht dazu, Gründe zum Zweifeln zu liefern. Sie sollen deutlich machen, dass wir in Bezug auf bestimmte Gruppen von Überzeugungen keine Gründe zum Glauben haben! Man sieht jetzt vielleicht auch, wie eng die cartesische Skepsis doch letztlich mit der agrippinischen verbunden ist. Auch das Argument des cartesischen Skeptikers wäre stichhaltig, falls die Vorstellung von vernünftigen Zweifeln beziehungsweise gerechtfertigen Überzeugungen, die dem Agrippa-Trilemma zugrunde liegt, richtig wäre. Tatsächlich haben wir beispielsweise keine Gründe für all unsere Überzeugungen über die Außenwelt, wenn man diese auf einmal betrachtet. Und wenn es solcher Gründe bedürfte, hätten wir auch kein Wissen über die Außenwelt. Wenn die Überlegungen dieses Abschnitts jedoch zutreffen, dann brauchen wir keine Gründe für all unsere Überzeugungen über die Außenwelt. Es genügt, dass wir keine ernsthaften Gründe haben, an diesen zu zweifeln. Der Verweis auf skeptische Hypothesen scheint solche Gründe nicht zu liefern. So gesehen ist der Umfang unseres Wissens vielleicht doch nicht so gering, wie der Skeptiker uns glauben machen möchte!

8.7 Auf einen Blick, Literaturhinweise, Fragen und Übungen

Auf einen Blick

Nur derjenige weiß, dass p, der dazu in der Lage ist, relevante Alternativen dazu, dass p, auszuräumen. Welche Alternativen relevant sind, hängt nach Ansicht des Kontextualisten vom Kontext ab. Dabei sind zwei Arten von Kontextfaktoren zu unterscheiden: subjektabhängige und zuschreiberabhängige. Kontextualisten im engeren Sinn gehen davon aus, dass zuschreiberabhängige Kontextfaktoren für die Wahrheit einer Wissenszuschreibung entscheidend sind. Auf dieser Grundlage behaupten sie, dass der Skeptiker zwar in bestimmten Kontexten etwas Wahres sagt, wenn er uns jegliches Wissen abspricht – die skeptischen Argumente sollen also nicht widerlegt werden. Das schließt aber nicht aus, dass wir uns im Alltag völlig zu Recht Wissen zuschreiben – insofern verlieren die skeptischen Argumente an Relevanz.

Eine detaillierte kontextualistische Antwort auf die Frage nach einer Analyse des Wissensbegriffs gibt beispielsweise David Lewis. Seiner Ansicht nach können verschiedene Alternativen legitimerweise ignoriert werden, wenn es bei einer Wissenszuschreibung um die Frage geht, welche Alternativen das Wissenssubjekt ausschließen können muss. Lewis schlägt eine Reihe von Regeln für legitimes Ignorieren vor, wobei die „Regel der Ähnlichkeit" im Hinblick auf die skeptische Herausforderung besonders problematisch ist. Die „Regel der Aufmerksamkeit" macht den Ansatz von Lewis zu einem im engeren Sinn kontextualistischen Ansatz.

Kontextualistische Theorien des Wissens sind vor allem mit drei Problemen konfrontiert: Erstens erscheint die kontextualistische Zurückweisung des Skeptikers unbefriedigend zu bleiben. Zweitens verspricht der Kontextualismus zunächst einmal keinen Fortschritt im Hinblick auf die Behandlung der Gettier-Beispiele (Relevanzproblem). Drittens gibt es eine Reihe von Anzeichen dafür, dass der Kontextualist der Objektivität des Wissens nicht gerecht wird.

Die Schwierigkeiten, in die man bei der Analyse des Wissensbegriffs und bei der Auseinandersetzung mit der skeptischen Herausforderung gerät, legen es nahe, die Frage nach der angemessenen erkenntnistheoretischen Methode neu zu stellen. Eine Alternative zur üblichen Vorgehensweise besteht darin, eine Untersuchung des Interesses an Wissen in den Mittelpunkt zu stellen. Diese Untersuchung bringt mich dazu, zwei verschiedene Varianten von Wissen – perspektivisches und objektives – zu unterscheiden (Zweivariantentheorie des Wissens).

Auf dieser Grundlage ist es dann möglich, unsere Reaktion auf Gettier-Beispiele verständlich zu machen und damit das Relevanzproblem zu lösen. Entscheidend ist dabei die Einsicht, dass wir diese Beispiele in Analogie zu gewöhnlichen Situationen der Wissenszuschreibung beurteilen. Bei der Beurteilung von Gettier-Beispielen geht es in erster Linie um die Frage, wer ein guter Informant ist und wer nicht. Die Beobachtung, dass das nicht die einzige Frage ist, die uns bei Wissenszuschreibungen interessiert, macht verständlich, warum wir dennoch an der Vorstellung von einem „Faktum des Wissens" festhalten. Die Zweivariantentheorie löst so zwei der kontextualistischen Grundprobleme.

Im Hinblick auf die skeptische Herausforderung gilt es die Frage zu klären, welche Zweifel vernünftig und welche unvernünftig sind. Michael Williams versucht zu zeigen, dass der Skeptiker von theoretischen Annahmen ausgeht, die nicht unser natürliches Verständnis von Rechtfertigung und Wissen widerspiegeln. Rechtfertigungen weisen nach Williams eine „default and challenge"-Struktur auf. Der Skeptiker hängt dagegen einem „epistemologischen Realismus" an. Ob es Williams tatsächlich gelingt, der skeptischen Herausforderung ganz gerecht zu werden, ist fraglich. Ebenso fraglich ist es jedoch, ob es dem Skeptiker gelingt, Gründe für Zweifel zu geben. Nur dann würde er unsere Wissensansprüche zu Recht in Frage stellen!

Literaturhinweise

Der Kontextualismus ist eine aktuell viel diskutierte Strömung. Verschiedene Zeitschriften enthalten Sonderhefte zu diesem Thema: (303), (307) sowie (331). Ein aktueller Sammelband ist (330). Eine ausführlichere Darstellung findet man bei DeRose (318), (318a) und bei Kompa (327). Zum Ansatz von Lewis vgl. (328), (329). Eine Bibliographie zum Kontextualismus steht auch im Internet unter *http://pantheon.yale.edu/%7Ekd47/Context-Bib.htm.* Einen interessanten neuen Ansatz im Umfeld des Kontextualismus verfolgen (326) und (335).

Meine Theorie des Wissens beschreibe und verteidige ich vor allem in (319), den Einwand von Cohen diskutiere ich in (322). Die Unterscheidung verschiedener Wissenssituationen findet man bei Hanfling (324); eine Ausarbeitung der Idee, dass das Wort „Wissen" dazu dient, gute Informanten auszuzeichnen gibt Craig (313), (314). Wittgensteins Analyse vernünftigen Zweifelns findet man in (338). Williams legt seine Position vor allem in (337) und (23) dar.

Fragen und Übungen

1. Wie reagiert der Kontextualist auf die skeptische Herausforderung?
2. Überlegen Sie: Was sagen Kontextualisten wohl zum Geschlossenheitsprinzip? (Lesen Sie dazu (329).)
3. Warum muss Lewis den Hinweis auf die Möglichkeit, Alternativen zu ignorieren, in seiner Wissensanalyse *sotto voce* einbauen?
4. Überlegen Sie sich für alle bisher diskutierten Gettier-Beispiele (vgl. Kapitel 5.1 und 5.3), warum diese auch nach Lewis' Wissensanalyse als Fälle von Nichtwissen zu gelten haben. Wie kommt hier die Regel der Ähnlichkeit genau zum Einsatz?
5. Welche Regel macht den Ansatz von Lewis erst zu einem im engeren Sinn kontextualistischen Ansatz?
6. Zu welcher Schwierigkeit führt die Regel der Ähnlichkeit?
7. Erläutern Sie die drei Hauptschwierigkeiten des Kontextualisten!
8. Suchen Sie nach weiteren sprachlichen Befunden, die gegen die kontextualistische Analyse von „Wissen" sprechen!
9. Welchen Interessen dient das Wort „Wissen"? Wie könnte man diese Interessen weiter untergliedern?
10. Überlegen Sie sich Einwände gegen die Annahme einer objektiven Variante von Wissen!
11. Beschreiben Sie, auf welche Weise die Zweivariantentheorie das Relevanzproblem lösen soll!
12. Überlegen Sie sich Beispiele, bei der die perspektivische mit der objektiven Variante von Wissen in Konflikt gerät!
13. Was ist eine „default and challenge"-Struktur? Welche Rationalitätsforderung wird hier aufgegeben?
14. Was versteht Michael Williams unter „epistemologischem Realismus"?
15. Wie widerlegt Williams den agrippinischen, wie den cartesischen Skeptiker?
16. Wozu sollen die skeptischen Hypothesen dienen? Wozu müssten sie dienen?
17. Vergleichen Sie jetzt noch einmal die beiden Hauptformen der skeptischen Herausforderung! Wo liegen die Gemeinsamkeiten, wo die Unterschiede? (Vergleichen Sie Ihre jetzige Antwort mit der, die Sie auf Frage 8 im zweiten Kapitel gegeben haben!)

9. Ausblick

Überblick

Die Untersuchung erkenntnistheoretischer Fragen lässt sich in zwei Richtungen ausdehnen: Zum einen kann man weitere Bereiche und Quellen des Wissens genauer untersuchen. Zum anderen kann man die in dieser Einführung diskutierten Fragen vertiefen und alternative Ansätze betrachten.

9.1 Bereiche und Quellen des Wissens

Wir haben im zweiten Kapitel gesehen, dass sich die skeptische Herausforderung nicht nur auf unser durch Wahrnehmung erworbenes Wissen über die Außenwelt bezieht. In unserer bisherigen Diskussion haben wir uns jedoch nahezu ausschließlich mit dieser Form von Skeptizismus auseinander gesetzt. Das war sicherlich insofern berechtigt, als der Skeptiker in Bezug auf alle Bereiche des Wissens, die er anzweifelt, strukturell ähnliche Argumente anführt. So ist das Agrippa-Trilemma nicht auf einen Bereich des Wissens festgelegt. Und auch skeptische Szenarien werden in Bezug auf verschiedene Wissensbereiche eingesetzt. Wenn man dem Skeptiker in einem Bereich etwas entgegen zu setzen hat, verfügt man darum automatisch auch über eine antiskeptische Strategie für andere Bereiche. Man könnte also erwarten, dass wir die erste Grundfrage der Erkenntnistheorie, die Frage nach dem Umfang unseres Wissens, in den verschiedenen Bereichen des Wissens etwa in der gleichen Weise beantworten können. Ähnliches gilt in Bezug auf die zweite Grundfrage, die Frage nach der Natur des Wissens. Auch hier hatten wir zwar in erster Linie empirisches Wissen über die Außenwelt im Sinn, wenn wir uns fragten, was Wissen ist. Aber prinzipiell war unsere Diskussion nicht auf solches Wissen beschränkt. Es ist also naheliegend, dass die verschiedenen Wissenstheorien auch auf Wissen über andere Bereiche anwendbar sind.

Bereiche des Wissens

Dennoch zeigt sich, dass es wichtig ist, einzelne Bereiche des Wissens gesondert zu betrachten. Das liegt zum einen daran, dass es manchmal gar nicht so einfach ist, eine antiskeptische Strategie beziehungsweise eine Theorie des Wissens, die an Beispielen aus einem Bereich entwickelt wurde, auf einen anderen Bereich zu übertragen. Zum anderen stellt sich heraus, dass der Begriff des Wissens in verschiedenen Bereichen Fragen aufwirft, die über das hinausgehen, was wir im Rahmen der bisher vorgestellten allgemeinen Erkenntnistheorie behandelt haben. So ist es beispielsweise in Bezug auf einige Bereiche schon alles andere als klar, in welchem Sinn man dort überhaupt von *Wahrheit* sprechen kann. Gibt es so etwas wie moralische, ästhetische oder religiöse Wahrheit überhaupt? Und wenn ja: Ist sie von derselben Art wie die Wahrheit empirischer Aussagen? Solche Fragen lassen sich nur im Rahmen einer Untersuchung des entsprechenden Erkenntnisgegenstands beantworten. Dabei kommen dann stets zahlreiche weitere Begriffe ins Spiel, deren Zusammenhang mit dem Begriff des Wissens zu klären ist: etwa die Begriffe des Geistes, der Repräsentation, der Bedeutung, wenn es um die Erkenntnis des Eigen- und Fremdpsychischen geht, die Begriffe der Referenz, des Sinnes, der Regel, wenn es um semantisches Wissen geht, die Begriffe der Erklärung, des Naturgesetzes, der Theorie, wenn es um wissenschaftliches Wissen geht, die Begriffe der Zahl, des Beweises, der Notwendigkeit, wenn es um mathematisches Wissen geht, die Begriffe des Wertes, der Motivation, der Rationalität, wenn es um moralische Erkenntnis geht, die Begriffe des Schönen, der Fiktion, des Ausdrucks, wenn es um ästhetische Erkenntnis geht, oder der Begriff Gottes, wenn es um religiöse Erkenntnis geht. Wie schon im ersten Kapitel angedeutet, gibt es auf diese Weise eine enge Verbindung zwischen der Erkenntnistheorie und anderen Teilgebieten der Philosophie. Die Erkenntnistheorie kann dabei ihrerseits als ein Teilbereich der Philosophie des Geistes, der Sprachphilosophie, der Wissenschaftstheorie, der Philosophie der Mathematik, der Metaethik, der Ästhetik und der Religionsphilosophie angesehen werden.

Quellen des Wissens

Nicht nur spezielle Wissensbereiche, sondern auch spezielle Wissensquellen werfen weiterführende Fragen auf. So haben wir beispielsweise im sechsten Kapitel zumindest kurz gesehen, dass der Begriff der *Wahrnehmung* und damit verbundene Begriffe klärungsbedürftig sind. In ähnlicher Weise gilt es etwa den Begriff der *Erinnerung*, den Begriff der *Introspektion*, den Begriff der *Vernunft* und den Begriff der *Intuition* zu untersuchen. Eine Quelle des Wissens, der hier erst in jüngerer Zeit größere Aufmerksamkeit gewidmet wurde, ist das *Zeugnis anderer Menschen*. Lange Zeit wurde das Zeugnis anderer nicht als eigenständige Quelle der Erkenntnis angesehen: Wer mich über irgendetwas informiert (und mir auf diese Weise Wissen vermittelt), muss dieses Wissen ja auch erworben haben. Hier droht ein infiniter Regress. Irgendwann scheinen darum Wahrnehmung, Erinnerung, Introspektion, Vernunft oder Intuition ins Spiel kommen zu müssen. Dennoch hat unser Wissen eine soziale Dimension. Das sieht man besonders deutlich, wenn man wissenschaftliches Wissen betrachtet. Häufig verfügt überhaupt kein einzelner Mensch über die Gründe, die notwendig sind, um eine bestimmte wissenschaftliche Überzeugung zu rechtfertigen. Und doch kann die wissenschaftliche Gemeinschaft als ganze über eine entsprechende Rechtfertigung verfügen. Man spricht hier von *epistemischer Arbeitsteilung*. Hinzu kommt, dass wir nur dann eine Sprache erwerben können, wenn wir uns auf das verlassen, was unsere Mitmenschen uns sagen (vgl. Kapitel 6.4). Man kann deshalb aus prinzipiellen Gründen anscheinend niemals *alles* nachprüfen, was unsere Mitmenschen uns sagen.

„Hörensagen" könnte somit eine eigene Quelle des Wissens sein, die sich nicht auf andere Wissensquellen reduzieren lässt. Viele neuere Untersuchungen beschäftigen sich mit diesem Thema (vgl. (339), (347), (352), (355), (355b), (359), (359a), (368), (369), (370)). Die soziale Dimension des Wissens ist auch ein wichtiger Gegenstand der feministischen Erkenntnistheorie (vgl. (362)).

9.2 Eine lebendige Disziplin

Wir haben in dieser Einführung eine Reihe von Vorschlägen zur Beantwortung der beiden Grundfragen der Erkenntnistheorie behandelt und dabei grundlegende Argumente für und gegen diese Vorschläge kennen gelernt. Jedes dieser Argumente lässt sich weiter diskutieren, verstärken oder auch aushebeln; und in Bezug auf die meisten der vorgestellten Argumente wurde das auch bereits getan. Internalistische und externalistische, fundamentalistische, kohärentistische und kontextualistische Theorien – alle werden auch in der heutigen erkenntnistheoretischen Debatte vertreten und das natürlich nicht in Unkenntnis der Argumente, die gegen diese Ansätze sprechen. Es gibt, wie wir gesehen haben, keine Theorien, gegen die es keine Argumente gibt. Gäbe es das, so wären diese Theorien nicht Versuche, ein *philosophisches Rätsel* zu lösen. Wie schon einleitend gesagt, sollte man daraus jedoch nicht den Schluss ziehen, dass eine Theorie so gut ist wie die andere. Wo ich die Antwort auf die Grundfragen der Erkenntnistheorie zu finden glaube, wurde im achten Kapitel deutlich. Und der Leser dieser Einführung sollte sich ebenfalls fragen, in welcher Richtung er sich die Auflösung der erkenntnistheoretischen Rätsel erhofft.

Diese Einführung konnte nur die großen Strömungen in der Erkenntnistheorie berücksichtigen und auch diese nur anhand einiger exemplarischer Thesen und Argumente. Innerhalb jeder dieser Strömungen gibt es viele Varianten und Fortentwicklungen. Ob damit die jeweils gegebenen grundlegenden Schwierigkeiten überwunden werden können, muss der Leser selbst erforschen. Es gibt jedoch auch „kleinere", sehr interessante Ansätze in der Erkenntnistheorie, die hier nicht zur Sprache kommen konnten, weil sie in keine der gängigen Kategorien passen. Zwei davon möchte ich exemplarisch erwähnen.

Zu Beginn des vierten Kapitels hatten wir kurz gesehen, dass manche Philosophen eine enge Verbindung zwischen dem Begriff des Wissens und dem des Könnens sehen. Von dieser Verbindung ausgehend hat John Hyman die folgende Analyse des Wissensbegriffs vorgeschlagen (vgl. (358), S. 442):

Beachte

Person S weiß genau dann, dass p, wenn die Tatsache, dass p, ein Grund für S sein kann, etwas zu tun, nicht zu tun, zu glauben, zu wollen oder zu bezweifeln.

Wissen wird hier als eine Fähigkeit charakterisiert: die Fähigkeit, bestimmte Tatsachen als Gründe zu nehmen. Ist diese Analyse korrekt? Hilft sie uns bei der Auseinandersetzung mit der skeptischen Herausforderung? Ist sie in Bezug auf das Relevanzproblem erhellend? Die praktische Relevanz von Wissen wird derzeit jedenfalls (auch als Reaktion auf den Kontextualismus) von verschiedenen Philosophen untersucht (vgl. (326), (335)).

Weiterhin haben wir im sechsten Kapitel die externalistische Deutung des Begriffs der Überzeugung kennen gelernt. Kann man vielleicht den Begriff des Wissens selbst in dieser Weise deuten? Das versucht Timothy Williamson, der Wissen als den „allgemeinsten faktiven geistigen Zustand" betrachtet (vgl. (378), (379)). Hier wird Wissen überhaupt nicht durch Begriffe wie den der Überzeugung oder der Rechtfertigung analysiert, sondern als Grundbegriff angesehen, mit dessen Hilfe dann andere Begriffe geklärt werden können. Natürlich wirft auch Williamsons Ansatz, der derzeit viel diskutiert wird, jede Menge Fragen auf (vgl. (355a)).

Es gibt viele Möglichkeiten, erkenntnistheoretische Probleme anzugehen und das erkenntnistheoretische Projekt fortzuführen (vgl. (351), (356)). Der Leser dieser Einführung wird hoffentlich durch sie weniger verwirrt als angeregt.

9.3 Auf einen Blick, Literaturhinweise, Fragen und Übungen

Auf einen Blick

Verschiedene Bereiche, aber auch verschiedene Quellen des Wissens werfen spezielle erkenntnistheoretische Fragen auf. Die Erkenntnistheorie steht daher mit (beinahe allen) anderen Teilgebieten der Philosophie in Verbindung. In jüngerer Zeit hat die Erforschung von Wissen durch das Zeugnis anderer besondere Aufmerksamkeit erfahren. Soziale Aspekte der Erkenntnis werden derzeit verstärkt untersucht. Daneben werden aber auch die in dieser Einführung beschriebenen Ansätze der allgemeinen Erkenntnistheorie weiter intensiv verfolgt und neue Ansätze entwickelt.

Literaturhinweise

Zum Thema „Wissen über das eigene Selbst" vgl. (344), (345), (353), (364), (375a), (381) sowie die Literaturliste in *http://plato.stanford.edu/entries/self-knowledge/#Bib*. Einen Einstieg ins Problem des Fremdpsychischen gibt (43), (341) und *http://plato.stanford. edu/entries/other-minds/*. Semantisches Wissen wird in der Sprachphilosophie untersucht; vgl. dazu die Hinweise im 4. Kapitel, insbesondere (139), (142) und (164). Wissenschaftliche Erkenntnis wird in der Regel im Rahmen wissenschaftstheoretischer Lehrbücher ausführlich behandelt. Der Leser kann hier beispielsweise auf (342), (346), (360) oder (371) zurückgreifen. Einen kurzen Überblick über wissenschaftliches Wissen gebe ich in (349). Zur Reaktion speziell auf Goodmans neues Rätsel der Induktion vgl. (375). Der einflussreiche bayesianische Ansatz wird in (343) und (357) ausführlich behandelt. Zu mathematischer und modaler Erkenntnis vgl. die Literaturhinweise zum 3. Kapitel, insbesondere (76), (86), (98), (101a), (103) und (111). Das Problem moralischer Erkenntnis wird in der Metaethik behandelt. Eine neuere allgemeine Einführung ist (363). Speziell mit der Frage, ob es moralisches Wissen geben kann, beschäftigen sich (348), (373) und (374). Meine eigene metaethische Theorie beschreibe ich in (350). Hinweise zum Phänomen ästhetischer Erkenntnis entnehme man (159) und (367). Zur Erkenntnis im Bereich des Religiösen vgl. (340), (362a), (365), (366), (377), (380), (382).

Auf Literatur zur Erkenntnisquelle Wahrnehmung wurde bereits im 6. Kapitel hingewiesen; man beachte insbesondere (225), (234), (239), (245), (246), (249), (252). Zu Erinnerung und Wissen über die Vergangenheit vgl. (341a), (354), (361), (372), die Literaturangaben in (35), S. 389–391 sowie den Eintrag und die Literaturangaben in der Stanford Encyclopedia: *http://plato.stanford.edu/entries/memory/.* Zur Introspektion vgl. die oben angeführte Literatur zum Wissen über das eigene Selbst. Vernunfterkenntnis und Erkenntnis durch Intuition wurden im 3. Kapitel behandelt. Speziell zu moralischer Intuition vgl. (376). Zum Thema „Hörensagen" und „soziale Erkenntnistheorie" vgl. (339), (347), (352), (355), (355b), (359), (359a), (368), (369), (370); zur feministischen Erkenntnistheorie vgl. die Literaturliste in (25), S. 445–447 sowie *http://plato.stanford.edu/entries/feminist-social-epistemology/#Bib.*

Literatur zu den neueren Ansätzen innerhalb der Hauptströmungen findet man den entsprechenden Kapiteln dieser Einführung zugeordnet. Zu Hymans Ansatz vgl. (358); zu Williamsons Theorie siehe (378), (379). Die aktuelle Diskussion um den Wissensbegriff fasse ich in (351) zusammen.

Fragen und Übungen

1. Welche Bereiche des Wissens wurden hier unterschieden? Fallen Ihnen weitere Bereiche und Unterbereiche ein?
2. Überlegen Sie: Unter Anwendung welcher Kriterien kommt man zu unterschiedlichen Wissensbereichen? (Hinweis: Im zweiten Kapitel haben wir ein solches Kriterium kennen gelernt. Welche weiteren kommen in Frage?)
3. Versuchen Sie, die in dieser Einführung beschriebenen antiskeptischen Strategien auf neue Bereiche des Wissens anzuwenden! (Was würde beispielsweise ein Reliabilist zum Problem der Induktion sagen? Vgl. (342).)
4. Welche Quellen des Wissens unterscheidet man?
5. Wie verhalten sich die Quellen des Wissens zu den Bereichen des Wissens? Ist jeder Quelle des Wissens genau ein Bereich zugeordnet? Oder umgekehrt?
6. Warum könnte es sich beim Hörensagen um eine unabhängige Wissensquelle handeln?
7. Diskutieren Sie Hymans Wissensdefinition!

Nachwort

Diese Einführung ist vor allem das Ergebnis der Erfahrungen, die ich in verschiedenen Lehrveranstaltungen an den Universitäten von München, Göttingen und Aachen sammeln konnte. Ich danke meinen Studentinnen und Studenten für ihre Neugier und ihre Fragen. Ich hoffe, dass sie nach der Lektüre dieses Buches sagen werden: „Er hat etwas aus den Veranstaltungen gelernt." Weiterhin möchte ich mich bei meinen Kolleginnen und Kollegen bedanken, mit denen ich mich über Fragen der Erkenntnistheorie im Allgemeinen und über diese Einführung im Besonderen ausgetauscht habe. Mein ganz besonderer Dank gilt Erich Ammereller, Peter Baumann, Geert Keil, Nikola Kompa, Matthias Moser, Christian Seidel sowie den beiden Herausgebern dieser Reihe: Dieter Schönecker und Niko Strobach. Michael Kienecker danke ich für die Erlaubnis, für die Kapitel 8.4–8.6 auf bereits veröffentlichtes Material zurück zu greifen (vgl. (319)). Und ohne Karin wäre es wieder einmal gar nicht gegangen.

Ich würde mich freuen, wenn nicht nur derjenige, der sich erstmals mit Erkenntnistheorie beschäftigt, den Überblick, den dieses Buch zu geben versucht, nützlich fände. Nicht nur für den philosophischen Anfänger ist es schwer, den Überblick zu bewahren.

München, im November 2006

Nachwort zur dritten Auflage

Ich freue mich, dass diese Einführung vier Jahre nach Erscheinen bereits in die dritte Auflage gehen kann. Gegenüber den vorangegangenen Auflagen habe ich aus den zahlreichen relevanten Neuerscheinungen diejenigen ausgewählt, die mir besonders nützlich erschienen, und in den Literaturangaben ergänzt. Ansonsten blieb der Text (von kleinen Korrekturen abgesehen) unverändert. Ich hoffe, dass diese Neuauflage viele Leser für die Erkenntnistheorie begeistert.

München, im Dezember 2010

Literaturverzeichnis

Die Literatur wird hier den Kapiteln des Buches zugeordnet, um die Vertiefung einzelner Themenbereiche zu erleichtern. Einige Texte, die für verschiedene Kapitel besonders zentral sind, werden entsprechend mehrfach aufgeführt.

1. Kapitel

Bewährte und neuere Einführungen

(1) **Audi, Robert:** Epistemology. A Contemporary Introduction to the Theory of Knowledge. London/New York 2003.

(2) **Ayer, Alfred J.:** The Problem of Knowledge. London u.a. 1956.

(3) **Bartelborth, Thomas:** Begründungsstrategien. Ein Weg durch die analytische Erkenntnistheorie. Berlin 1996.

(4) **Baumann, Peter:** Erkenntnistheorie: Lehrbuch Philosophie. Stuttgart/Weimar 2002.

(5) **Bieri, Peter:** „Generelle Einführung", in: ders. (Hg.): Analytische Philosophie der Erkenntnis. Frankfurt a.M. 1987, S. 9–72.

(6) **BonJour, Laurence:** Epistemology: Classic Problems and Contemporary Responses. Lanham/MD 2002.

(7) **Chisholm, Roderick:** Theory of Knowledge. Englewood Cliffs/NJ 31989.

(8) **Crumley, Jack S.:** An Introduction to Epistemology. Mountain View/CA 1999.

(9) **Dancy, Jonathan:** An Introduction to Contemporary Epistemology. Oxford 1985.

(10) **Feldman, Richard:** Epistemology. Upper Saddle River/NJ 2003.

(11) **Fumerton, Richard A.:** Epistemology. Malden/MA 2006.

(12) **Gabriel, Gottfried:** Grundprobleme der Erkenntnistheorie: von Descartes zu Wittgenstein. Paderborn 1993.

(12a) **Grundmann, Thomas:** Analytische Einführung in die Erkenntnistheorie. Berlin 2008.

(13) **Hetherington, Stephen C.:** Knowledge Puzzles. An Introduction to Epistemology. Boulder/CO 2008.

(14) **Kutschera, Franz von:** Grundfragen der Erkenntnistheorie. Berlin/New York 1982.

(15) **Lehrer, Keith:** Theory of Knowledge. Boulder/CO 1990.

(16) **Lenk, Hans:** Einführung in die Erkenntnistheorie. München 1998.

(17) **Morton, Adam:** A Guide through the Theory of Knowledge. Oxford 1999.

(18) **Pollock, John L./Cruz, Joseph:** Contemporary Theories of Knowledge. Lanham/MD 1999.

(19) **Pritchard, Duncan:** What Is This Thing Called Knowledge? London 2009.

(20) **Steup, Matthias:** An Introduction to Contemporary Epistemology. Upper Saddle River/NJ 1996.

(21) **Schnädelbach, Herbert:** Erkenntnistheorie zur Einführung. Hamburg 2004.

(22) **Schneider, Norbert:** Erkenntnistheorie im 20. Jahrhundert. Klassische Positionen. Stuttgart 1998.

(23) **Williams, Michael:** Problems of Knowledge. A Critical Introduction to Epistemology. Oxford 2001.

Nachschlagewerke:

(24) **Blaauw, Martijn/Pritchard, Duncan (Hg.):** Epistemology A–Z. Edinburgh 2005.

(25) **Dancy, Jonathan/Sosa, Ernest/Steup, Matthias (Hg.):** A Companion to Epistemology. Oxford 2010.

(26) **Greco, John/Sosa, Ernest (Hg.):** The Blackwell Guide to Epistemology. Oxford 1999.

(27) **Moser, Paul:** The Oxford Handbook of Epistemology. Oxford 2005.

(28) **Ricken, Friedo:** Lexikon der Erkenntnistheorie und Metaphysik. München 1984.

Sammelbände

(29) **Alcoff, Linda M. (Hg.):** Epistemology: The Big Questions. Oxford 1998.

(30) **Baumgarten, Hans-Ulrich (Hg.):** Erkenntnistheorie. Freiburg/München 1999.

(31) **Bernecker, Sven/Dretske, Fred I. (Hg.):** Knowledge: Readings in Contemporary Epistemology. Oxford 2000.

(32) **Bernecker, Sven:** Reading Epistemology: Selected Texts with Interactive Commentary. Oxford 2005.

(33) **Bieri, Peter (Hg.):** Analytische Philosophie der Erkenntnis. Frankfurt a.M. 1987.

(34) **Cooper, David E. (Hg.):** Epistemology: The Classic Readings. Oxford 1999.

(35) **Grundmann, Thomas (Hg.):** Erkenntnistheorie. Positionen zwischen Tradition und Gegenwart. Paderborn 2001.

(36) **Huemer, Michael (Hg.):** Epistemology. Contemporary Readings. London 2002.

(36a) **Smith, Quentin (Hg.):** Epistemology. New Essays. Oxford 2008.

(37) **Sosa, Ernest/Kim, Jaegwon/Fantl, Jeremy (Hg.):** Epistemology: An Anthology. Oxford 2008.

(38) **Sosa, Ernest/Villanueva, Enrique (Hg.):** Epistemology. Malden/MA 2004.

(39) **Steup, Matthias (Hg.):** Knowledge, Truth, and Duty. Essays on Epistemic Justification, Responsibility, and Virtue. Oxford 2001.

(40) **Steup, Matthias/Sosa, Ernest (Hg.):** Contemporary Debates in Epistemology. Oxford 2005.

2. Kapitel

(41) **Albert, Hans:** Traktat über kritische Vernunft. Tübingen 1992.
(42) **Annas, Julia/Barnes, Jonathan:** The Modes of Scepticism: Ancient Texts and Modern Interpretations. Cambridge 1985.
(43) **Austin, John L.:** „Other Minds", in: ders.: Philosophical Papers. Oxford 1961, S. 76–116.
(44) **Burnyeat, Myles (Hg.):** The Skeptical Tradition. Berkeley 1983.
(45) **Burnyeat, Myles/Frede, Michael (Hg.):** The Original Sceptics: A Controversy. Indianapolis 1997.
(46) **Clarke, Thompson:** „The Legacy of Scepticism", in: Journal of Philosophy 69 (1972), S. 754–769.
(47) **De Rose, Keith/Warfield, Ted (Hg.):** Skepticism. A Contemporary Reader. Oxford 1999.
(48) **Descartes, René:** Meditationen über die Grundlagen der Philosophie. Hrsg. von Lüder Gäbe. Hamburg 1960.
(49) **Floridi, Luciano:** Sextus Empiricus: The Transmission and Recovery of Pyrrhonism. New York 2002.
(50) **Goodman, Nelson:** Fact, Fiction, and Forecast. Cambridge/MA 1983.
(50a) **Greco, John (Hg.):** The Oxford Handbook of Skepticism. Oxford 2008.
(51) **Grundmann, Thomas/Stüber, Karsten (Hg.):** Philosophie der Skepsis. Paderborn 1996.
(52) **Hankinson, R.J.:** The Sceptics. London 1998.
(53) **Hookway, Christopher:** Skepticism. New York 1990.
(54) **Hume, David:** An Enquiry Concerning Human Understanding. Hrsg. von Tom L. Beauchamp. Oxford 2006.
(55) **Hume, David:** A Treatise of Human Nature. Hrsg. von David F. Norton und Mary J. Norton. Oxford 2006.
(56) **Klein, Peter:** Certainty: A Refutation of Scepticism. Oxford 1984.
(57) **Kripke, Saul:** Wittgenstein on Rules and Private Language. Oxford 1982.
(58) **Perler, Dominik:** René Descartes. München 1998.
(59) **Perler, Dominik:** Zweifel und Gewissheit. Skeptische Debatten im Mittelalter. Frankfurt a.M. 2006.
(60) **Popkin, Richard H.:** Scepticism from Erasmus to Spinoza. Berkeley 1979.
(61) **Popkin, Richard H.:** The History of Scepticism: from Savonarola to Bayle. New York 2003.
(62) **Putnam, Hilary:** Reason, Truth, and History. Cambridge 1981.
(63) **Ricken, Friedo:** Antike Skeptiker. München 1994.
(64) **Russell, Bertrand:** The Analysis of Mind. London 1921.
(65) **Sextus Empiricus:** Grundriß der pyrrhonischen Skepsis. Frankfurt a.M. 2002.
(66) **Sinnott-Armstrong, Walter (Hg.):** Pyrrhonian Skepticism. Oxford 2004.
(67) **Stroud, Barry:** The Significance of Philosophical Scepticism. Oxford 1984.
(68) **Stroud, Barry:** „Understanding Human Knowledge in General", in: Clay, Marjorie/Lehrer, Keith (Hg.): Knowledge and Scepticism. Boulder/CO 1989.
(69) **Unger, Peter:** Ignorance. A Case for Scepticism. Oxford 1975.
(70) **Vogt, Katja:** Skepsis und Lebenspraxis. Das skeptische Leben ohne Meinungen. München/Freiburg 1998.
(71) **Williams, Bernard:** Descartes: The Project of Pure Enquiry. Harmondsworth 1978.
(72) **Williams, Michael (Hg.):** Scepticism. Brooksfield 1993.
(73) **Williams, Michael:** „Skepticism", in: Greco, John/Sosa, Ernest (Hg.): The Blackwell Guide to Epistemology. Oxford 1999, S. 35–69.

3. Kapitel

(74) **Ayer, Alfred J.:** Language, Truth and Logic. London 1936.
(75) **Bealer, George:** „The A Priori", in: Greco, John/Sosa, Ernest (Hg.): The Blackwell Guide to Epistemology. Oxford 1999, S. 243–270.
(76) **Benacerraf, Paul:** „Mathematical Truth", in: Journal of Philosophy 70 (1973), S. 661–679.
(77) **Boghossian, Paul:** „Analyticity Reconsidered", in: Nous 30 (1996), S. 360–391.
(78) **Boghossian, Paul/Peacocke, Christopher (Hg.):** New Essays on the A Priori. Oxford 2000.
(79) **BonJour, Laurence:** In Defense of Pure Reason. Cambridge 1998.
(80) **Carnap, Rudolf:** Induktive Logik und Wahrscheinlichkeit. Bearbeitet von Wolfgang Stegmüller. Wien 1959.
(81) **Casullo, Albert (Hg.):** A Priori Knowledge. Aldershot 1999.
(82) **Casullo, Albert:** A Priori Justification. Oxford 2003.
(83) **Chomsky, Noam:** Aspects of the Theory of Syntax. Cambridge/MA 1965.
(84) **DePaul, Michael/Ramsey, William (Hg.):** Rethinking Intuition. The Psychology of Intuition and Its Role in Philosophical Inquiry. Lanham/MD u.a. 1998.
(85) **Duhem, Pierre:** Ziel und Struktur der physikalischen Theorien. Hamburg 1978.
(86) **Field, Hartry:** Realism, Mathematics and Modality. Oxford 1989.
(87) **Glock, Hans-Johann/Glüer, Kathrin/Keil, Geert:** Fifty Years of Quine's Two Dogmas. Amsterdam/Atlanta/New York 2003.
(88) **Goldman, Alvin J.:** „A Priori Warrant and Naturalistic Epistemology. The Seventh Philosophical Perspectives Lecture", in: Philosophical Perspectives 13 (1999), S. 1–27.

(89) **Grice, Paul/Strawson, Peter F.:** „In Defense of a Dogma", in: Grice, Paul: Studies in the Way of Words. Cambridge/MA 1989, S. 196–212.

(90) **Hanfling, Oswald:** Philosophy and Ordinary Language. The Bent and Genius of our Tongue. London/New York 2000.

(91) **Hintikka, Jaakko:** Knowledge and Belief. An Introduction to the Logic of the Two Notions. Ithaca/NY 1962.

(92) **Jackson, Frank:** From Metaphysics to Ethics. A Defence of Conceptual Analysis. Oxford 1998.

(92a) **Juhl, Cory/Loomis, Eric:** Analyticity. New York 2010.

(93) **Kant, Immanuel:** Kritik der reinen Vernunft. Werkausgabe Band 3, 4, hrsg. von Wilhelm Weischedel. Frankfurt a. M. 1974.

(94) **Katz, Jerold:** The Metaphysics of Meaning. Boston 1990.

(95) **Katz, Jerold:** Realistic Rationalism. Boston 1998.

(96) **Keil, Geert:** Quine zur Einführung. Hamburg 2002.

(97) **Keil, Geert:** „‚Science Itself Teaches.' A Fresh Look at Quine's Naturalistic Metaphilosophy", in: Grazer Philosophische Studien 66 (2003), S. 253–280.

(98) **Kitcher, Philip:** The Nature of Mathematical Knowledge. New York 1983.

(98a) **Kompa, Nikola/Nimtz, Christian/Suhm, Christian (Hg.):** The A Priori and its Role in Philosophy. Paderborn 2009.

(99) **Kornblith, Hilary:** Inductive Inference and Its Natural Grounds. Cambridge/MA 1993.

(100) **Kornblith, Hilary:** Knowledge and Its Place in Nature. Oxford 2002.

(101) **Kripke, Saul:** Naming and Necessity. Cambridge/MA 1980.

(101a) **Leng, Mary/Paseau, Alexander/Potter, Michael (Hg.):** Mathematical Knowledge. Oxford 2007.

(102) **Margolis, Eric/Laurence, Stephen (Hg.):** Concepts: Core Readings. Cambridge/MA 1999.

(103) **Misselhorn, Catrin:** Wirkliche Möglichkeiten – Mögliche Wirklichkeiten. Grundriss einer Theorie modaler Rechtfertigung. Paderborn 2005.

(104) **Moore, George E.:** „A Reply to my Critics", in: Schilpp, Paul A. (Hg.): The Philosophy of G.E. Moore. Evanston 1942, S. 660–667.

(105) **Moser, Paul (Hg.):** Apriori Knowledge. Oxford 1987.

(106) **Müller, Olaf:** Synonymie und Analytizität: Zwei sinnvolle Begriffe. Eine Auseinandersetzung mit W. V. O. Quines Bedeutungsskepsis. Paderborn 1998.

(107) **Müller, Olaf:** „Does The Quine/Duhem Thesis Prevent Us Form Defining Analyticity?", in: Erkenntnis 48 (1998), S. 81–99.

(108) **Putnam, Hilary:** „The Meaning of ‚Meaning'", in: ders.: Mind, Language and Reality: Philosophical Papers Vol. 2. Cambridge 1975, S. 215–271.

(109) **Quine, Willard V. O.:** „Two Dogmas of Empiricism", in: ders.: From a Logical Point of View. Cambridge/MA 1953, S. 20–46.

(110) **Quine, Willard V. O.:** „Epistemology Naturalized", in: ders.: Ontological Relativity and Other Essays. New York/London 1969, S. 69–90.

(111) **Shapiro, Stewart:** Thinking About Mathematics. The Philosophy of Mathematics. Oxford 2000.

(112) **Strawson, Peter F.:** Analysis and Metaphysics. An Introduction to Philosophy. Oxford 1992.

(112a) **Williamson, Timothy:** The Philosophy of Philosophy. Oxford 2007.

(113) **Wittgenstein, Ludwig:** Philosophische Untersuchungen. Werkausgabe in 8 Bänden. Frankfurt a. M. 1984.

4. Kapitel

(114) **Alston, William P.:** A Realist Conception of Truth. Ithaca/NY 1996.

(115) **Austin, John L.:** „Truth", in: ders.: Philosophical Papers. Oxford 1961, S. 117–133.

(116) **Beckermann, Ansgar:** Analytische Einführung in die Philosophie des Geistes. Berlin/New York 1999.

(116a) **Boghossian, Paul:** Fear of Knowledge. Against Relativism and Constructivism. Oxford 2007.

(117) **Bradley, F.H.:** Essays on Truth and Reality. Oxford 1914.

(118) **Brendel, Elke:** Wahrheit und Wissen. Paderborn 1999.

(119) **Churchland, Patricia S.:** Neurophilosophy. Cambridge/MA 1986.

(120) **Cohen, L. Jonathan:** An Essay on Belief and Acceptance. Oxford 1992.

(121) **Davidson, Donald:** „Truth and Meaning", in: Synthese 17 (1967), S. 304–323.

(122) **Davidson, Donald:** „True to the Facts", in: Journal of Philosophy 66 (1969), S. 748–764.

(123) **Davidson, Donald:** „The Structure and Content of Truth", in: Journal of Philosophy 87 (1990), S. 279–328.

(124) **Dennett, Daniel:** The Intentional Stance. Cambridge/MA 1987.

(125) **Devitt, Michael:** Realism and Truth. Princeton 21997.

(126) **Dummett, Michael:** Truth and Other Enigmas. Oxford 1978.

(126a) **Dummett, Michael:** Thought and Reality. Oxford 2008.

(127) **Fodor, Jerry:** „Propositional Attitudes", in: ders.: Representations: Philosophical Essays on the Foundations of Cognitive Science. Cambridge/MA 1981, S. 177–203.

(128) **Frege, Gottlob:** „Über Sinn und Bedeutung", in: ders.: Funktion, Begriff, Bedeutung. Mit Studienkommentar und zwei Registern. Hrsg. von Mark Textor. Göttingen 2002.

(128a) **Garcia-Carpintero, Manuel/Kölbel, Max (Hg.):** Relative Truth. Oxford 2008.

(129) **Goodman, Nelson:** Languages of Art. An Approach to a Theory of Symbols. Indianapolis 1976.

(130) **Haas-Spohn, Ulrike:** „Zur Interpretation der Einstellungszuschreibungen", in: Falkenburg, G. (Hg.): Wissen, Wahrnehmen, Glauben. Epistemische Ausdrücke und propositionale Einstellungen. Tübingen 1989, S. 49–94.

(131) **Habermas, Jürgen:** „Wahrheitstheorien", in: Fahrenbach, Helmut (Hg.): Wirklichkeit und Reflexion. Walter Schulz zum 60. Geburtstag. Pfullingen 1973, S. 211–265.

(132) **Horwich, Paul:** Truth. Oxford 21999.

(132a) **Horwich, Paul:** Truth, Meaning, Reality. Oxford 2010.

(133) **James, William:** The Meaning of Truth. New York 1909.

(134) **Kirkham, Richard L.:** Theories of Truth. A Critical Introduction. Cambridge/MA 1992.

(135) **Kölbel, Max:** Truth Without Objectivity. London 2002.

(136) **Künne, Wolfgang:** Conceptions of Truth. Oxford 2005.

(137) **Kripke, Saul:** „Outline of a Theory of Truth", in: Journal of Philosophy 72 (1975), S. 690–716.

(138) **Lehrer, Keith:** Theory of Knowledge. Boulder/CO 1990.

(139) **Lycan, William G.:** Philosophy of Language. A Contemporary Introduction. London 2000.

(140) **Makinson, David C.:** „The Paradox of the Preface", in: Analysis 25 (1965), S. 205–207.

(141) **McCulloch, Gregory:** The Game of the Name. Introducing Logic, Language, and Mind. Oxford 1999.

(142) **Newen, Albert/Schrenk, Markus:** Einführung in die Sprachphilosophie. Darmstadt 2008.

(143) **Papineau, David:** Reality and Representation. Oxford 1987.

(144) **Peirce, Charles S.:** „How to Make our Ideas Clear", in: ders: Collected Papers (hrsg. von Charles Hartsthorne/Paul Weiss). Cambridge/MA 1934, Bd. V, S. 248–271.

(145) **Quine, Willard V.O.:** Pursuit of Truth. Cambridge/MA 1990.

(146) **Radford, Colin:** „Knowledge – by Examples", in: Analysis 27 (1966), S. 1–11.

(146a) **Rami, Adolf:** Wahrheit und Deflation: Eine kritische Untersuchung deflationärer Wahrheitskonzeptionen. Paderborn 2009.

(147) **Ramsey, Frank:** „Facts and Propositions", in: Proceedings of the Aristotelian Society 7 (1927), S. 153–170.

(148) **Ramsey, Frank:** „Truth and Probability", in: ders.: Philosophical Papers. Hrsg. von D.H. Mellor. Cambridge 1990, S. 52–94.

(149) **Ryle, Gilbert:** The Concept of Mind. London 1949.

(150) **Russell, Bertrand:** „Knowledge by Acquaintance and Knowledge by Description", in: Proceedings of the Aristotelian Society 11 (1910–11), S. 108–128.

(151) **Russell, Bertrand:** Problems of Philosophy. Oxford 1998.

(152) **Schantz, Richard:** Wahrheit, Referenz und Realismus. Berlin/New York 1996.

(153) **Schantz, Richard (Hg):** What is Truth? Berlin/New York 2002.

(154) **Shope, Robert K.:** The Analysis of Knowing. A Decade of Research. Princeton 1983.

(155) **Soames, Scott:** Understanding Truth. Oxford 1998.

(156) **Soames, Scott:** „Understanding Deflationism", in: Philosophical Perspectives 17 (1) (2003), S. 369–383.

(156a) **Stanley, Jason/Williamson, Timothy:** „Knowing How", in: Journal of Philosophy 98 (2001), S. 411–444.

(157) **Stalnaker, Robert:** Inquiry. Cambridge 1984.

(158) **Stalnaker, Robert:** Context and Content: Essays on Intentionality in Speach and Thought. Oxford 1999.

(159) **Steinbrenner, Jakob:** Kognitivismus in der Ästhetik. Würzburg 1996.

(160) **Stich, Stephen:** From Folk Psychology to Cognitive Science: The Case against Belief. Cambridge/MA 1983.

(161) **Strawson, Peter F.:** „Truth", in: Proceedings of the Aristotelian Society 24 (1950), S. 125–156.

(162) **Strawson, Peter F.:** Logico-Linguistic Papers. London 1971.

(163) **Tarski, Alfred:** „The Semantic Conception of Truth", in: Philosophy and Phenomenological Research 4 (1943), S. 341–375.

(164) **Taylor, Kenneth:** Truth and Meaning. An Introduction to the Philosophy of Language. Oxford 1998.

(165) **Vendler, Zeno:** Res Cogitans: An Essay in Rational Psychology. Ithaca/NY 1972.

(166) **White, Alan R.:** The Nature of Knowledge. Totowa/NJ 1982.

(167) **Wittgenstein, Ludwig:** Tractatus logico-philosophicus. Werkausgabe in 8 Bänden, Band 1. Frankfurt a.M. 1993.

(168) **Wright, Crispin:** Truth and Objectivity. Cambridge/MA 1992.

5. Kapitel

(169) **Ammereller, Erich:** „Die Gründe des Handelnden", in: Ammereller, Erich/Vossenkuhl, Wilhelm (Hg.): Rationale Motivation. Paderborn 2005, S. 57–83.

(170) **Audi, Robert:** The Architecture of Reason. The Structure and Substance of Rationality. Oxford 2002.

(171) **Baumann, Peter:** „Im Auge des Betrachters", in: Grundmann, Thomas (Hg.): Erkenntnistheorie. Positionen zwischen Tradition und Gegenwart. Paderborn 2001, S. 72–79.

(172) **Cherniak, Christopher:** Minimal Rationality. Cambridge/MA 1986.

(173) **Cohen, L. Jonathan:** „Can Human Irrationality Be Experimentally Demonstrated?", in: Behavioral and Brain Sciences 4 (1981), S. 317–332.

(174) **Ernst, Gerhard:** „Das Gebot der Vernunft", in: Ammereller, Erich/Vossenkuhl, Wilhelm: Rationale Motivation. Paderborn 2005, S. 12–28.

(175) **Ernst, Gerhard:** „Das Amoralistenargument", in: Deutsche Zeitschrift für Philosophie 54 (2006), S. 245–260.

(176) **Ernst, Gerhard:** „Das Problem der Induktion", in: Ernst, Gerhard/Niebergall, Karl-Georg (Hg.): Philosophie der Wissenschaft – Wissenschaft der Philosophie. Festschrift zum 60. Geburtstag von C. Ulises Moulines. Paderborn 2006, S. 51–65.

(177) **Fogelin, Robert J.:** Pyrrhonian Reflections on Knowledge and Justification. Oxford 1994.

(178) **Foley, Richard:** The Theory of Epistemic Rationality. Cambridge/MA 1987.

(179) **Foley, Richard:** Working Without a Net: A Study of Egocentric Epistemology. Oxford 1993.

(180) **Gettier, Edmund L.:** „Is Justified True Belief Knowledge?", in: Analysis 23 (1963), S. 121– 123.

(181) **Gigerenzer, Gerd:** Adaptive Thinking: Rationality in the Real World. New York 2000.

(182) **Gigerenzer, Gerd/Selten, Reinhard (Hg.):** Bounded Rationality: The Adaptive Toolbox. Cambridge/MA 2001.

(183) **Gigerenzer, Gerd:** Rationality for Mortals. How People Cope with Uncertainty. Oxford 2008.

(184) **Goldman, Alvin:** „Discrimination and Perceptual Knowledge", in: Journal of Philosophy 73 (1976), S. 771–791.

(185) **Gosepath, Stefan:** Aufgeklärtes Eigeninteresse. Eine Theorie theoretischer und praktischer Rationalität. Frankfurt a. M. 2000.

(185a) **Haddock, Adrian/Millar, Alan/Pritchard, Duncan (Hg.):** Epistemic Value. Oxford 2009.

(186) **Harman, Gilbert:** Thought. Princeton 1973.

(187) **Harman, Gilbert:** Change in View: Principles of Reasoning. Cambridge/MA 1986.

(188) **Howson, Colin:** Hume's Problem. Oxford 2003.

(189) **Jeffrey, Richard C.:** The Logic of Decision. Chicago 1983.

(190) **Kahneman, Daniel/Slovis, Paul/Tversky, Amos (Hg.):** Judgment under Uncertainty: Heuristics and Biases. Cambridge 1982.

(191) **Klein, Peter:** „A Proposed Definition of Propositional Knowledge", in: Journal of Philosophy 67 (1971), S. 471–482.

(192) **Kornblith, Hilary:** „Ever since Descartes", in: The Monist 68 (1985), S. 264–276.

(192a) **Kvanvig, Jonathan L.:** The Value of Knowledge and the Pursuit of Understanding. Cambridge 2007.

(193) **Lehrer, Keith:** Theory of Knowledge. Boulder/CO 1990.

(193a) **Lehrer, Keith/Paxson, Thomas:** „Knowledge: Undefeated Justified True Belief", in: Journal of Philosophy 66 (1969), S. 1–22.

(194) **Mele, Alfred R./Rawling, Piers:** The Oxford Handbook of Rationality. Oxford 2004.

(195) **Nida-Rümelin, Julian/Schmidt, Thomas:** Rationalität in der praktischen Philosophie: Eine Einführung. Berlin 2000.

(196) **Nisbett, Richard/Ross, Lee:** Human Inference: Strategies and Shortcomings of Social Judgment. Englewood Cliffs/NJ 1980.

(197) **Nozick, Robert:** The Nature of Rationality. Princeton 1995.

(198) **Peacocke, Christopher:** The Realm of Reason. Oxford 2006.

(199) **Platon:** Werke in acht Bänden, griechisch/dt. Hrsg. Von G. Eigler, [revidierte] deutsche Übersetzung von Friedrich Schleiermacher. Darmstadt 2005.

(200) **Pollock, John L.:** Contemporary Theories of Knowledge. Totowa/NJ 1986.

(200a) **Pritchard, Duncan/Millar, Alan/Haddock, Adrian:** The Nature and Value of Knowledge. Three Investigations. Oxford 2010.

(201) **Raz, Joseph:** „When We are Ourselves: The Active and the Passive", in: ders.: Engaging Reason. On the Theory of Value and Action. Oxford 1999, S. 5–21.

(202) **Rott, Hans:** Change, Choice and Inference. A Study of Belief Revision and Nonmonotonic Reasoning. Oxford 2001.

(203) **Shope, Robert K.:** The Analysis of Knowing. A Decade of Research. Princeton 1983.

(204) **Spohn, Wolfgang:** Einführung in die Erkenntnistheorie. Skriptum ausgearbeitet von Martin Rechenauer. 1995.

(205) **Stein, Edward:** Without Good Reason: The Rationality Debate in Philosophy and Cognitive Science. Oxford 1996.

(206) **Stich, Stephen:** The Fragmentation of Reason. Cambridge/MA 1990.

(207) **Strobach, Niko:** Einführung in die Logik. Darmstadt 2005.

(208) **Swain, Marshall:** „Epistemic Defeasibility", in: American Philosophical Quarterly 11 (1974), S. 15–25.

(209) **Swain, Marshall:** Reasons and Knowledge. Ithaca/NY 1981.
(210) **Wason, P.C.:** „Reasoning", in: Foss, B. (Hg.): New Horizons in Psychology. Harmondsworth 1966.
(211) **Williams, Bernard:** „Deciding to Believe", in: ders.: Problems of the Self: Philosophical Papers, 1956–1972. Cambridge 1973, S. 136–151.
(212) **Zagzebski, Linda T.:** „The Inescapability of the Gettier Problems", in: Philosophical Quarterly 44 (1994), S. 65–73.

6. Kapitel

(213) **Alston, William P.:** Epistemic Justification. Ithaca/London 1989.
(214) **Alston, William P.:** The Reliability of Sense Perception. Ithaca/NY 1993.
(215) **Alston, William P.:** Beyond „Justification": Dimensions of Epistemic Evaluation. Ithaca/NY 2005.
(216) **Audi, Robert:** The Structure of Justification. New York 1993.
(217) **Austin, John L.:** Sense and Sensibilia. Hrsg. von G.J. Warnock. Oxford 1962.
(218) **Ayer, Alfred J.:** Foundations of Empirical Knowledge. London 1940.
(219) **Ayer, Alfred J.:** The Problem of Knowledge. Harmondsworth 1956.
(220) **Bartelborth, Thomas:** Begründungsstrategien. Ein Weg durch die analytische Erkenntnistheorie. Berlin 1996.
(221) **Bender, John W. (Hg.):** The Current State of the Coherence Theory. Dordrecht 1989.
(222) **Berkeley, George:** Three Diaologues between Hylas and Philoncus. (1713). Oxford 1998.
(223) **BonJour, Laurence:** The Structure of Empirical Knowledge Cambridge/MA 1985.
(224) **BonJour, Laurence:** „The Dialectic of Foundationalism and Coherentism", in: Greco, John/Sosa, Ernest (Hg.): The Blackwell Guide to Epistemology. Oxford 1999, S. 1?7–142.
(225) **Brewer, Bill:** Perception and Reason. Oxford 2002.
(226) **Carnap, Rudolf:** Der logische Aufbau der Welt. Hamburg 1961.
(226a) **Cassam, Quassim:** The Possibility of Knowledge. Oxford 2009.
(227) **Chisholm, Roderick M.:** The Foundations of Knowing. Minneapolis 1982.
(228) **Chisholm, Roderick M.:** Theory of Knowledge. Englewood Cliffs/NJ 31989.
(229) **Cling, Andrew D.:** „The Trouble with Infinitism", in: Synthese 138 (2004), S. 101–123.
(230) **Davidson, Donald:** „A Coherence Theory of Truth and Knowledge", in: LePore, Ernest (Hg.): Turth and Interpretation. Perspectives on the Philosophy of Donald Davidson. Oxford 1986.
(231) **Davidson, Donald:** Inquiries into Truth and Interpretation. Oxford 2001.
(232) **Davidson, Donald:** Subjective, Intersubjective, Objective. Philosophical Essays Volume 3. Oxford 2002.
(233) **DePaul, Michael (Hg.):** Resurrecting Old-Fashioned Foundationalism. Lanham/MD 2001.
(234) **Ernst, Gerhard:** „Liefert die Wahrnehmung Gründe?", in: Beckermann, Ansgar/Nimtz, Christian (Hg.): Argument und Analyse – Sektionsvorträge. Paderborn 2001, S. 171–179.
(235) **Fales, Evan:** A Defense of the Given. Lanham/MD 1996.
(236) **Firth, Roderick:** In Defense of Radical Empiricism: Essays and Lectures by Roderick Firth. Hrsg. von John Troyer. Lanham/MD 1998.
(237) **Grayling, A. C.:** The Refutation of Scepticism. London 1985.
(238) **Haack, Susan:** Evidence and Inquiry. A Pragmatist Reconstruction of Epistemology. Amherst/NY 2009.
(239) **Haag, Johannes:** Erfahrung und Gegenstand. Zum Verhältnis von Sinnlichkeit und Verstand im empirischen Erkennen. Frankfurt a.M. 2007.
(240) **Haas-Spohn, Ulrike:** Versteckte Indexikalität und subjektive Bedeutung. Berlin 1995.
(241) **Klein, Peter D.:** „Infinitism Is the Solution to the Regress Problem", in: Steup, Matthias/Sosa, Ernest (Hg.): Contemporary Debates in Epistemology. Malden/MA 2005, S. 131–140.
(242) **Lehrer, Keith:** Theory of Knowledge. Boulder/CO 1990.
(243) **Lehrer, Keith:** Self-Trust. A Study of Reason, Knowledge, and Autonomy. Oxford 1997.
(244) **Lewis, C.I.:** An Analysis of Knowledge and Valuation. La Salle 1946.
(245) **Marr, David:** Vision. A Computational Investigation into the Human Representation and Processing of Visual Information. New York 1982.
(246) **McDowell, John:** Mind and World. Cambridge/MA 1996.
(247) **Moser, Paul K.:** Knowledge and Evidence. Cambridge 1989.
(248) **Müller, Olaf L.:** Wirklichkeit ohne Illusionen I. Hilary Putnam und der Abschied vom Skeptizismus oder Warum die Welt keine Computersimulation sein kann. Paderborn 2003.
(249) **Price, Henry H.:** Perception. London 1932.
(250) **Quine, Willard V.O.:** Word and Object. Cambridge/MA 1960.
(251) **Rechenauer, Martin:** Intentionaler Realismus und Externalismus. Würzburg 1994.
(252) **Schantz, Richard:** Der sinnliche Gehalt der Wahrnehmung. München u.a. 1984.
(253) **Schlick, Moritz:** „Über das Fundament der Erkenntnis", in: Erkenntnis 4 (1934), S. 79– 99.

(254) **Sellars, Wilfrid:** „Empiricism and the Philosophy of Mind", in: ders.: Science, Perception and Reality. London 1963, S. 127–196.

(255) **Sosa, Ernest:** „The Raft and the Pyramid: Coherence versus Foundations in the Theory of Knowledge", in: French, Peter A./Uehling, Theodore E. jr./Wettstein, Howard K. (Hg.): Midwest Studies in Philosophy 5. Minneapolis/MN 1980, S. 3–25.

(256) **Stroud, Barry:** „Transcendental Arguments", in: Journal of Philosophy 65 (1968), S. 241–256.

(257) **Thagard, Paul:** Coherence in Thought and Action. Cambridge/MA 2000.

(258) **Warfield, Ted A.:** „A Priori Knowledge of the World: Knowing the World by Knowing Our Minds", in: De Rose, Keith/Warfield, Ted (Hg.): Skepticism. A Contemporary Reader. Oxford 1999, S. 76–90.

(259) **Williams, Michael:** Groundless Belief. An Essay on the Possibility of Epistemology. Princeton/NJ 1999.

7. Kapitel

(260) **Axtell, Guy (Hg.):** Knowledge, Belief and Character: Readings in Virtue Epistemology. Lanham/MD 2000.

(261) **Armstrong, David M.:** Belief, Truth and Knowledge. London 1973.

(262) **Benacerraf, Paul:** „Mathematical Truth", in: Journal of Philosophy 70 (1973), S. 661–679.

(262a) **Bergmann, Michael:** Justification Without Awareness: A Defense of Epistemic Externalism. Oxford 2009.

(263) **Bradie, Michael:** „Assessing Evolutionary Epistemology", in: Biology and Philosophy 1 (1986), S. 401–459.

(264) **Brady, Michael S./Pritchard, Duncan:** Moral and Epistemic Virtue. Oxford 2003.

(265) **Brandom, Robert:** „Insights and Blindspots in Reliabilism", in: The Monist 81 (1998), S. 371–392.

(266) **Campbell, Donald T.:** „Evolutionary Epistemology", in: Schilpp, Paul A. (Hg.): The Philosophy of Karl Popper. La Salle/IL 1974, S. 413–463.

(267) **Conee, Earl Brink/Feldman, Richard:** „The Generality Problem for Reliabilism", in: Philosophical Studies 89 (1998), S. 1–29.

(268) **Conee, Earl Brink/Feldman, Richard:** Evidentialism. Essays in Epistemology. Oxford 2004.

(269) **Cohen, Stewart:** „Basic Knowledge and the Problem of Easy Knowledge", in: Philosophy and Phenomenological Research 65 (2) (2002), S. 309–329.

(270) **DePaul, Michael/Zagzebski, Linda T. (Hg.):** Intellectual Virtue. Perspectives from Ethics and Epistemology. Oxford 2007.

(271) **Dretske, Fred I.:** „Contrastive Statements", in: Philosophical Review 81 (1972), S. 411–430.

(272) **Dretske, Fred I.:** Knowledge and the Flow of Information. Cambridge/MA 1981.

(273) **Dretske, Fred I.:** Perception, Knowledge and Belief: Selected Essays. Cambridge Studies in Philosophy. Cambridge 2000.

(274) **Fumerton, Richard:** Metaepistemology and Skepticism. Lanham/MD 1995.

(275) **Goldman, Alvin I.:** „A Causal Theory of Knowing", in: Journal of Philosophy 64 (1967), S. 357–372.

(276) **Goldman, Alvin I.:** „Discrimination and Perceptual Knowledge", in: Journal of Philosophy 73 (1976), S. 771–791.

(277) **Goldman, Alvin I.:** Epistemology and Cognition. Cambridge/MA 1986.

(278) **Goldman, Alvin I.:** Liaisons: Philosophy Meets the Cognitive Sciences. Cambridge/MA 1986.

(279) **Goldman, Alvin I.:** Pathways to Knowledge. Private and Public. Oxford 2002.

(280) **Greco, John:** Putting Skeptics in Their Place. New York 2000.

(280a) **Greco, John:** Achieving Knowledge. A Virtue-Theoretic Account of Epistemic Normativity. Cambridge 2010.

(281) **Grundmann, Thomas:** Der Wahrheit auf der Spur. Eine Verteidigung des erkenntnistheoretischen Externalismus. Paderborn 2003.

(282) **Hawthorne, John:** Knowledge and Lotteries. Oxford 2004.

(283) **Kim, Jaegwon:** „What is ‚Naturalized Epistemology'?", in: Sosa, Ernest/Kim, Jaegwon (Hg.): Epistemology: An Anthology. Oxford 2000, S. 301–313.

(284) **Kitcher, Philip:** „The Naturalists Return", in: Philosophical Review 101 (1992), S. 53–114.

(285) **Kornblith, Hilary (Hg.):** Naturalized Epistemology. Cambridge/MA 21994.

(286) **Kornblith, Hilary (Hg.):** Epistemology: Internalism and Externalism. Malden/MA 2001.

(287) **Lycan, William:** Judgement and Justification. New York 1988.

(288) **Montmarquet, James:** Epistemic Virtue and Doxastic Responsibility. Lanham/MD 1993.

(289) **Moore, George E.:** „Proof of an External World", in: ders.: Philosophical Papers. New York 1962, S. 144–148.

(290) **Nozick, Robert:** Philosophical Explanations. Cambridge/MA 1981.

(291) **Plantinga, Alvin:** Warrant and Proper Function. Oxford 1993.

(292) **Plantinga, Alvin:** Warrant: the Current Debate. Oxford 1993.

(293) **Pritchard, Duncan:** Epistemic Luck. Oxford 2007.

(294) **Quine, Willard V. O.:** Methods of Logic. New York/Chicago 1964.

(295) **Ruse, Michael:** Taking Darwin Seriously. Oxford 1986.

(296) **Sosa, Ernest:** A Virtue Epistemology. Apt Belief and Reflective Knowledge. Volume 1 und 2. Oxford 2009.
(297) **Sosa, Ernest/BonJour, Laurence:** Epistemic Justification. Internalism vs. Externalism, Foundations vs. Virtues. Malden/MA 2003.
(298) **Schantz, Richard (Hg.):** The Externalist Challenge. Berlin/New York 2004.
(299) **Vollmer, Gerhard:** Evolutionäre Erkenntnistheorie. Stuttgart 1987.
(300) **Zagzebski, Linda T.:** Virtues of the Mind: An Inquiry into the Nature of Virtue and the Ethical Foundations of Knowledge. Cambridge 1996.

8. Kapitel

(301) **Annis, David:** „A Contextualist Theory of Epistemic Justification", in: American Philosophical Quarterly 15 (1978), S. 213–219.
(302) **Baumann, Peter:** „Contextualism and the Factivity Problem", in: Philosophy and Phenomenological Research 76 (2008), S. 580–602.
(303) **Blaauw, Martijn (Hg.):** Epistemological Contextualism. Amsterdam 2005. (Sonderheft der Grazer Philosophischen Studien.)
(304) **Blome-Tillmann, Michael:** „The Indexicality of ‚Knowledge'", in: Philosophical Studies 138 (2008), S. 29–53.
(305) **Brandom, Robert:** Articulating Reasons. An Introduction to Inferentialism. Cambridge/MA 2001.
(306) **Brendel, Elke:** „Coherence Theory of Knowledge: A Gradational Account", in: Erkenntnis 50 (1999), S. 293–307.
(307) **Brendel, Elke/Jäger, Christoph (Hg.):** Contextualism in Epistemology. Sonderheft: Erkenntnis 61 (2, 3) (2004).
(308) **Clarke, D.S. Jr.:** „Two Uses of ‚Know'", in: Analysis 50 (1990), S. 188–190.
(309) **Cohen, Stewart:** „Knowledge and Context", in: Journal of Philosophy 83 (1986), S. 574–583.
(310) **Cohen, Stewart:** „Knowledge, Context, and Social Standards", in: Synthese 73 (1987), S. 3–26.
(311) **Cohen, Stewart:** „How to be a Fallibilist", in: Philosophical Perspectives 2 (1988), S. 91–123.
(312) **Cohen, Stewart:** „Contextualist Solutions to Epistemological Problems: Scepticism, Gettier, and the Lottery", in: Australasian Journal of Philosophy 76 (2) (1998), S. 289–306.
(313) **Craig, Edward:** Knowledge and the State of Nature. Oxford 1999.
(314) **Craig, Edward:** Was wir wissen können. Pragmatische Untersuchungen zum Wissensbegriff. Frankfurt a.M. 1993.
(315) **Davis, Wayne:** „Are Knowledge Claims Indexical?", in: Erkenntnis 61 (2, 3) (2004), S. 257–281.
(316) **DeRose, Keith:** „Contextualism and Knowledge Attribution", in: Philosophy and Phenomenological Research 52 (1992), S. 913–929.
(317) **DeRose, Keith:** „Solving the Skeptical Problem", in: Philosophical Review 104 (1995), S. 1–52.
(318) **DeRose, Keith:** „Contextualism: An Explanation and Defense", in: Greco, John/Sosa, Ernest (Hg.): The Blackwell Guide to Epistemology. Oxford 1999, S. 187–205.
(318a) **DeRose, Keith:** The Case for Contextualism. Knowledge, Skepticism, and Context. Oxford 2009.
(319) **Ernst, Gerhard:** Das Problem des Wissens. Paderborn 2002.
(320) **Ernst, Gerhard:** „Die Relevanz skeptischer Hypothesen", in: Hogrebe, Wolfram (Hg.): Grenzen und Grenzüberschreitungen. Bonn 2002, S. 411–420.
(321) **Ernst, Gerhard:** „In Defense of Indexicalism", in: Erkenntnis 61 (2, 3) (2004), S. 283–293.
(322) **Ernst, Gerhard:** „Radikaler Kontextualismus", in: Zeitschrift für philosophische Forschung 59 (2005), S. 159–178.
(322a) **Fantl, Jeremy/McGrath, Matthew:** Knowledge in an Uncertain World. Oxford 2009.
(323) **Hambourger, Robert:** „Justified Assertion and the Relativity of Knowledge", in: Philosophical Studies 51 (1987), S. 241–269.
(324) **Hanfling, Oswald:** „A Situational Account of Knowledge", in: The Monist 68 (1985), S. 40–56.
(325) **Harman, Gilbert:** „Reasoning and Evidence One Does Not Possess", in: French, Peter A. u.a. (Hg.): Midwest Studies in Philosophy. Vol. 5. Minneapolis 1980, S. 163–183.
(326) **Hawthorne, John:** Knowledge and Lotteries. Oxford 2004.
(327) **Kompa, Nikola:** Wissen und Kontext. Eine kontextualistische Wissenstheorie. Paderborn 2001.
(328) **Lewis, David:** „Scorekeeping in a Language Game", in: Journal of Philosophical Logic 8 (1979), S. 339–359.
(329) **Lewis, David:** „Elusive Knowledge", in: Australasian Journal of Philosophy 74 (1996), S. 549–567.
(330) **Preyer, Gerhard/Peter, Georg (Hg.):** Contextualism in Philosophy: Knowledge, Meaning, and Truth. Oxford 2005.
(331) **Pritchard, Duncan/Brady, Michael (Hg.):** Epistemological Contextualism. Special Issue of The Philosophical Quarterly 55 (2005) April.
(332) **Sartwell, Crispin:** „Knowledge Is Merely True Belief", in: American Philosophical Quarterly 28 (1991), S. 157–165.
(333) **Sartwell, Crispin:** „Why Knowledge Is Merely True Belief", in: Journal of Philosophy 89 (1992), S. 167–180.

(334) **Schiffer, Stephen:** „Contextualist Solutions to Scepticism", in: Proceedings of the Aristotelian Society 96 (1996), S. 249–261.

(335) **Stanley, Jason:** Knowledge and Practical Interests. Oxford 2007.

(336) **Unger, Peter:** Philosophical Relativity. Minneapolis 1984.

(337) **Williams, Michael:** Unnatural Doubts: Epistemological Realism and the Basis of Scepticism. Cambridge/MA 1991.

(338) **Wittgenstein, Ludwig:** Über Gewissheit. Werkausgabe in 8 Bänden, Band 8. Frankfurt a.M. 1990.

9. Kapitel

(339) **Adler, Jonathan E.:** „Testimony, Trust, Knowing", in: Journal of Philosophy 91 (1994), S. 264–275.

(340) **Alston, William P.:** Perceiving God. Ithaca/NY 1991.

(341) **Avramides, Anita:** Other Minds. London 2001.

(341a) **Bernecker, Sven:** Memory. A Philosophical Study. Oxford 2010.

(342) **Bird, Alexander:** Philosophy of Science. London 1998.

(343) **Bovens, Luc/Hartmann, Stephan:** Bayesianische Erkenntnistheorie. Paderborn 2006.

(344) **Cassam, Quassim:** Self and World. Oxford 1999.

(345) **Cassam, Quassim (Hg.):** Self-Knowledge. New York 1994.

(346) **Chalmers, A.F.:** Wege der Wissenschaft. Einführung in die Wissenschaftstheorie. Berlin 2001.

(347) **Coady, C.A.J.:** Testimony. A Philosophical Study. Oxford 1995.

(348) **Czaniera, Uwe:** Gibt es moralisches Wissen? Die Kognitivismusdebatte in der analytischen Moralphilosophie. Paderborn 2001.

(349) **Ernst, Gerhard:** „Erkenntnis, 4. wissenschaftliche, objektive", in: Wildfeuer, Armin G./Kolmer, Petra (Hg.): Neues Handbuch philosophischer Grundbegriffe. Freiburg 2010.

(350) **Ernst, Gerhard:** Die Objektivität der Moral. Paderborn 2008.

(351) **Ernst, Gerhard:** „Der Wissensbegriff in der Diskussion", in: Information Philosophie (2007), S. 38–48.

(352) **Fricker, Elisabeth:** „The Epistemology of Testimony", in: Proceedings of the Aristotelian Society suppl. 61 (1987), S. 57–93.

(353) **Gertler, Brie (Hg.):** Privileged Access: Philosophical Accounts of Self-Knowledge. Aldershot 2004.

(354) **Ginet, Carl:** „Memory Knowledge", in: Parkinson, G.H.R. (Hg.): The Handbook to Western Philosophy. New York 1988, S. 159–178.

(355) **Goldman, Alvin I.:** Knowledge in a Social World. Oxford 1999.

(355a) **Greenough, Patrick/Pritchard, Duncan (Hg.):** Williamson on Knowledge. Oxford 2009.

(355b) **Haddock, Adrian/Millar, Alan/Pritchard, Duncan (Hg.):** Social Epistemology. Oxford 2010.

(356) **Hetherington, Stephen (Hg.):** Epistemology Futures. Oxford 2006.

(357) **Howson, Colin/Urbach, Peter:** Scientific Reasoning. The Bayesian Approach. La Salle/Chicago 1993.

(358) **Hyman, John:** „How Knowledge Works", in: Philosophical Quarterly 49 (1999), S. 433– 451.

(359) **Lackey, Jennifer/Sosa Ernest (Hg.):** The Epistemology of Testimony. Oxford 2006.

(359a) **Lackey, Jennifer:** Learning from Words: Testimony as a Source of Knowledge. Oxford 2008.

(360) **Lauth, Bernhard/Sareiter, Jamel:** Wissenschaftliche Erkenntnis. Eine ideengeschichtliche Einführung in die Wissenschaftstheorie. Paderborn 2002.

(361) **Locke, Don:** Memory. London 1971.

(362) **Longino, Helen E.:** „Feminist Epistemology", in: Greco, John/Sosa, Ernest (Hg.): The Blackwell Guide to Epistemology. Oxford 1999, S. 327–353.

(362a) **Moser, Paul K.:** The Elusive God. Reorienting Religious Epistemology. Cambridge 2009.

(363) **Miller, Alexander:** An Introduction to Contemporary Metaethics. Cambridge 2003.

(364) **Moran, Richard:** Authority and Estrangement: An Essay on Self-Knowledge. Princeton 2001.

(365) **Plantinga, Alvin/Wolterstorff, Nicholas:** Faith and Rationality. Notre Dame/IN 1983.

(366) **Plantinga, Alvin:** Warranted Christian Belief. Oxford 2000.

(367) **Reicher, Maria E.:** Einführung in die Ästhetik. Darmstadt 2005.

(368) **Schmidt, Frederick F. (Hg.):** Socializing Epistemology. The Social Dimensions of Knowledge. Lanham/MD 1994.

(369) **Schmidt, Frederick F.:** „Social Epistemology", in: Greco, John/Sosa, Ernest (Hg.): The Blackwell Guide to Epistemology. Oxford 1999, S. 354–382.

(370) **Scholz, Oliver R.:** „Das Zeugnis anderer. Prolegomena zu einer sozialen Erkenntnistheorie", in: Grundmann, Thomas (Hg.): Erkenntnistheorie. Positionen zwischen Tradition und Gegenwart. Paderborn 2001, S. 354– 375.

(371) **Schurz, Gerhard:** Einführung in die Wissenschaftstheorie. Darmstadt 2006.

(372) **Siebel, Mark:** Erinnerung, Wahrnehmung, Wissen. Paderborn 2000.

(373) **Sinnott-Armstrong, Walter/Timmons, Mark (Hg.):** Moral Knowledge? New Readings in Moral Epistemology. Oxford 1996.

(374) **Sinnott-Armstrong, Walter:** Moral Skepticism. Oxford 2007.

(375) **Stalker, Douglas:** Grue! The New Riddle of Induction. Chicago 1994.

(375a) **Stalnaker, Robert C.:** Our Knowledge of the Internal Word. Oxford 2008.

(376) **Strattion-Lake, Philip:** Ethical Intuitionism: Re-evaluations. Oxford 2002.

(377) **Swinburne, Richard:** Is There a God? Oxford 1996.

(378) **Williamson, Timothy:** „Is Knowing a State of Mind?", in: Mind 104 (1995), S. 533–565.

(379) **Williamson, Timothy:** Knowledge and Its Limits. Oxford 2000.

(380) **Wolterstorff, Nicholas:** Divine Discourse. Cambridge 1995.

(381) **Wright, Crispin/Smith, Barry S./Macdonald, Cynthia (Hg.):** Knowing Our Own Minds. Oxford 2000.

(382) **Zagzebski, Linda T. (Hg.):** Rational Faith: Catholic Responses to Reformed Epistemology. Notre Dame/IN 1993.

Zeitschriften und Internet

Erkenntnistheoretische Aufsätze werden in praktisch allen allgemeinen philosophischen Fachzeitschriften veröffentlicht. Der *Philosopher's Index* erleichtert die Suche (besonders, aber nicht nur für die englischsprachige Literatur). Das Internet eignet sich allgemein gut zur Literatursuche. Auf die folgenden Seiten sei besonders hingewiesen:

http://plato.stanford.edu/ (Stanford Encyclopedia of Philosophy)

http://pantheon.yale.edu/~kd47/e-page.htm (The Epistemology Page)

http://pantheon.yale.edu/~kd47/Context-Bib.htm (Contextualism in Epistemology – A Bibliography)

http://www.ucs.louisiana.edu/~kak7409/EpistemologicalResearch.htm (The Epistemology Research Guide)

Sachregister

Personenregister